니클라스
루만으로의
초대

 카이로스총서10

니클라스 루만으로의 초대
Niklas Luhmanns Theorie sozialer Systeme

지은이 게오르그 크네어, 아민 낫세이
옮긴이 정성훈

펴낸이 장민성, 조정환
책임운영 신은주 편집부 오정민 마케팅 정현수

용지 화인페이퍼 인쇄·제본 한영문화사 출력 경운출력
펴낸곳 도서출판 갈무리 등록일 1994. 3. 3. 등록번호 제17-0161호
초판인쇄 2008년 6월 10일 초판발행 2008년 6월 30일

주소 서울 마포구 서교동 375-13호 성지빌딩 101호
전화 02-325-1485 팩스 02-325-1407
website http://galmuri.co.kr e-mail galmuri@galmuri.co.kr

ISBN 978-89-6195-006-0 04300 / 978-89-86114-63-8(세트)
도서분류 1.사회학 2.법학 3.철학 4.사회복지학 5.교육학 6.언론학

값 13,000원

이 도서의 국립중앙도서관 출판시도서목록(CIP)은 e-CIP홈페이지(http://www.nl.go.kr/ecip)에서 이용하실 수 있습니다.
(CIP제어번호 : CIP2008001766).

니클라스 루만으로의 초대

게오르그 크네어

·

아민 낫세이 지음

정성훈 옮김

니클라스 루만의
사회적 체계 이론

Niklas Luhmanns
Theorie sozialer Systeme

차례

옮긴이의 말

1

이 책은 게오르그 크네어Georg Kneer와 아민 낫세이Armin Nassehi가 함께 쓴 *Niklas Luhmanns Theorie sozialer Systeme*(W.Fink, 2000)를 한국어로 옮긴 것이다. 여러 종의 루만 입문서 중에서 이 책을 택한 이유를 밝히기 위해서는 우선 니클라스 루만Niklas Luhmann의 이론에 관해 옮긴이가 이해하는 수준에서 조금 설명할 필요가 있다. 일반 체계이론, 사회적 체계 이론, 사회 이론 등이 어떤 차이를 갖는가를 비롯하여 루만의 기본적인 이론적 발상에 관해 소개해야 한다. 하지만 옮긴이는 독자들이 지나치게 어렵게 느낄 수도 있는 이야기를 시작하기 전에, '옮긴이의 말'에 대해 흔히 기대하는 바를 충족시킬 필요가 있다. 옮긴이에게는 이 책이 도대체 어떤 흥미로운 이야기를 하는지 대략 소개할 의무가 있기 때문이다. 그래서 먼저 독자들의 호기심을 자극할 수 있는 이야기, 즉 루만이 전통적인 사고방식과 얼마나 다른 사회학 이론을 수립했는지 몇 가지 사례를 든 후에 루만의 이론적 발상으로 돌아오겠다.

첫째, 루만은 사회가 인간들로 이루어져 있다고 보지 않으며, 인간의 몸이나 의식은 사회의 환경에 놓여 있다고 본다. 사회를 인간 또는 주체의 의도나 행위로 환원해 설명해보고자 하는 철학과 사회학의 시도들은 실제의 사회 현상을 설명하는 데 있어 곤란에 부딪치게 된다. 예를 들어, 누구도 그 사태의 행위 주체라고 보기 힘든 경제 공황이 왜 일어나는지 설명할 수 없다. 지금 세계 경제를 공포에 몰아넣고 있는 서브프라임 모기지론 사태를 누가 의도했겠는가? 물론 공황을 기대해온 이들도 있겠지만, 그들은 대개 그런 사태를 일으킬 만한 행위 능력이 없다. 공황을 목격하면서 인간 주체로부터 자립적인 사회적 관계들을 탐구했던 칼 맑스Karl Marx, 1818~1883가 사회학의 시조 중 하나로 꼽히는 것은 이런 의미에서 타당하다. 물론 맑스는 그의 과학을 철저히 밀어붙이지 않고 철학적 인간학에 기초한 '자유인들의 연합'이라는 이념에 너무 쉽게 연결해버렸다. 그리고 '인간적 사회'라는 이념이 낳은 맑스 사회관의 한계는 비판이론 전통에서 계속 재생산되어 왔다.

사회학의 역사 속에는 맑스 이후에도 주관적 사회학의 한계를 넘어서고자 했던 많은 시도들이 있었다. 사회적 사실을 사물처럼 다루고자 했던 에밀 뒤르켐Emile Durkheim, 1858~1917, 행위에 자원적 성격과 구조적 성격을 함께 투영함으로써 구조 우위의 행위 체계이론을 수립한 탈콧트 파슨스Talcott Parsons, 1902~1979, 관행적 의식을 가진 행위자의 재귀성을 강조하는 구조화 이론의 앤서니 기든스Anthony Giddens, 1938~ 등등. 하지만 이들의 노력은 행위의 자발성과 제약성(혹은 재귀성), 구조의 불변성과 가변성 사이에서 동요하는 데 그쳤다. 행위가 중심이냐 구조가 중심이냐, 구조의 안정성을 강조할 것이냐 구조의 변화 가능성을 강조할 것이냐 등등. 이렇듯 행위 개념과 구조 개념을 중심에 두는 사회학은 루만이 보기에 절충에 머물 수밖에 없다. 루만은 사회를 소통 체계로 규정하고, 소통의 자기생산을 구조나 행위에 앞서는 사회의 작동 과정으로 보면서 이 난제를 해결한다. 여기서 이루어지는 결정적인 전환이 바로 사회가 인간들이 아니라 소통들로 이루어져 있다는 것에 대한 통찰, 그리고 소통은 인간이나 의식이 하는 것이 아니라 오직 소통 자신이 하는 것, 즉 소통의 자기생산이라는 통찰이다. 이러한 통찰을 바탕으로, 루만은 행위를 소통의 자기관찰, 즉 소통을 통지Mitteilung, 通知 행위로만 관찰하여 인격에게 귀속시키는 것으로 보며, 사회적 체계의 구조를 행위들에 대한 기대의 제약으로 본다. 이 책의 3장 3절과 3장 4절이 이 문제를 다루고 있다.

둘째, 루만은 체계이론적으로 볼 때, 인간은 지칭 가능한 하나의 단위가 아니라고 본다. 이는 우리가 흔히 쓰는 개인이란 말이 여러 가지 맥락에서 지칭될 수 있다는 뜻이다. 생명 체계인 인간의 몸, 심리적 체계인 인간의 의식, 그리고 사회적 체계에서 소통의 수신자이자 기대들이 방향을 잡는 정체성 지점인 인격Person은 전혀 다른 규정을 갖는다. 기존 사회학에서는 현대 사회의 개인화 경향과 인격들의 다양한 역할 구별에 대한 논의는 많이 이루어졌다. 하지만 이는 개인의 동일성에 대한 상이한 규정 가능성을 고려하지 못했다. 루만은 유기체의 개별성으로서의 개체, 심리적 체계의 개별성으로서의 개인, 사회적 체계들에 포함됨으로써 규정되는 인격, 사회화 과정에서 자아/타자, 주체/객체 등의 구별을 학습함으로써 형성되는 개인의 자기의식 또는 주체의식 등을 서로 구별해 다룬다. 이는 인간과 관련된 세 종류의 체계준거들을 구별하기 때문에 가능하다. 이 책의 3장 3절과 4장 5절이 이 문제를 다루고 있다.

셋째, 루만은 현대 사회가 국가나 영토로 나누어져 있거나, 계급이나 계층으로 나누어져 있지 않다고 본다. 우리가 쉽게 목격할 수 있는 그런 분화 양상들은 이미 주된 분화 양상이 아니다. 현대 사회는 경제, 정치, 법, 학문,

교육, 예술, 종교 등등 고유한 코드와 프로그램을 갖고 있는 기능적 부분체계들에 의해 분화되어 있다. 모든 종류의 사회적 경계는 소통의 자기지시적 재생산 과정에 의해 그어진다. 그래서 물리적 환경의 차이와 인격적 구별을 넘어서는 확산 매체의 발전이 낳은 사회구조의 변동은 이미 소통의 연결을 영토나 인간 집단의 경계를 넘어설 수 있게 하였다. 그래서 기능적으로 분화된 단위로서의 현대 사회는 세계사회일 수밖에 없다.

세계사회 개념은 초국적 기업 출현이나 정부 기능 약화 등 단순히 최근의 추세에 관한 경험적 연구부터 나오는 지구화globalization 논의의 하나에 머무는 것이 아니다. 세계사회는 공간이나 인간으로부터 독립분화된 소통 체계의 진화에 따른 귀결이며, 이 진화는 소통매체의·발전, 사회구조(분화 형식)의 전환과 관련을 맺고 있다. 그래서 이는 최근 컴퓨터와 인터넷을 통해 급격하게 이루어지는 전자 매체 발전이 현재의 사회구조(기능적 분화)에 끼치게 될 영향에 대한 고민도 자극한다. 이 책의 4장 1절부터 4장 4절까지 이 문제를 다루고 있지만, 글, 인쇄, 그리고 전자매체에 이르는 확산매체 발전에 관해 본격적으로 다루고 있지 않은 점이 아쉽다.

넷째, 루만은 현대 사회의 하위체계들은 탈도덕적이라고 보며, 이를 다시 도덕에 근거하도록 만드는 것이 좋은 일이라고 보지도 않는다. 오히려 루만은 도덕 소통의 과잉이 적대적 충돌을 낳는다고 본다. 그는 선/악의 코드가 인격에 대한 존중/무시와 결부되는 것을 도덕 소통이라고 본다. 선/악과 존중/무시가 기능체계들의 코드인 여당/야당(정치), 진리/비진리(학문), 지불/비지불(경제) 등을 대체한다면, 사회는 오히려 종교와 도덕이 결합하여 신분 구조를 유지하던 현대 이전의 상태로 되돌아갈 것이다. 또한 정치가 선/악의 코드로 작동한다면 그것은 민주주의의 종말이자 전쟁을 뜻한다. 도덕적으로 존중하는 자에게만 상품을 판다면 세계경제의 거래는 중단된다. 그래서 기능적으로 분화된 사회에서 도덕 소통은 코드의 차원이 아니라 프로그램의 차원에서만 사회의 기능체계에 영향을 미칠 수 있다.

오늘날 우리가 맞이하고 있는 새로운 전쟁 시대, 네그리의 표현을 빌리자면 지구적 내전 상황은 이를 주도하는 자들의 과잉 도덕 소통(악의 축, 정의로운 전쟁, 사악한 정권 등등)을 동반하고 있다. 노무현 집권기의 과잉 도덕 소통이 과연 법 개정 등에서 얼마나 실효가 있었는지, 지금 나타나고 있는 그 후과는 무엇인지도 도덕에 대한 루만의 사회학적 반성을 통해 고민해볼 수 있는 문제이다. 윤리학을 도덕의 기초를 놓는 이론이 아니라 도덕에 대한 반성이론으로 간주하는 루만의 관점은 비판의 규범적 척도를 강조하는 하버마스식 비판이론과는 거리가 멀다. 오히려 도덕이나 인권이 누구의 도덕이며 누구의 인권인지 되물었던 맑스나 도덕의 계보를 파헤쳐 그 기원이라고 말해지는 지점을 허물어뜨렸던 니체의 도덕관과 비슷한 면이 있다. 이 책의 5장 2절이 이 문제를 다루며 5장 1절과 5장 3절의 시대 진단도 이와 관련되어 있다.

2

루만은 그가 다루고자 했던 사태만큼이나 복잡한 이론을 수립했고, 그래서 그를 단순하게 지칭하려는 시도들은 엄청난 오해를 무릅써야 한다. 체계이론, 자기생산적 체계 이론, 기능주의, 진화론, 구성주의, 차이이론, 포스트구조주의 등등 루만 스스로도 수용하는 그의 이론에 대한 여러 표제들은 어느 하나만 떼어놓을 경우 커다란 오해의 원천이 된다. 더구나 그 각각의 표제를 대표하는 인물들 중 루만보다 먼저 소개되었던 이들, 예를 들어 버틀란피, 마뚜라나, 파슨스, 글라저스펠트, 데리다, 들뢰즈 등을 떠올리게 되면 그

혼란은 더욱 커진다.

이 책은 이런 이름들 중 한두 개와 루만을 등치시켜왔던 독자들, 그래서 루만을 보수주의자, 자유주의자, 생물학주의자, 해체주의자 등으로 오해했던 독자들을 더 나은 이해로 이끌려는 소통 노력들 중 하나이다. 하지만 루만은 어떤 소통도 서로에 대해 암흑상자인 두 체계들 사이의 이른바 상호주관적 이해에는 이를 수 없다고 본다. 따라서 이 책을 통한 소통만으로는 그런 오해들이 크게 불식되지는 않을 것이다. 이는 이해의 근원적 불투명성을 지적하는 것인 동시에 이 책의 한계도 간접적으로 미리 지적해두는 것이다.

루만은 우리 시대의 보기 드문 거대이론가이다. 여기서 '거대이론 Supertheorie'이라는 것은 루만을 추종하는 이들이 갖다 붙인 말이 아니라 루만 스스로 붙인 이름이며 그 스스로 감당하고자 했던 이론의 방향이다. 그래서 이는 자신의 통찰력에 대한 자부심도 아니고 배타적 진리에 대한 선언도 아니다. 거대이론 내지 일반 이론에서 일반성이란 관점의 보편성을 뜻하는 것이 아니라 그 적용 대상 영역을 제한하지 않겠다는 뜻이다.

루만은 체계와 환경의 구별이라는 이론적 선택을 통해 제한된 관점 Perspektive 또는 입지점에서 출발한다. 그리고 이러한 관점 선택 없이는 일반 이론은 물론이고 어떤 이론도 가능하지 않다고 본다. 무제약성을 주장했던 모든 이론이 언제나 다른 관찰자에 의해 그 특정한 입지점을 폭로당해 왔던 이데올로기 비판의 역사와 지식사회학의 성과들이 이를 잘 보여준다. 루만에 따르면 관찰은 '구별-그리고-지칭'이다. 모든 관찰은 특정한 구별에서 시작해야 한다. 태초에 차이가 있다. 차이이론은 구별되는 동시에 구별을 넘어설 수 있는 보편성을 허락하지 않는다. 헤겔의 보편 개념은 자신 안에서 자신과 특수성을 구별하면서 동시에 구별된 보편성과 특수성을 포함한다. 루만은 이런 보편성을 신神의 보편성이라고 보며, 이는 세계 개념의 무-차이성과는 다르다고 본다.

　루만에게 '체계/환경-차이의 통일'로 정의되는 세계는 구별하는 주체도, 구별되는 객체도, 이를 통합하는 절대자나 실체도 아니다. 무-차이적differenzlos 개념, 즉 다른 것과 구별될 수 없으며 따라서 그 외부가 없는 개념인 세계는 모든 관찰에 동반되는 지평이다. 그래서 세계는 구별하는 자일 수도 없고 구별되어 지칭되는 한 면(체계나 환경)일 수도 없다. 그리고 세계는 그 자체로 존립하는 무한자가 아니라 유한자인 관찰자의 구별에 의해 열리는 지평이다. 그래서 자기원인이 아니므로 스피노자의 실체도 아니다. 또한 어떤 관찰자도 세계에 대한 직관지인 3종의 인식에 이를 수 없다. 관찰자는 관찰하는 순간의 자기 자신도 보지 못하는데 어찌 세계를 직관하겠는가?

　루만이 선택한 이론의 출발점, 즉 관찰을 '이끌어가는 차이Leitdifferenz, guiding difference'는 체계와 환경의 구별이다. 이 구별은 체계이론의 관찰을 제약하면서 동시에 이 구별을 출발점으로 파악할 수 있는 모든 것을 관찰할 수 있게 해준다. 그리고 이 구별로부터 출발해 볼 수 없는 것은 파악할 수 없다. 따라서 일반 체계이론이 대상 영역 일반을 다룬다 함은 무제약적 대상 일반을 다룬다는 것이 아니라 체계/환경-구별을 주된 차이로 이용해 관찰할 수 있는 대상 영역 일반을 다루겠다는 것이다.

　체계/환경-차이로부터 시작하는 것은 우연적 선택(다르게도 가능하다는 뜻에서)이다. 하지만 결코 임의적인 선택이 아니다. 이 선택은 체계 개념을 이용해온 학문의 진화를 전제로 하는 것이며, 이 차이의 이용이 다른 차이를 이용하는 것보다 더 복잡한 사태를 다룰 수 있게 해주리라는 판단에 따른 선택이다. 루만은 체계/환경이 인간/자연, 주체/객체와 같은 인본주의적 구별을 선택하는 것보다 더 복잡한 실재들, 무엇보다 더 복잡한 사회를 다룰 수 있는 이론의 복잡성을 가능하게 한다고 본다.

하지만 이러한 복잡성 우위는 필연적인 것이 아니라 우연적인 것이기에 다른 관찰에 노출되어 있다. 죽음과 무無를 고민할 수밖에 없는 인간 실존을 중심에 둔 관찰자(실존/세계-구별)는 무의미나 비실재가 기호의 혼란일 뿐이라고 냉철하게 말하는 루만의 이론이 갖는 한계를 관찰할 수 있다. 이런 식으로 체계이론은 다른 구별로부터 시작한 이론이 이룬 성과에 의해서 제한된 것으로 평가받을 수 있는 가능성, 심지어 하찮은 것으로 취급받을 수 있는 가능성에 노출된다. 차이이론으로서의 체계이론은 스스로를 비교에 내맡긴다. 그래서 체계이론에 발을 들여놓는 자는 이 이론이 과연 다른 구별에서 출발하는 이론보다 더 폭넓은 적용 범위를 가지며 세계와 사회의 복잡성을 더 풍부하게 다룰 수 있는지 의심할 필요가 있다.

3

루만은 체계/환경-구별을 통해 다음과 같은 세 단계의 추상 층위 또는 일반성 단계로 체계들을 분류한다.

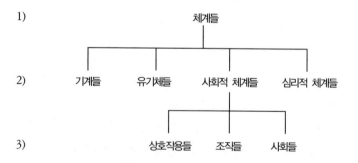

2)단계의 체계들을 비교하는 것이 일반 체계이론의 과제라면, 3)단계의 체계들을 비교하는 것이 사회적 체계 이론의 과제이다. 그리고 사회이론은 상호작용 및 조직과는 구별되는 포괄적인 사회적 체계인 사회를 다룬다. 이 사회라는 대상의 단위를 전체로 하여 그 안에서 다시 체계/환경-구별을 반복할 때 관찰되는 체계들이 정치, 경제, 학문, 교육 등의 기능적 부분체계들이다. 물론 기능적 분화 이전에는 분절된 여러 사회들, 그리고 계층으로 나누어진 여러 신분사회들이 있었다.

여기서 지금까지의 번역 관행을 분명히 고치고 넘어갈 필요가 있다. 사회적 체계soziales System, social system는 사회체계Gesellschaftssystem, societal system와 다른 개념이고, 따라서 사회적 체계 이론은 사회이론이 아니다. 그래서 루만의 1984년의 첫 번째 주저작 『사회적 체계들』Soziale Systeme은 상호작용, 조직, 사회에 일반적으로 적용될 수 있는 사회적 체계 이론의 틀을 세운 책이다. 이론의 기본 개요에 해당하는 이 책은 아직 사회이론을 본격적으로 전개한 책이 아니다. 1997년의 두 번째 주저작이자 그가 살아있을 때 마지막으로 출판한 책인 『사회의 사회』Gesellschaft der Gesellschaft가 자신의 사회이론을 완결한 책이다. 그래서 이 두 저작 사이에 나온 여러 연구 성과들 중 『사회의 경제』(1988), 『사회의 학문』(1990), 『사회의 법』(1993), 『사회의 예술』(1995), 『대중매체의 현실』(1996) 등과 사후死後에 편집되어 나온 『사회의 종교』(2000), 『사회의 정치』(2000), 『사회의 교육체계』(2002) 등 일련의 사회이론 시리즈는 모두 사회이론의 각론이다.

2007년에 출간된 『사회적 체계들』의 한국어판 제목은 『사회체계이론』이며, 그 옮긴이는 이 책이 루만 사회이론의 주저작이며 『사회의 경제』 등등이 그 각론이라고 소개한다. 루만 체계이론의 틀을 완전히 오해하고 있는 것이다. 이런 오해는 '사회적 체계들'을 '사회체계'로 줄여서 번역하고 대신 Gesellschaft를 '사회,' '전체사회,' '공동체' 등 여러 가지로 번역하는 길을 손쉽게 택하도록 만들었다. 하지만 사회는 오직 그 부분체계들과의 관계에서만 전체체계이다. 그리고 사회학에서 보통 Gemeinschaft나 Gemeinwesen의 번역어로 쓰이는 '공동체'는 특히 루만의 Gesellschaft에 대한 최악의 번역어이다. 앞서 잠깐 살펴보았듯이, 루만은 사회를 결코 인간 공동의 것으로 보지 않는다.

『사회적 체계들』이 아닌『사회체계이론』은 그밖에도 무수한 오역들로 인해 독자의 이해를 가로막고 있는데, 구체적인 것은 나의 블로그(http://blog.naver.com/agujsh)에서 확인하기 바란다. 지금까지 한국어로 번역된 루만의 유일한 본격적인 이론 저작 —다른 저작들은 강연록이거나 시대 진단을 위한 가벼운 응용의 성격이 강하다— 이 이런 식으로 번역된 것이 매우 안타깝다. 루만은 새로운 개념 세계를 구축했기 때문에 독일어만 잘한다고 해서 번역할 수 있는 학자가 아니다. 이 자리를 빌려 루만 저작을 번역하려는 여러 출판사들에게 신중한 접근을 요청한다. 그리고『사회적 체계들』을 새롭게 번역할 의지가 있음도 밝혀둔다.

다시 루만의 체계 분류 또는 체계라 불리는 대상에 대한 개념화의 문제로 돌아오자. 루만은 같은 추상 단계의 체계들끼리만 비교가 가능하다고 본다. 따라서 유기체와 사회를 비교하거나 경제와 사회를 구별하거나하는 등의 관행은 혼란을 낳을 뿐이다. 루만은 같은 추상 단계의 체계들을 비교하는 작업을 '기능적 분석'이라고 부른다. 기능적 분석을 통해 기능적으로 등가인 것을 찾아내는 과정에서 그의 사회적 체계 이론과 사회이론이 완성되어 갔다고 할 수 있다. 그리고 이 과정에서 유비의 방법을 되도록 피하려고 노력했다. 파슨스를 비롯한 이전의 체계이론이 지탄받았던 이유는 유기체의 속성을 그대로 사회적 체계의 속성으로 옮겨놓는 유기체에 대한 유비 때문이었다. 루만은 사회적 체계를 설명함에 있어 그밖에도 사이버네틱스의 영향으로 만연한 기계-유비, 의식철학의 전통으로부터 나온 의식-유비 내지 주체-유비를 피하는 것을 일반 이론 지향을 유지하기 위한 관건이라고 보았다. 같은 일반화 단계의 체계들 사이의 비교는 중립적으로 이루어져야 하기 때문이다.

루만은 움베르또 마뚜라나Humberto R. Maturana와 프란시스코 바렐라Francisco Varela가 생명 체계들의 속성을 기술하기 위해 도입한 개념인 자기생산Autopoiesis을 심리적 체계들과 사회적 체계들에 확대 적용한다. 하지만 이는 단순한 유비가 아니라 그 개념 자체를 다시 정의하는 과정을 거쳐서 이루어졌다. 루만은 마뚜라나/바렐라의 자기생산 조직에 대한 정의에서 공간성을 제거한다. 그리고 유기체의 세포들과 기능적으로 등가인 요소들을 찾아낸다. 심리적 체계에서 그 요소는 생각이며, 사회적 체계에서 그 요소는 소통이다. 의식 과정은 생각의 의미적 자기생산 과정이며, 사회적 과정은 소통의 의미적 자기생산 과정이다.

루만은 1970년대 초에 이미 의미 개념이 사회학의 근본 개념이라고 생각했다. 이는 그의 세계 개념이 후썰 현상학의 지평으로서의 세계로부터 가져온 것과 마찬가지로 현상학의 영향을 크게 받았기 때문이다. 하지만 기능적 분석의 과정에서 의미 개념은 새로운 정의와 새로운 위상을 갖게 된다. 심리적 체계들과 사회적 체계들의 공-진화Co-evolution 산물인 의미의 기능적 등가물을 생명 체계들에서 찾기 위한 노력의 과정에서, 루만은 1990년대 들어 의미를 두 종류의 체계들에게 가장 일반적인 '매체'라고 규정한다. 이제 의미는 빛, 공기, 전자기장 등 생명 체계들의 여러 지각 매체들과 기능적 등가에 놓이게 되는 것이다. 이를 통해 사회이론에서 그의 매체이론은 가장 일반적인 매체인 의미로부터, 언어라는 소통의 기본 매체,

그리고 글, 인쇄, 전자매체 등의 확산 매체들, 화폐, 권력, 진리, 사랑 등 상징적으로 일반화된 소통 매체들('성공 매체'라고도 함)에 이르는 방대한 규모로 완성된다.

　유類적 추상이라고 할 수 있는 여러 단계의 일반화와 이를 보완하는 기능적 분석은 그밖에도 수많은 개념의 재정의를 낳았다. 그리고 이러한 성과를 통해 루만의 이론은 체계/환경 - 구별로부터 시작해 파악할 수 있는 엄청난 대상 영역을 비록 복잡하지만 질서 잡힌 개념틀을 통해 다룰 수 있게 되었다. 최근 루만의 이론이 대중매체, 정보화, 지구화, 가족과 친밀 관계, 무의식 등 폭넓은 영역에서 응용되어 발전되고 있는 양상은 비록 처음 볼 때는 너무나 낯설지만 철저한 구별과 비교의 과정에서 나온 방대한 개념적 자산이 있기 때문이다.

4

크네어와 낫세이는 루만 사후 체계이론적 사회학을 계속 발전시키고 있는 학자들 중 비교적 젊은 세대에 속한다. 이들은 각자 또는 함께, 루만의 이론을 다른 이론가들(하버마스, 푸코, 부르디외, 라투르 등)과 비교하는 작업, 체계이론을 비판이론의 대립물로 보는 것이 아니라 상당한 비판적 잠재력을 가진 이론으로 재조명하는 작업, 루만의 작동적 실재론과 구성주의 인식론을 철학적 존재론과 인식론의 전통과 비교하는 작업 등을 수행한 바 있다.

　이 책은 두 사람이 1993년에 쓴 루만 입문서이다. 두 사람이 쓴 몇몇 논문으로부터 큰 도움을 받았던 옮긴이는 이 책 또한 다른 입문서보다 왜

곡이 덜하면서도 매우 친절하게 루만으로 가는 길을 안내하고 있다고 본다. 하지만 이 책이 씌어진 시점은 이 책의 가장 심각한 약점이 된다. 이들은 새로운 개정판을 내지 않았기 때문에, 이 책은 루만의 두 번째 주저작인 『사회의 사회』가 나오기 전에 씌어진 상태 그대로이다. 물론 1993년에는 이미 체계분화 이론과 주요 기능체계들에 대한 연구 성과가 나온 터라 『사회의 사회』에 실리게 되는 루만 사회이론의 여러 면모들이 이 책의 4장과 5장에 반영되어 있다. 하지만 매체와 형식의 구별을 통한 한 단계 더 발전된 의미이론의 성과를 담고 있지 못하며, 소통 매체들에 관한 소개도 『사회의 사회』가 이룬 성과에 비하면 턱없이 부족하다. 세계사회, 포함과 배제 등 최근 루만의 사회이론에서 주목받고 있을 뿐 아니라 한국의 우리에게도 매우 민감하게 다가올 수 있는 부분에 관한 서술도 극히 초보적인 수준에서만 이루어지고 있다.

이러한 한계를 알면서도 옮긴이가 이 책을 택한 것은 첫째, 지금 한국의 루만 수용 상황에서 보았을 때 오히려 1993년의 루만 이론이 가졌던 복잡성 수준이 적절하다고 판단했기 때문이다. 이 책은 자기생산 개념에 이르기까지 체계이론이 어떻게 전개되어 왔는가, 루만은 왜 심리적 체계와 사회적 체계를 다른 창발적 질서 차원으로 보는가, 소통의 세 가지 선택은 어떻게 조합되는가 등 루만 체계이론에서 가장 기본적으로 먼저 이해되어야 할 부분들을 매우 간명하면서도 친절하게 설명하고 있다. 옮긴이는 루만은 물론이고 버틀란피나 파슨스의 체계이론도 잘 소개되어 있지 않은 한국의 상황에서 일반 체계이론과 사회적 체계 이론의 핵심이 잘 소개될 필요가 있다고 판단했다.

둘째, 1997년 이후에 나온 입문서들이 일반 체계이론과 사회적 체계 이론 차원에서는 이 책의 설명보다 별로 낫지 않으며, 그 중 가장 쉽고 좋은 책 하나는 한국어로 옮겼을 때 다소 이해에 곤란을 줄 수 있다고 판단했기 때문이다. 옮긴이가 루만을 공부하는 과정에서 많은 도움을 받았던 입문서로는 마고트 베르크하우스Margot Berghaus가 쓴 『쉽게 읽는 루만』Luhmann leicht gemacht, 마이클 킹과 크리스 손힐Michael King/Chris Thornhill이 함께 쓴 『니클라스 루만의 정치이론과 법이론』Niklas Luhmann's Theory of Politics and Law, 클라우디오 바랄디, 기안카를로 코르지, 엘레나 에스포지토Claudio Baraldi /Giancarlo Corsi/Elena Esposito가 함께 쓴 『루만의 사회적 체계 이론 용어 사전』GLU −Glossar zu Niklas Luhmanns Theorie sozialer Systeme 등이 있다. 이 중 두 번째 책은 쉽게 잘 설명한 책이지만 일반 이론을 다룬 부분이 너무 적은 정치, 법 중심의 입문서이고, 세 번째 책은 입문서라기보다는 루만에 대한 용어 사전이다. 매우 효율적인 사전이긴 하지만 전반적인 맥락이 소개된 후에라야 효과를 가질 수 있는 책이다.

베르크하우스의 입문서는 "쉽게 읽는 루만"이라는 제목처럼 정말 쉽게 루만에 접근할 수 있게 하는 책이며, 지금 독일에서 베스트셀러가 될 정도로 재미있다. 수많은 도표, 삽화, 사진은 물론이고 시, 노래 가사, 광고 등을 활용해 생생한 이해를 돕고 있다. 그리고 이런 식의 제목을 달고 있는 대개의 개론서와는 달리, 매 설명 항목마다 그와 관련된 루만의 서술을 풍부하게 인용하고 있다. 특히 이 책은 『사회의 사회』의 성과, 그 중에서도 특히 확산매체 및 대중매체 이론을 풍부하게 반영하고 있다. 하지만 이 책을 택하지 않은 것은 첫 번째 이유로 밝힌 것, 즉 일반 이론 차원에서 크네어/낫세이의 책이 더 좋다는 판단만은 아니었다. 베르크하우스의 책은 독일어로는 너무나 읽기 쉽고 독일인의 일상 속에서는 너무나 쉽게 이해할 수 있지만, 한국어로 옮겨 한국인이 이해하기에는 곤란한 표현, 사례, 그림, 광고 등이 너무 많다. 독일에서 살아본 적이 없는 옮긴이로서는 여러 구어체적 표현들에서 곤란을 느꼈을 뿐만 아니라 이해를 돕기 위한 노래 가사나 광고가 무엇을 뜻하는지 더 이해하기 어려웠다. 한국인을 위한 좋은 입문서로 번역하기 위해서는 한국인의 일상에서 그에 상응할 수 있는 사례들을 찾아내야 할 텐데 이는 엄청난 노고를 요하는 일일 테다. 그리고 이 책은 옮긴이가 택한 책보다 분량이 두 배 이상 많지만, 그 중 절반 가까이가 매체이론에만 할애되어 있다는 점도 다소 아쉬웠다.

옮긴이는 크네어/낫세이의 책이 그 서술 시기로 인해 갖는 한계를 보완하기 위해 곳곳에 옮긴이 주를 첨가하였다. 옮긴이 주를 통해 독자들은 이 입문서 이후 루만 이론의 전개에 대해 어느 정도 느낄 수 있을 것이다. 아울러 옮긴이 주에서는 처음 등장하는 낯선 용어들에 대한 해설과 함께 그러한 번역어를 선택한 배경들도 밝히고 있다. 옮긴이 주 외에도 이해를 돕기 위해 '[   ]'를 이용해 등가적 의미를 갖는 번역어를 삽입했다. 각 절의 끝에서 필자들은 참고문헌을 소개하고 있는데, 옮긴이는 이후의 연구 성과와 한국어 관련 서적을 조금 추가해놓았다.

5

이 입문서의 초벌 번역은 <다중지성의 정원>(http://daziwon.net)에서 2007년 9월부터 11월까지 8강에 걸쳐 진행한 루만 입문 강좌를 하는 동안 이루어졌다. 매주 20여 쪽씩 번역해 강좌 교재로 이용하였다. 조악한 초벌 번역 원고를 꼼꼼히 읽어주었을 뿐만 아니라 낯선 용어들에 대한 여러 수정 번역도 제안해주었던 수강생 모두에게 감사를 전한다. 아울러 강좌의 기회와 함께 출판의 기회도 제공해주신 <다중지성의 정원> 및 갈무리 여러분들에게도 감사의 말씀을 드린다. 지난 겨울 동안 서울대 철학과 대학원 후배인 이병훈은 초벌 원고 전체를 독일어 원본과 대조하며 교정하는 수고를 해주었다. 공역자라고 해도 지나치지 않을 수고를 해주었지만, 이 책의 모든 오역에 대한 최종 책임을 옮긴이가 지기 위해 귀속 인격을 하나로 분명히 하였다.

이 책의 번역과 동시에 진행된 학위 논문 작성 과정에서 여러 번역 용어를 다시 고치는 과정이 있었다. 앞으로도 그런 교정이 계속 이루어질 것 같아 지금 이 책을 세상에 내놓는 것이 조금 두렵다. 하지만 앞으로 루만의 여러 원저작을 비롯하여 많은 번역의 소명을 갖고 있다고 생각하기 때문에 이 책에 대해서는 이 정도 수준에서 세상에 내놓는다. 독자들의 많은 질책을 기다리겠다.

루만의 주요 용어에 대한 번역어 목록을 덧붙인다. Autopoiesis를 비롯한 논란이 많을 수 있는 번역어에 대한 선택 이유는 그 용어가 등장하는 대목의 옮긴이 주에서 밝혔다.

2008년 3월에 쓰고 5월에 고쳐 씀

정성훈

<AdB>   "Die Autopoiesis des Bewußtseins", in: *Soziale Welt 36*(「의식의 자기생산」,
          『사회적 세계 36호』)(1985), S. 402~446.

<AdR>   *Ausdifferenzierung des Rechts. Beiträge zur Rechtssoziologie und Rechtstheorie*(『법
          의 독립분화. 법사회학과 법이론에 관한 논문들』), Frankfurt/M. 1981.

<AuW>   *Archimedes und wir. Interviews* (『아르키메데스와 우리. 대담』), hg. v. Dirk
          Baecker und Georg Stanizeck, Berlin 1987.

<BdM>   *Beobachtungen der Moderne*(『현대성의 관찰』), Opladen 1992.

<BK>   "Wie ist Bewußtsein an Kommunikation beteiligt?」(「의식이 어떻게 소통
          에 관여하는가?」), in: Hans Ulrich Gumbrecht und K. Ludwig Pfeiffer
          (Hg.): *Materialität der Kommunikation*(『소통의 물질성』), Frankfurt/M.
          1988. S. 884~905.

<EaK>   *Erkenntnis als Konstruktion*(『구성으로서의 인식』), Bern 1988.

<FdR>   *Funktion der Religion*(『종교의 기능』), Frankfurt/M. 1977.

<GS1-3>   *Gesellschaftsstruktur und Semantik. Studien zur Wissenssoziologie der modernen
          Gesellschaft, 3 Bände*(『사회구조와 의미론. 현대 사회의 지식사회학을 위한
          연구 3권』), Frankfurt/M. 1980, 1981, 1989.

<HaLu>   *Theorie der Gesellschaft oder Sozialtechnologie. Was leistet die Systemforschung?*(『사회이
          론인가 사회공학인가, 체계 연구는 무엇을 수행하는가?』), Frankfurt/M. 1971
          (mit Jürgen Habermas).

<LP>   *Liebe als Passion*(『열정으로서의 사랑』), Frankfurt/M. 1982.

<Ökom>   *Ökologische Kommunikation. Kann die moderne Gesellschaft sich auf ökologische
          Gefährdungen einstellen?*(『생태학적 소통. 현대 사회는 생태학적 위협에 대처
          할 수 있는가?』), Opladen 1986.

<Pl>   *Paradigm lost: Über die ethische Reflexion der Moral. Rede von Niklas Luhmann
          anläßlich der Verleihung des Hegel-Preises 1989*(『패러다임 상실: 도덕의 윤리
          적 반성에 관하여. 1989년 헤겔 상 수상을 계기로 한 니클라스 루만의 연설
          』), Frankfurt/M. 1990.

<RuS>   *Reden und Schweigen*(『말함과 침묵』), Frankfurt/M. 1989 (mit Peter Fuchs).

<SdM>	"Soziologie der Moral", in: Niklas Luhmann/Stephan H. Pfürtner (Hg.): *Theorietechnik und Moral*(『이론적 기법과 도덕』), Frankfurt/M. 1978, S. 8~116.
<SBR>	*Die soziologische Beobachtung des Rechts*(『법의 사회학적 관찰』), Frankfurt/M. 1986.
<SdR>	*Soziologie des Risikos*(『위험부담의 사회학』), Berlin/Newyork 1991.
<SoSy>	*Soziale Systeme. Grundriß einer allgemeinen Theorie*(『사회적 체계들. 일반 이론의 개요』), Frankfurt/M. 1984.
<SozA1-5>	*Soziologische Aufklärung, 5 Bände*(『사회학적 계몽 5권』), Opladen 1970, ³1975, 1981, 1987, 1990.
<UaM>	*Universität als Milieu*(『생활배경으로서의 대학』), hg. v. Andre Kieserling, Bielefeld 1992.
<WirG>	*Die Wirtschaft der Gesellschaft*(『사회의 경제』), Frankfurt/M. 1988.
<WissG>	*Die Wissenschaft der Gesellschaft*(『사회의 학문』), Frankfurt/M. 1990.

1장

도입

"내가 지금까지 저술한 모든 것은 아직 이론 생산을 시작하지도 않은 것 Null-Serie [제로 시리즈])이다."(AuW: 142). 사회학 이론 형성의 독일 무대와 국제 무대에서 논란의 여지없이 가장 생산적인 사상가 중 한 사람이 1985년의 인터뷰에서 놀랍게도 이렇게 자기 성과를 낮추어 말한다. 1984년의 주저작인 『사회적 체계들』*Soziale Systeme*은 적어도 예외라고 확인해주었지만(AuW: 142 참조), 이 놀라움은 줄어들지 않는다. 이 일은 또한 니클라스 루만*Niklas Luhmann*이 그 자신의 이론에 대해 설정하는 이론적 요청이 무엇인지 우리가 조명해볼 수 있게 해준다. 루만이 다루고자 한 것은 보편주의적 적용 범위를 갖는 이론에 다름 아니다. 물론 그가 우주론이나 세계 이론을 쓰고자 한 것은 아니다. 즉 사회학적 정신이 자기 자신에 이르게 하고 그에 따라 어떤 새로운 것도 더 이상 있을 수 없는 그런 사회학적 세계 공식을 발전시키고자 한 것은 아니다. 그와는 달리 루만의 이론에서 관건이 되는 것은 가능한 모든 사회적 접촉, 즉 사회학의 전체 대상 영역을 사회적 체계 이론의 개념 도구들을 갖고 기술할 수 있게 만드는 것이다. 루만은 자신의 이론 생산에 대해 갖는 이러한 높은 요청 수준을 독자들의 수용 기준에도 적용한다. 그는 "사유 성과, 자극, 비판 등이 이러한 원리에 적합할 때만, 그리고 적합한 범위에서만 그것들을 수용하라"(SoSy: 33)고 선포한다. 여기서 이미 사람들이 그의 이론에 쉽게 접근할 수 없게 만드는 사유 양식과 서술 양식을 루만이 일구어 왔다는 점이 뚜렷해진다. 사회학의 공론장이 루만과 맺는 관계를 보면 다음과 같은 양극단 사이를 왔다 갔다 한다. 한편에서는 의심의 여지없는 거대 저작에 대한 경탄을 감추지 못하며, 다른 한편에서는 사회적 현상들에 대한 전혀 다른 접근법에 대해 매우 회의적인 반응을 보인다. 대부분의 다른 일반 사회학 이론과 비교해도 그렇고 경험적 사회 연구와 비교해보면 더더욱, 루만은 사회적 현상에 대해 전혀 다른 접근법을 택한다.

루만이 사회학과 맺는 관계 역시 그리 친숙한 관계라고 보기는 어렵다. 지금 루만이 독일과 국제 아카데미 사회학을 이끄는 대표자에 속한다는 점은 거의 논란의 여지가 없는 사실이지만, 초기에 루만은 사회학과 별 관계가 없었다. 낭설이 아니라면 그가 1968년 새로 설립된 빌레펠트 대학에 초빙되었을 때 어떤 학과에 배치될 것인지 미정이었고, 이 사실만으로도 그가 사회학과 맺었던 관계에 관해 어느 정도 짐작할 수 있다. 사회학을 선택한 것은 어쨌거나 그의 일대기적 연속성이나 이론적 연속성으로부터 나온 것이 아니다. 고등사무관에까지 이르렀던 행정 법관 경력은 분명히 대학 사회학의 아카데미 경력에 논리적으로 선행할 만한 것이 아니며,

사회학 고전사상가들과의 이론적 연속성도 별로 없다. 사회학을 선택한 것과 관련해 루만이 직접 매우 실용적인 이유를 제시한 바 있다. "사회학 교수 자리에 내가 특히 관심을 둔 것은 사회학자는 특정한 주제 영역을 고정해놓지 않고 모든 것을 할 수 있기 때문이었다."(AuW: 141). 그의 머리를 맴도는 보편주의적 이론 성향은 하나의 주제 영역에 국한되는 걸 바라지 않으며, 가능한 모든 사회적 접촉이라는 범위에 실제로 말뚝을 박고자 한다. "법사회학, 조직사회학, 지식사회학, 종교사회학 등등이라고 말하기만 하면 사회학에서는 가능한 모든 주제들에 몰두할 수 있을 것이다."(UaM: 101).

사회학에 대해 루만이 맺는 관계는 그가 고전사상가와 맺는 관계, 그리고 경험적 사회 연구에 대한 그의 평가로부터도 읽어낼 수 있다. 루만은 경험적 사회 연구가 전반적으로 매우 성공적이며 우리의 지식을 커지게 한다고 관대하게 인정하지만, 그것이 사회학이라는 분과학문의 통일적인 이론 형성에는 아무것도 기여할 수 없다고 본다(SoSy: 7 참조). "세계의 복잡성은 저절로 생산된 자료들의 놀라운 가치 속에서 나타난다. 하지만 그렇다고 해도 제시가능한 성과를 끄집어내기 위해서는 이론보다 더 많은 삶의 경험을 끌어들여야 한다."(WissG: 370). 더 나아가 루만은 경험적 사회 연구가 그 대상에 대한 시선을 방법론적으로만 단련하고 이론적으로 단련하지 않는다면, 그 연구는 이렇게 "저절로 만들어진 자료들의 세계"를 뚫고나올 수 없을 것이라고 본다. 그에 반해 이론적 사회학에 대해서는 텍스트만 다룰 뿐이고 항상 텍스트에 관한 텍스트만 생산한다고 질책한다. "그렇다면 과제는 이미 현존하는 텍스트를 해부하고 해석하고 재조합하는 것이 되어버린다. 자기 스스로 창출한 것이라 믿을 수 없는 것은 이미 현존하는 것으로 전제된다. 고전은 고전이기 때문에 고전이다 [……]. 위대한 인물을 잡아 그 인물을 전문적으로 탐구하는 것이 이론적 연구인 양 되어버린다."(SoSy: 7). 루만은 이 모든 것이 "흥미롭지 않거나 성과가 없는 것은 아니며"(SoSy: 8) 사회학이라는 사업을 계속 운영해나가는 데 기여한다고 본다. 하지만 그가 추구하는 사회학 이론의 발전에는 별로 기여하지 못한다고 본다. 루만은 더 이상 대학의 학과로서 사회학을 지속시키고 공고하게 하기 위해 작업하지 않는다. 이런 작업은 베버 시대 이후 지금까지 잘 되어왔다. "관건이 되는 것은 두 번째 이론적 공고화를 이루어내는 것, 즉 사회학에 그 분과 전반에 걸친 일반 이론의 토대를 제공하는 것이라고 말할 수 있다. 베버와 파슨스 이후, 더 이상 이런 일이 시도되지 않았다."(AuW: 159f.). 사회학적 사유에 대한 루만의 추동력Impetus은 결국 전통에 정당성을 마련해주는 것에 머물고 마는 식의 전통과의 연결이 아니다. 또한 화해의 유토피아나 손상되지 않은 상호주관성, 혹은 윤리적 요청 기준에 대한 절차적 보장 등도 루만의 이론적 동기가 아니다. 그의 추동력은 오직 하나의 이론에 대한 관심, 즉 이론의 해체 능력과 재조합 능력을 진일보시켜 우리가 현대 사회를 이론적으로 더 잘 볼 수 있게 하는 이론에 대한 관심이다. 학적 작업의 개인적 동기가 무엇인지 묻는 질문에 대해 루만이 다음과 같이 답한 것은 이러한 관심을 인상 깊게 보여준다. "나는 내가 그 동기를 하나의 공식으로 드러낼 수 있는지 모르겠다. 하지만 할 수 있다면, 어쨌거나 그것은 훨씬 더 개념적이고 이론적인 선택지일 것이다. 예를 들자면 통일성이 아니라 차이에서 시작하는 이론, (화해라는 의미의) 통일에서 종결되지 않고 더 나은 차이라고 말해야 할 것에 이르는 이론, 즉 더 많은 결실을 맺는 이론들이다. 그 때문에 내게 중요한 것은 예를 들자면 체계와 환경의 관계이고, 기능주의도 역시 중요하다. 기능주의는 언제나 우리가 서로 상이한 것을 비교할 수 있다는 걸 뜻하기 때문이다. 만약 내가 근본적인 직관을 제공할 수 있었다면, 나는 금방 표현해보 았던 이런 종류의 관점을 견지할 필요가 없었을 것이다."(AuW: 127). 그 래서 1987년 루만의 60세 생일에 헌정된 기념논문집의 제목은 거의 30년 이상 그를 휘몰아왔던 것이 무엇인지 실제로 알려주는 것 같다. 그 제목은 바로 『열정으로서의 이론』*Theorie als Passion*, Baecker et al. (Hg.) 1987이다.

우리는 루만이 통상적이지 않은 경로를 통해 학문의 길을 걷게 되었다 는 점을 이미 지적한 바 있다. 그는 1927년 뤼네부르크에서 태어났고, 1944년 17살에 공군 보조병으로 징집되었으며 짧은 미군 포로 생활을 한 후 1946년부터 법학을 공부했다. 공부를 마친 후 루만은 처음에 뤼네부르 크 고등행정재판소에서 행정공무원으로 일했으며 1955년에는 니더작센 주 문화교육부의 주의회 담당자로 옮겨갔다. 행정공무원으로서 이미 루만 은 사회학과 철학 텍스트에 강렬하게 사로잡혀 있었고 유명한 메모상자 Zettelkasten를 만들기 시작했다. 메모상자는 상이한 텍스트들의 주제별 그물 망을 이루는 색인 카드들에 의한 참조 체계이다(이에 대해서는 UaM: 53ff 참조). 1960년과 61년 사이에 루만은 하버드 대학에 가 있었고, 거기서 특 히 탈콧트 파슨스Talcott Parsons의 체계이론을 연구했다. 파슨스와 개인적으 로 만나면서 "파슨스의 이론과 같은 거대 이론이 어떻게 구축되며, 그 이 론이 좌초한다면 어느 지점에서 좌초하는지" 경험하고자 했다(AuW: 133). 독일로 돌아온 후 루만은 1962년에 슈파이어 행정대학의 담당자로 옮겨갔다. 1964년에는 그의 첫 번째 저서인 『공식 조직의 기능과 그로부 터 나오는 결과들』*Funktionen und Folgen formaler Organisation*이 출판되었다. 루만은 고위 행정공무원이 더 이상 자신의 특별한 관심사에 몰두할 수 없는 자리 라고 판단해서 학문으로 방향을 바꾼다. "나는 나의 이론적 관심을 위해 더 많은 시간을 얻고 싶었다. 그렇다고 해서 내가 대학 교수가 되고 싶었

다는 것은 아니다."(AuW: 134). 그후 1965년에 헬무트 셸스키Helmut
Schelsky가 루만을 도르트문트 사회연구소에 데려왔고, 1966년 루만은 뮌스
터 대학에서 셸스키와 디터 클래센Dieter Claessen의 지도로 박사학위를 받고
교수자격을 획득한다. 그후 1968년에 루만은 셸스키의 새로운 구상이 결
정적 역할을 했던 빌레펠트 대학의 교수가 되었다.

　　루만이 사회학에 널리 영향을 미치게 된 것은 무엇보다도 1960년대
후반과 1970년대 초반에 프랑크푸르트 사회철학자 위르겐 하버마스Jürgen
Habermas와 벌인 논쟁 덕택이다. 이 논쟁은 두 사람이 공동으로 묶은 책인
『사회이론이냐 사회공학이냐 ─ 체계 연구는 무엇을 수행하는가』*Theorie der*
Gesellschaft oder Sozialtechnologie ─ Was leistet die Systemforschung, HaLu에 담겨 있다. 특히 이
논쟁을 통해 루만이 보수적인 사상가라는 평판이 시작되지만, 물론 루만
은 이런 평판이 합당하지 않다고 본다. "그런데 이러한 억측에 대해 나는
공감하지 않으며, 그런 식의 단순한 질문만 갖고서는 아무 답변도 시작할
수 없다. 왜냐하면 나는 정치적 스펙트럼의 우파에게 과연 다른 이론들을
읽어낼 수 있는 이론이 있다고 도대체 느낄 수 없기 때문이다. 우파는 거
의 이론이 없는 상태이다. 그래서 스스로를 고무시킨다고 느끼는 이론들
을 갖고 있는 좌파가, 더 많은 자료와 문헌상의 이념을 갖고 그럭저럭해나
가는 우파보다 훨씬 열심히 읽는다는 점은 전적으로 당연하다."(AuW:
115). 물론 루만은 자신을 정치적 스펙트럼의 좌파에 두지도 않는다. 그는
좌파에게서 너무 많은 규범과 너무 적은 이론을 확인하기 때문이다. 비판
이론 전체와 그 후계자들이 일차적으로 지향하는 것이 어떻게 사회를 더
잘 사유할 것인가가 아니라 더 좋은 모습으로 만들 것인가라고 한다면, 후
자의 물음은 루만에게는 어떤 역할도 하지 못한다. 더 나은 사회 상태에
관한 물음에 대한 루만의 전형적인 답변은, "[……] 사회가 어떻게 좋을

수 있는가 혹은 더 나아질 수 있는가와 같은 관념을 나는 갖고 있지 않다. 나는 우리 사회가 이전의 모든 사회보다 더 긍정적인 속성과 더 부정적인 속성을 함께 갖고 있다는 것을 발견한다. 따라서 오늘날은 더 나은 동시에 더 나쁘다. 우리는 이를 통상적인 방식보다 더 적합하게 기술할 수 있지만, 그런 기술記述을 더해 나간다고 해서 전체에 대한 하나의 판단이 성립하는 것은 아니다."(AuW: 139). 여기서 루만 개인의 우연적인 선호가 중요한 것이 아니라 그와는 반대로 이론적 기준이 중요하다는 점을 우리는 아래에서 더 해명할 것이다.

　　1960년대 후반과 1970년대 초반에 루만은 공론장에서 무엇보다 하버마스의 반대편으로 등장했으며, 이는 분명 이른바 68세대로부터 나온 사회과학 독자층이 있었기 때문에 나온 결과이기도 하다. 어떤 방식으로건 루만도 68세대의 한 명이라는 점은 ─ 어쨌거나 그는 1968년에 오랜 세월의 불만Muff von tausend Jahren을 극복하기 위한 거대한 희망이 걸려 있었던 개혁대학의 사회학 교수 자리를 차지했다 ─ 일단 제쳐두고[1], 루만에 대한 수용 양상은 1970년대 후반에 그리고 1980년대에 더욱 급격하게 바뀐다. 이는 이른바 포스트구조주의와 포스트모던 논쟁에 루만의 이론에서 중요한 역할을 하는 것과 비슷한 모티브가 수용되었다는 점과 어느 정도 관련이 있다. 주체철학에 대한 비판, 인식론에 있어 구성주의적 고찰의 수용, 탈중심화

---

1. [옮긴이 주] 68혁명 직후의 독일 사회학 대회에서 하버마스와 루만의 논쟁이 시작되었으며 논쟁은 1970년대 중반까지 여러 다른 학자들도 개입하면서 전개되었다. 하버마스는 이 논쟁을 비판이론 대 실증주의, 사회이론 대 사회공학, 진보 대 보수의 대결로 몰고 가고자 했으며, 그런 의도는 첫 번째 논쟁 자료를 묶어낸 책의 제목에서도 엿보인다. 그런데 루만의 후계자들은 이 논쟁이 하버마스의 의도와 달리 흘러갔고, 하버마스의 소통적 행위 이론이 법질서 및 정치질서를 정당화하는 기술공학으로 이용되고 있는 지금에 와서 볼 때 오히려 루만이 사회이론의 편에 있었다고 평가한다. 더구나 합의나 종합보다 불일치와 차이를 우선시한 68혁명 이후 유럽 젊은 세대의 특징을 볼 때 루만의 이론도 68세대에 대한 하나의 이론적 표현이라고 볼 수도 있다.

라는 모티브, 자연과학과의 병행 발전, 특히 생물학과의 병행 발전 등을
떠올려볼 수 있다.

1984년에 『사회적 체계들』이라는 주저작이 나왔고, 이 책에서 루만은
자기생산적 체계 이론Theorie autopoietischer Systeme 2으로의 패러다임 전환의 토
대를 놓는다. 그 이후 빠른 속도로 여러 부분체계들의 사회학을 비롯한 체
계이론적 이론 구상의 매우 다양한 주제들에 관한 작업성과가 잇따라 나
온다. 이 성과들은 루만이 이미 1970년대에 시작했던 작업들이며, 법, 종
교, 정치, 경제, 과학, 예술 등등이 있다. 루만에게 아직 남아있는 일은 그
의 사회이론을 체계적으로 펼쳐 보이는 것이다. 1992년 12월 8일에 루만
은 65세가 되었으며 1992/93 겨울 학기를 끝으로 정년퇴직했다. 많은 관
찰자들은 이제야 마침내 루만이 사회이론 저술을 위한 시간을 가질 수 있
으리라 생각하고 있다.3

우리가 볼 때 처음 루만의 텍스트에 접근하고자 시도하는 사람은 모든
독자들이 공유하는 어려움에 처하게 되기 마련이다. 그의 텍스트는 자연
언어와는 너무 동떨어져 있어서, 직접 접근할 수 없게 만든다. 대부분의

---

2. [옮긴이 주] Autopoiesis는 헬라스어 autos(자기 자신)와 poiein(제작)을 합성해 마뚜라나가 만든
   말로, 한국어로는 '자동생산,' '자기생산,' '자기생성' 등의 번역어가 사용되어 왔다. '자동생산'은
   자기 스스로가 구성요소를 재산출하는 것이 아니라 타자로부터 구성요소를 받아들여 생산하는
   기계의 automatic production을 연상시키기 때문에 부적절하다. '자기생성'은 마뚜라나가 배격하
   는 생기론적 생명관을 연상시키기 때문에 부적절하다. 이 용어에 관한 설명은 3장 2절에서 이루
   어진다. 그리고 '자기생산적 체계 이론'에서 '자기생산적'이 수식하는 명사는 '이론'이 아니라 '체
   계들'이다. 엄격하게 번역하자면 '자기생산적 체계들에 관한 이론'이라고 해야 하겠지만 독서의
   편의를 위해 줄여서 옮긴다. '자기지시적 체계들에 관한 이론,' '사회적 체계들에 관한 이론'도
   '자기지시적 체계 이론,' '사회적 체계 이론' 등으로 줄여 쓴다.
3. [옮긴이 주] 이 입문서는 1993년에 씌어졌고, 루만 사회이론의 완성작이자 두 번째 주저작이며
   살아있을 때 나온 마지막 저작인 『사회의 사회』(Gesellschaft der Gesellschaft)는 1997년에 무려
   1,164쪽 분량으로 출판되었다.

다른 이론들은 기본적 직관을 근거로, 또는 그 언어를 근거로, 또는 적어도 아카데미 독자층에게는 친숙한 전통과의 관련을 근거로 더 쉽게 접근할 수 있다. 반면 루만의 텍스트를 생산적으로 성과 있게 읽기 위해서는, 독자가 우선 루만의 개념들과 그 미로와 같은 논증 스타일을 알아야 한다. 하지만 독자들은 그런 식으로 익숙해질 때까지 계속 읽어나가지 않는다. 루만 이론의 독자들이 몇 백 페이지를 읽고 난 후에야 위로받을 수 있다면, 계속 읽으라는 요구는 '사수하라!'고 외치는 구호나 마찬가지이다. 이렇게 그 출발 지점부터 어려운 이론은 매우 드물다. 우리 필자들은 스스로의 경험을 통해 이에 대해 잘 알고 있으며 학생들이나 동료들[4]과 대화하면서도 항상 이런 소리를 다시 들어왔다.

루만 텍스트의 언어가 가진 복잡함과 낯설음이 대사상가가 내부자와 외부자의 구별을 통해 구역표시를 하려고 하는 변덕이나 천재적 부가요소인 것만은 물론 아니다. 루만은 그의 언어가 이해하기 어렵다는 점에 관해 철저히 사실적인 근거를, 그의 이론의 대상 구성 자체에 놓여있는 근거를 제시한다. 우선 그는 다음과 같이 강조한다. "말하거나 쓰는 사람이라면 자신을 이해시킬 수 있게 표현해야 할 것이다. 이는 첫 눈에 명백한 요구이다. 자신을 이해시키고 싶지 않다면, 뭐하려고 발표하겠는가."(SozA 3: 170). 그런 다음 그는 계속해서 말한다. "그런데 사회학은 일차 시선의 학설이 아니라 이차 시선의 학설이다. 그리고 이차 시선에서는 물음과 숙고가 고양된다. 말하는 내용 모두에 대해 똑같이 이해하기 쉽게 하라고 채찍

4. 텍스트에 접근하는 방법과 관련해 매우 가치 있는 지적을 해준 것에 대해 우리는 Rolf Eickelpasch, Isolde Karle, Ursula Pasero, Dirk Richter, Irmhild Saake, Markus Schroer, Georg Weber 등에게 감사드린다. 친절하고 유능하게 출판을 담당해준 Fink 출판사의 Raimar Zons에게도 특별히 감사드린다.

질해야 하는가?"(SozA 3: 170). 루만이 의도하는 것은 오히려 일차 시선의 [첫 눈에 볼 때의] 몰이해가 곧 이차 시선으로 하여금[다시 볼 때] 이해할 수 있게 만든다는 것이다. 그의 이론언어는 일상의 개념 의미로부터 거리를 둠을 통해 이해를 통제가능하게 하기 때문에 그토록 생산적이면서도 투명한 것이다. 물론 첫 번째 접근을 어렵게 만든다는 대가를 치를 수밖에 없긴 하다. 그래서 루만을 복잡한 개념 형성으로 이끈 이론기술적인 문제란 결국 이른바 공유 언어가 생겨나고 그 토대 위에서 이해가능성이 통제되는 것이다. 단적으로 말하자면, 루만은 낯선 개념들을 통해 이론이 확실히 이해될 수 있게 하고자 한 것이다. "관건이 되는 것은, 어떻게 내가 언어라는 수단을 갖고 복잡한 사태를 충분히 동시에 나타나게 하고 Simultanpräsenz 이를 통해 말과 이해의 연결 작용을 충분히 통제해내는가이다."(SozA 3: 175).

여기서 이미 루만 이론의 기본 특징이 소통이라는 점이 뚜렷해진다. 소통, 여기서는 학적 소통이 그 고유한 선택 수행을 통해 그 소통이 소통하는 세계를 산출한다. 이는 모든 사회적 소통이 그러한 것처럼 사회학 이론에서도 유효하다. 그래서 사회학 이론은 그 이론이 보는 것을 스스로 산출하며 그 환경 속에서 찾아낼 수 있는 어떤 실재를 모사하는 것이 아니라는 점을 보고 배워야 한다.5 우리는 여기서 아직 이론적 논의로 더 나아가지는 않겠다. 다만 특히 언어 영역에 반영되어 있는 루만 이론의 설계에 관해 미리 조금 언급해두고자 한다. 루만이 집중화된 서술 방식과 쉬운 이

---

5. [옮긴이 주] 앞 단락부터 여기까지의 서술은 소통, 이해, 관찰, 세계, 실재 등의 개념에 관한 루만의 독특한 규정을 이용하고 있기 때문에 어렵게 느껴질 것이다. 옮긴이 서문을 포함 이 책 전체를 읽고 난 후에 다시 이 대목을 읽어야만 왜 루만이 낯선 언어를 쓸 수밖에 없는지 정확하게 이해할 수 있을 것이다.

해방식 사이의 타협을 시도한 텍스트인 1986년의 『생태학적 소통』 *Ökologische Kommunikation*, ÖKom이나 1990년의 『사회의 학문』*Wissenschaft der Gesellschaft*, WissG을 떠올려보면, 어쨌거나 최근에 루만이라는 저자는 많은 독자들이 그의 책을 읽으며 당황하고 있다는 사실로부터 이전보다는 조금 더 영향을 받는 것 같다(WissG: 10 참조). 어쨌거나 루만의 텍스트가 종종 접근하기 어렵다는 점을 확인해두는 것은 성과 있게 생산적으로 읽기 시작하기 전에 텍스트 작업에서 낙담하게 되는 이들에게는 첫 번째 도움이 될지도 모르겠다. 우리는 이런 도움을 주는 것이 적지 않은 일이라는 걸 안다.

루만의 복잡한 저작으로의 입문은 각 사항에 있어서뿐만 아니라 양적인 면에서도 아주 높은 선택의 압력에 내몰리게 되는 것으로 보인다. 이 입문서의 목표는 루만의 저작 전체를 소개하는 것이 아니다. 그러려면 모든 것, 즉 저작 성립의 모든 국면들, 거론되는 모든 주제들, 개념 장치의 모든 개정과 발전 등을 집약적으로 다루어 나가야 할 것이다. 입문을 위한 다른 가능성은 루만이 다루었던 특정한 주제들로부터, 즉 법, 종교, 학문, 경제 등으로부터 대상에 접근해가는 것이다. 그러나 우리는 제3의 대안을 택하기로 결심했다. 즉 루만 자신의 사고 양식과 서술 양식에서는 오히려 멀리하고자 했던 위계적 서술 형식을 취하기로 했다. 우리는 개념 체계에서 출발해 체계적으로 이론의 구축으로 이끌어나가는 것이 불가피하다고 보며, 그래서 많은 노고가 들어가지만 성과 있는 길이라고 희망할 수 있는 길을 택한다. 우리는 주제의 선별이 그 대상 덕택에 가능하기도 하지만 우리 자신의 선택에 의한 산물이기도 하다는 점을 의식하고 있다. 동시에 우리는 이러한 선택이 복잡성을 감축시켜서 루만의 이론을 다루는 노동에서 새로운 복잡성이 구축될 수 있기를 희망한다.

각 장을 살펴보면, 우리는 우선 '학제적 패러다임으로서의 체계이론'(2장)에서 체계이론적 사고의 기본 성격에 친숙하게 만들고자 한다. 그에 이어지는 '사회적 체계 이론'(3장)의 서술은 루만의 사회적 체계들의 일반 이론에서 가장 중요한 기본 개념들에 대해 소개한다. 그런 다음 우리는 사회문화적 진화 이론과 현대성 이론을 포함하는 루만의 '사회이론'(4장)에 관해 이야기할 것이다. 그리고 루만의 '시대진단'(5장)으로 마무리할 것이다. 우리는 5장에서 선별된 주제들을 통해 — 위험부담, 도덕, 비판 — 현재적 현대에 대한 루만의 평가는 물론이고 그의 사회이론에서 논쟁의 여지가 많은 지점들에 관해 말하게 될 것이다.

우리 자신의 입장은 내재적 관찰자라고 말할 수 있다. 우리는 루만의 사유 구조가 스스로 말하게 하려고 시도하며, 그 때문에 내재적 서술 형식을 선택한다. 우리는 너무 멀리 나아가는 문제제기를 가급적 서술하지 않겠지만, 그렇다고 해서 단순한 보고자의 의무만 다하고 뒤로 숨어버리지는 않을 것이다. 이 입문서가 초보자에게는 루만의 저작들을 처음 들여다보는 데 도움이 될 것이다. 사회적 체계 이론에 어느 정도 친숙한 독자들은 이러저러한 개념 연관을 한번 더 찾아볼 수 있을 것이다. 어떤 경우건 입문서를 읽는 것은 원전 학습을 대체할 수 없다. 그러나 이 책이 원전 학습을 조금이나마 쉽게 해준다면, 우리의 노동은 헛되지 않을 것이다.

2장

학제적 패러다임으로서의 체계이론

1 일반 체계이론

2 사회학 내부의 전체론적 · 체계이론적 사유방식

2장

학제적 패러다임으로서의 체계이론

오늘날 체계이론이라고 말할 때, 이것이 결코 사회학적 체계이론이나 체계이론적 사회학만 뜻하는 것은 아니다. 체계이론이라는 이름표 뒤에는 체계를 기본 개념으로 하는 다양하고 이질적이며 학제적인學際的 -, interdisziplinär 영역이 숨어 있다. 우리가 체계 개념의 사회학적 적용, 즉 루만의 사회적 체계 이론에 관해 별도로 이야기하기에 앞서, 체계이론이라는 개념을 통해 포괄되는 범위를 어느 정도 살펴보는 것이 확실히 도움이 될 것이다. 이를 위해 우선 우리는 일반 체계이론에 관해 조금 이야기해보고자 한다.

1. 일반 체계이론

체계 개념은 그 기원상 요소적인 것Elementaren과 대비되는 합성된 것

Zusammengesetztes을 뜻한다. 이 개념은 항상 부분들의 단순한 합 이상인 어떤 단위Einheit라는 의미에서의 전체성과 관련을 맺는다. 이렇게 잘 알려진 용어 사용법이 이미 암시하는 바는 체계 개념이 요소들의 집합에 대한 개념으로는 물론이고 요소들 서로간의 관계들에 대한 개념으로도 이끈다는 점이다. 철학의 전통에서 우리는 정확히 이러한 의미의 체계 개념을 1794년 피히테의 체계 테제에서 만나게 된다. 피히테의 테제에서 관건은 대립된 것을 절대적 통일성[단위] 안에 종속시키는 것Subsumtion이다(Fichte 1988: 35 참조). 헤겔 또한 『정신현상학』 서문Vorrede에서 "참된 것은 체계로서만 현실적"(Hegel 1970: 28)이며 체계 안에서 개별 요소들은 단지 이러한 전체의 요소들로 이해되어야 한다고 강조할 때, 체계 개념을 전체성에 대한 암호로 사용한다. 우리는 체계 개념의 사용에 관한 첫 인상을 전해주기 위해 이런 사례들을 끌어왔을 뿐이다. 그럼에도 오늘날 체계이론이라는 명칭으로 불리는 것과 이 사례들에 공통점이 있다면, 그 개념이 전체성, 즉 전체의 요소들이 서로 특정한 관계를 맺는 전체성을 요청한다는 점 뿐이다.

좁은 의미에서 체계이론은 1930년대에 시작된 과학 발전의 산물이다. 체계이론은 세계에 대한 과학적 관찰을 고전적인 분석적 연구와는 토대에서부터 상이한 방식으로 이끄는 과학 혁신을 가리킨다. 관찰 방식의 이러한 전환은 특히 물리학에 대한 생물학의 비판에서 시작된다. 물리학 — 최소한 뉴턴 물리학이라는 고전적 유형에서 —은 세계를 연역적 방식에 따라 수학적으로 기술할 수 있다고 여겼다. 연역은 일반 법칙으로부터 출발해 구체적인 개별 현상들의 특수성을 기술하는 추론 절차이다. 직각 삼각형의 빗변의 제곱은 다른 두 변의 제곱의 합과 같으며 이는 경험적 삼각형이건 관념적 삼각형이건 직각 삼각형이 등장하는 언제 어디서나 그러하다는 피

타고라스 정리가 이에 해당한다. 뉴턴식 세계상은 모든 현상에 적용가능한 자연법칙의 정역학靜力學적 타당성 속에서 표현되는 안정성을 구현하고 있다. 언제 착수하건, 무엇보다 세계 전체의 어느 지점에서 착수하건, 즉 개별 현상에서 착수하건 전체에서 착수하건, 우리는 항상 영원한 우주의 법칙과 만나게 된다. 논리적으로 보면 그러한 과학적 세계상은 세계를 해부하려는 시도에 상응하는 것이다. 즉, 개별 현상들을 서로 떼어내 고립시키고 실험에 의해 반복할 수 있는 시험 절차에 따라 증명해나감으로써 자연의 합법칙성을 찾아내고자 한다.

이러한 절차들이 물리학과 기술과학에서 아주 유용했고 지난 2백년간 산업혁명과 과학혁명의 기초를 놓았던 반면에, 생물학은 그 연구 대상을 관찰할 때 전적으로 다른 요청을 받게 된다. 물리학이 기본과학이자 자연의 요소적 합법칙성을 밝혀내는 과학으로서 요청하는 것과는 반대로, 생물학의 논증 대상인 생명은 고립적으로 기술될 수 있긴 하지만 실제로는 결코 고립적으로 등장하지 않기 때문에 유기체의 물리적 및 화학적 과정들로 환원될 수가 없다. 과학혁명을 의심하지 않고서도 이러한 비판은 마찬가지로 일어날 수 있다. 생물학은 자신이 부각시키는 대상인 생명을 고전적 과학 이해를 통해서는 모사할 수 없다는 것을 알게 된다. 생물학이 생명을 과학외부의 범주들인 생명력, 창조 등을 통해 규정하지 않고자 한다면, 과학적 관찰의 새로운 형식을 갖고 포착해야 한다. 생물학 내부에서 이러한 비판은 개별 현상에서 체계로의 패러다임 전환, 즉 개별 현상들의 연결망으로의 패러다임 전환을 낳았다. 이미 이 지점에서 위에서 언급한 체계 개념에 대한 기본 정의가 다시 발견된다. 즉, 체계 개념은 전체 — 여기서는 살아있는 유기체 — 의 고립된 요소들로 소급되지 않으며, 이 요소들의 관계들 — 여기서는 체계로서의 살아있는 유기체 — 을 시야에 넣는다.

이러한 패러다임 전환을 특히 대표하는 사람이 동물생리학자 루드비히 폰 버틀란피Ludwig von Bertalanffy이다. 그는 생물학 연구 방법론에 기여했을 뿐만 아니라 학제적인 **일반 체계이론**"General Systems Theory"의 원조이기도 하다. 그는 자신의 연구 영역인 동물생리학에서 체계적 연구라는 생각을 확장한 것만이 아니다. 더 나아가 그가 주목한 지점은 낡은 뉴턴식 세계상을 대체할 수 없다면 최소한 학제적인 일반 체계학설의 사유를 통해 보완할 필요가 있다는 것이었다. 여기서 그는 결코 "콜롬부스의 (과학적) 달걀"을 의도했던 것이 아니며, 세계 현상들을 기술하기 위한 일반적 합법칙성을 체계이론적 개념들 안에 포함하는 보편타당한 거대이론을 창조하고자 했던 것도 아니다. 그럼에도 그는 학제적 연구가 필요하다는 입장을 고수한다. "인구학설이나 사회학처럼 생물학의 넓은 영역도 물리적-화학적 법칙성의 틀에 편입되지 않으며, 이런 과학에서는 적절하게 선택된 표상, 즉 모델이 되는 표상을 통해 달성될 수 있는 정확한 합법칙성이 나타난다. 체계의 일반적 성격으로부터 나오는 논리적 동형성isomorph은 이 동형성을 근거로 상이한 현상 영역들에 기초한 형식적 동종 관계를 타당하게 하고 상이한 과학들에서의 병행 발전 조건을 마련한다."(v. Bertalanffy 1951: 127). 여기서 버틀란피가 이미 1950년대에 예고한 것이 오늘날의 연구 풍경 속에서 확인된다. 체계이론적 사고방식은 경제학, 사회학, 교육학, 정치학, 심리학, 의학, 신경학, 정신의학에서 기상학과 천문학에 이르기까지 매우 상이한 분과학문들에서 발견된다. 그에 반해 "정확한 합법칙성"이라는 학제적 발전에 관한 그의 예측은 회의적이라고 평가될 수밖에 없다. 우리가 아는 한 합법칙성과 같은 내용의 학제적 형식에 관해서는 말할 수 없다. 하지만 체계이론이라 분류되는 모든 연구 방향들은 **구조적 공통성**을 갖고 있다. 그 연구들이 체계들이라 부르는 전체 속에서 요소들의 상호 관계에 관해 탐구한다는 점이 공통점이다. 그래서 1951년 버틀란피의 체계 개념 정의는 오늘날에도 여전히 유효한 전제가 될 수 있다. 그의 정의를 수학적으로 정식화하면 다음과 같다. "우리는 하나의 '체계'를 양적인 비율 Q_1, Q_2 …… Q_n을 통해 성격이 부여되는 서로 작용하는 여러 요소들 p_1, p_2 …… p_n으로 정의한다. 그런 체계는 임의의 방정식 체계를 통해 규정될 수 있다."(같은 책: 115). 어떤 체계가 항상 수학적 연산의 도움으로 표현될 수 있는가의 문제는 그냥 놓아두기로 하자. 어쨌거나 체계는 한 요소의 다른 요소들과의 관계만으로 단순하게 표현될 수는 없고, 상호 관계들의 총체로만 표현될 수 있다는 점을 통해 그 특징이 드러난다. 더 나아가 모든 체계는 체계─그 요소들과 관계들─와 그 체계의 환경─체계에 속하지 않는 모든 것─사이에 그어지는 명백한 경계를 형성한다.

버틀란피가 생명력을 불어넣은 『일반 체계이론의 진보를 위한 학회 연보』의 설립 강령과 같은 논문에서 그는 "[……] 고전 과학은 통계학, 변화의 법칙, 최근에는 열역학 제2법칙에서 유래하는 미조직된 복잡성 이론의 발전에 있어 매우 성공적이었다. 오늘날 우리의 주된 문제는 조직된 복잡성organized complexity의 문제이다. 조직, 전체성, 목적론, 제어control, 자기-규제, 분화 등과 같은 개념들은 관습적인 물리학에서는 낯선 것이다. 그러나 그 개념들은 생물학, 행동과학, 사회과학의 어디에서나 떠오르고 있으며, 실제로 생명 유기체나 사회적 집단을 다루는 데 있어 빼놓을 수 없다."(v. Bertalanffy 1956: 2; 강조는 필자들) 개별 현상들이 선형적線型的 논리에 따라 접속되는 것이 아니라, 현상들이 서로 돌아가며 영향을 미치고 있다면, 조직된 복잡성이 있는 것이다. 이런 경우에는 상호적인 연결망의 조건들을 기술해야 비로소 개별 현상들을 합한 단위에 관한 하나의 상을 매개할 수 있다. 그래서 미조직된 복잡성은 개별 현상들의 선형적 사슬로 기술될 수 있다. 즉, A로부터 B가 나오며, B로부터 C가 나온다, 등등으로 기술될 수 있다. 그에 반해 조직된 복잡성은 이런 단순한 모델에 따라 표현될 수 없다. 왜냐하면 A와 B가 서로 돌아가며 각각의 가능성에 대한 조건이 된다고 여겨지기 때문이다. 즉, A가 B로부터 나오는 것도 그 역도 아니며, 오히려 A와 B는 그 상호성을 통해, 즉 선형으로 표현할 수 없는 그들의 관계를 통해 주어지기 때문이다. 체계이론의 본질적 대상은 개별 요소들 사이의 복잡한 상호관계의 조직화 형식이라는 점을 뚜렷이 할 필요가 있다.

조직된 복잡성과 미조직된 복잡성의 구별 외에도 우리는 버틀란피 덕분에 더 나아간 인식을 이끌어주는 구별 방법을 갖게 되었다. 이는 특히 생명과학의 필요에 부응하는 것이지만, 체계이론을 갖고 작업하는 다른 분과학문의 필요에도 부응하는 것임을 앞으로 보게 될 것이다. 그것은 바로 열린 체계들과 닫힌 체계들의 구별이다. 닫힌 체계의 특징은 항상성恒常性, homeostasis을 갖고 있으며 그래서 내적으로 안정되게 유지되며 균형 상태에 도달한 후에는 변화하지 않는다는 점이다. 그런 체계는 그 환경과 어떤 교환관계도 유지하지 않으며 그 때문에 "시간 흐름과 무관한 균형 상태로"(v. Bertalanffy 1951: 122) 이행할 수밖에 없다. 닫힌 체계에는 엄밀한 의미에서의 조직된 복잡성이 없다. 체계의 구성요소들이 균형 상태 속에서 수학적으로 일대일로 대응하며 서로 관계를 맺기 때문이며, 체계의 닫힌 성격으로 인해 이는 환경의 변화를 통해서도 변경될 수 없기 때문이다. 그에 반해 열린 체계는 그러한 균형 상태에 필연적으로 이르지는 않으며, 오히려 항상성의 정지 상태에 도달할 수 있을 뿐이지, 곧 다시 변할 수 있고 해체될 수 있으며 시간화된다. "열린 체계는 그 안에서 유입과 유출 그리고 구성하는 요소들의 교체가 일어나는 체계이다."(같은 책: 121) 체계와 그 환경 사이의 교환 과정은 물론이고 요소들 서로간의 내적 관계를 변화시킬 능력 또한 상태변화와 요소들의 탈락 및 갱신에도 불구하고 열린 체계를 유지할 수 있게 해준다. 이를 통해 체계에 속하는 요소들의 층위에서는 물론이고 요소들 사이의 관계들을 조직하는 방식의 층위에서도 관찰될 수 있는 동역학動力學이 성립한다. 버틀란피는 이러한 사태를 기술하기 위해 **유동적 균형**Fließgleichgewicht이라는 개념을 제안한다(같은 책: 122). 따라서 열린 체계들은 그 환경과의 교환 과정을 통해 동역학을 발전시킬 수 있으며, 환경의 조건이 바뀔 때 체계 구조들을 완전히 변경하지 않고도 그 상태를 변경시킬 수 있는 체계들이다.

그러므로 체계와 환경 사이에는 선형적 인과관계가 성립하지 않는다. 즉, 특정한 환경의 자극이 체계에게 가능한 단 한 가지 반작용만 허락한다는 뜻에서의 인과관계가 성립하지 않는다. 열린 체계들의 특징은 오히려 환경이 변할 때 내적 조직을 **스스로** 전환시킨다는 점, 그리고 외부로부터 인과적으로 조건지워지거나 선형적으로 규정될 수 없다는 점에 있다. 이러한 사태를 더 정확히 기술하기 위해 **암흑상자**Black Box 개념이 체계이론에 도입된다. "암흑상자는 알려져 있지 않은 기계이며, 그 기계가 결정되어 있다고 가정할 수 있지만 그 기계 안에서 결정을 내리는 메커니즘은 볼 수 없다."(Glanville 1988: 100f.). 우리는 열린 체계에서 무엇이 입력Input으로 들어오는지 볼 수 있으며, 열린 체계가 무엇을 출력Output으로 내놓는지 볼 수 있다. 하지만 우리는 그 체계가 입력과 출력의 관계를 어떻게 조직하는지 볼 수 없다. 이러한 관계가 간단한 선형적 인과 논리나 수학적으로 계산가능한 지수적 증가 관계로 기술될 수 있다면, "암흑상자들"은 "하얗게" 되며, 우리는 그 안에서 무엇이 일어나는지 알게 된다. 하지만 그렇지 않은 경우에 그 상자는 "검은" 채로 있을 것이다. 그래서 우리는 입력이 출력을 일방적으로 결정하지 않는다는 점, 오히려 그 체계가 직접 자신을 결정한다는 점, 여기서는 암흑상자가 직접 자신을 결정한다는 점을 인정해야 한다.

그러므로 열린 체계들에 있어 체계와 환경 사이의 관계는 특정한 환경의 자극이 체계에게 단 하나의 반작용만 낳을 수 있는 선형적 인과관계가 아니다. 오히려 열린 체계들의 특징은 환경이 변할 때 그 내적 조직을 스스로 전환시킨다는 점, 그리고 외부로부터 인과적으로 조건지워지지 않으며 선형적으로 규정될 수 없다는 점이다. 이런 적응 과정과 변화 과정에서 항상 관건이 되는 것은 체계 내부의 작동들이기 때문에, 열린 체계들에 관한 이론들은 대체로 자기조직self-organization 패러다임에 포섭된다. 그런 이론들은 요소들의 연결망 관계를 환경의 요인들과 연관된 하나의 체계로 기술할 수 있다.

자기조직 패러다임이 본래 겨냥하고 있는 지점은 체계들이 그 환경으로부터 선형적으로 조절될 수 없으며 오히려 그 체계들 각각의 고유한 내적 논리에 따라서만 환경의 변화에 반응한다는 점이다. A로부터 B가 나온다는 식의 선형적 인과관계를 가정하고 있는 고전적 논리학을 통해서는 더 이상 그러한 내적 동역학을 파악할 수 없다. 그래서 자기조직 체계 이론들은 수학의 영역에서 보강된 사이버네틱스[1] 사유 모델을 사용한다. 사이버네틱스는 제어항과 피제어항의 관계를 기술한다. 이를 친숙한 사례를

---

1. [옮긴이 주] 사이버네틱스는 생물이나 기계 안에서 일어나는 제어와 통신을 연구하는 학문이다. 흔히 인공지능 연구와 혼동되기도 하는데, 전자가 체계 일반의 제어 및 통신을 이해하거나 기술하는 것을 목표로 삼는 기초학문인데 반해 후자는 심리학, 신경과학, 언어학, 철학 등도 결합된 응용과학이자 종합과학이라 할 수 있다. cybernetics 혹은 Kybernetik은 배를 조종하는 기술이라는 그리스어에서 온 말로, 1834년 프랑스 물리학자 앙페르(André Marie Ampére)가 학문통합기술이라는 의미로 사용한 것을 노버트 위너(Nobert Wiener)가 1948년 『사이버네틱스, 혹은 동물과 기계에서의 제어와 통신』이란 책에서 일반 제어학의 의미로 사용했다.

통해 설명해보겠다. 온도조절장치는 한 방의 온도를 측정해 온도가 충분히 내려가면 난방을 시작한다. 이를 통해 온도조절장치(제어항)는 그 방의 온도를 제어한다. 그래서 방이 덥혀지면, 온도조절장치는 난방을 중단한다. 방이 식은 후에 다시 가동하기 위해서 말이다. 여기서 피제어항이 제어항에 역작용한다는 점을 알 수 있다. 고전적 사이버네틱스는 이를 되먹임feedback 효과(Wiener 1963 참조)라고 부른다. 최근의 사이버네틱스 연구들("이차-등급-사이버네틱스")은 이를 넘어서 제어항과 피제어항이 서로 뚜렷이 나누어질 수 없으며, 오히려 상이한 요소들이 —우리의 사례에서는 온도조절장치와 방의 온도— 서로 돌아가며 제어한다는 점을 보여주고자 한다. 라눌프 글랜빌Ranulph Glanville은 이를 다음과 같은 공식으로 정리한다. " '제어되는' 것(이런 역할을 부여받은 것)은 동시에 '제어하는' 것(이런 역할을 부여받은 것)을 제어한다."(Glanville 1988: 205). 글랜빌의 정식화는 고전적 인과학설이라는 수단을 갖고서는 서로 돌아가며 이루어지는 제어를 묘사할 수 없다는 점을 분명하게 한다. 자기조직 체계는 오히려 자기 자신으로 방향을 잡고 이를 통해 개별 현상들이나 과정들이 작용하는 생태학적 조건들을 스스로 산출하는 경향이 있다. 좀 더 명확하게 표현하자면 다음과 같다. 고전적 물리학을 통해 묘사될 수 있는 과정들은 항상 동일한 생태학적 조건들을 전제로 갖는다. 이는 자연 법칙의 형식으로 기술될 수 있기 때문에 그에 상응하는 과정들이 예측될 수 있고 계산될 수 있고 따라서 계획될 수 있다. 그에 반해 자기 자신을 조직하는 과정들은 각자의 시작 조건을 그 자신의 과정을 통해 만들어낸다. 하인츠 폰 푀르스터Heinz v. Foerster는 이런 맥락에서 재귀적 과정들rekursiven Prozessen이라고 말한다 (v. Foerster 1987: 149 참고). 사이버네틱스 사유 모델은 앞서 말한 바 있는 동역학적 과정들, 즉 자기 스스로 보강해나가는 과정들을 정확히 묘사하고자 하며, 이 묘사에 있어 전체 과정을 서로에 대해 고립되어 있는 개별 현상들의 인과관계들로 환원하려 하지 않는다.

일반 체계이론의 첫 세대가 가졌던 문제가 조직된 복잡성의 문제에 머물렀다면, 자기조직 개념이라는 표현에서 알 수 있듯이 이제 더 관심을 갖게 되는 방향은 조직이 갖는 특유의 **자기론적**autologisch 2 면모이다. 자기조직의 자기라는 것은 이제 더 이상 개별 현상들로 이해되지 않으며 체계로 이해된다. 즉 개별 요소들과 그 요소들의 상호 관계들의 총체로 이해된다. 자기조직 개념, 그리고 체계가 자기 자신을 유지하며 내적 과정을 자신의 동역학과 내부 상태를 척도로 조절한다는 기본 사고는 칠레의 생물학자 움베르또 마뚜라나Humberto R. Maturana와 프란시스코 바렐라Francisco Varela가 발전시킨 **자기생산**Autopoiesis 개념에서 가장 명백하게 실현된다(Maturana/Varela 1987 참조). 이러한 이론 구상은 니클라스 루만의 사회학적 체계이론에 직접 도입된 것이기도 하다. 우리는 뒤에서 다시 이 지점으로 돌아올 것이다.

□ 중요한 기본 개념 요약
- 체계 : 요소들의 집합과 요소들의 상호 관계들의 전체.
- 사이버네틱스 : (그 기초는 조절 학설) 제어항과 피제어항의 관계에 관한 학설. 이러한 과정상에서 과정들의 되먹임 효과를 탐구.
- 자기조직 : 그 자신의 작동방식을 척도로 하며 그 자신의 상태를 토대로 작동하는 열린 체계들의 조직 유형.

---

2. [옮긴이 주] 자기론(Autologie)이란 논리학이나 언어학에서 어떤 말이 자기 자신을 가리키는 것을 뜻한다. "한국어"라는 한국어, "이것은 문장이다"라는 문장 등이 이에 해당하며, 생명체를 탐구하는 생물학자라는 생명체의 작업이나 사회를 기술하는 사회학의 작업도 자기론적이라고 할 수 있다.

☐ 참고문헌

• Ludwig v. Bertalanffy: "General System Theory", in: *General Systems. Yearbook of the Society for the Advancement of General Systems Theory, Bd. 1*, hg. v. Ludwig v. Bertalanffy und Anatol Rapoport, Ann Arbor/Michigan 1956, S. 1 ~ 10.

• Wolfgang Krohn/Günther Küppers/Rainer Paslack: "Selbstorganisation—Zur Genese und Entwicklung einer wissenschaftlichen Revolution", in: Siegfried J. Schmidt(Hg.): *Der Diskurs des Radikalen Konstruktivismus*, Frankfurt/M. 1987, S. 441 ~ 465.

• Ranulph Glanville: "Objekte", Berlin 1988, darin v.a.: *Die Frage der Kybernetik*, S. 197 ~ 218.

☐ 옮긴이 추천 참고문헌

• 루드비히 폰 버틀란피 지음, 현승일 옮김, 『일반체계이론』, 민음사, 1990.
• 지크프리트 J. 슈미트 지음, 박여성 옮김, 『구성주의』, 까치, 1995.

2. 사회학 내부의 전체론적·체계이론적 사유방식

사회학 이론은 오늘날까지 그 분과학문의 이론적 정신들을 갈라놓고 있는 하나의 논쟁을 그 출발시점부터 갖고 있었다. 예를 들어 영국 사회학자 앤서니 기든스Anthony Giddens는 "깊게 닻을 내린 주관주의와 객관주의의 이원론"(Giddens 1988: 34)을 문제로 삼는다. 전자는 주체로부터 출발하는 방법론적 접근방식이며, 후자는 보다 객체로, 따라서 사회로 방향을 잡는 접근방식이다.3 우리는 여기서 이에 관한 광범한 논의를 다 묘사할 수 없고 다 묘사하고자 하지도 않는다. 사회학적 체계이론의 특성을 끌어낼 수 있는 정도로만 간략하게 사회학의 두 고전이론가를 통해 서로 다른 발상을 보여주고자 한다. 여기서 우리는 첫 번째 방향에서는 막스 베버Max Weber, 1864~1920를, 두 번째 방향에서는 에밀 뒤르켐을 살펴볼 것이다.

사회학에 대한 베버의 유명한 정의는 다음과 같다. 사회학은 "사회적 행위를 해석하여 이해하고 이를 통해 그 행위의 경과와 효과 속에서 인과적으로 설명"(Weber 1976: 1)하고자 하는 과학이다. 이와 함께 베버는 사회학에 다음의 두 가지 과학들 사이의 중간 지위를 부여한다. 그 하나는 문화적 성과들을 묘사하고 해석하며 그 발생 연관 속에서 이해하고자 하는 과학, 즉 개별사례를 기술하는idiographisch 과학이며, 다른 하나는 개별 현상들을 설명할 수 있는 보편타당한 법칙을 찾으려는 과학, 즉 법칙을 기술하는nomothetisch 과학이다. 그래서 베버는 사회학의 위치를 순수하게 개별사례를 기술하는 정신과학에도, 자연과학과 같이 법칙을 기술하는 과학에도 두지 않는다. 이를 통해 그는 문화적 성과들을 소위 개인의 창조성과 노력

---

3. 우리는 주체/객체라는 구별이 여기서 적절한 선택인지 의아하게 여긴다. 그럼에도 사회학 이론 형성의 종파적 논쟁이 일어날 때면 사람들은 항상 이런 개념쌍에 이르곤 한다.

덕택에 가능한 고립된 현상들로 고찰하는 것을 피하고자 한다. 베버가 그런 개별 문화적 성과들을 서로 관련짓는 지점에서, 그리고 그 성과들이 언제나 수신자의 지평에서 그리고 사회적 효과와 사회적 원인을 고려해 사회적 행위로 일어난다고 보는 지점에서, 비로소 사회학은 시작된다. 그럼에도 베버에게 결정적인 방법적 출발점은 인간이 자신의 행위에 의도적으로 부여하는 "주관적으로 생각된 의미subjektiv gemeinte Sinn"이다. 그에 따라 사회학의 작업은 주관적 행위 상황들을 이해하면서 재구성하고자 하는 것, 그리고 규칙성과 합법칙성에 맞게 각각의 행위가 갖는 사회적 지위를 찾아내는 것이 된다. 그래서 베버가 기초를 놓은 사회학의 사고방식을 이해 사회학verstehende Soziologie이라 부르는 것이 근거 없는 것은 아니다.

뒤르켐의 출발점은 이와 다르다. 무엇보다도 그에게 중요한 것은 사회학적 사고를 행위자의 심리적 실재로 협소화하는 걸 포기하는 것이다. 뒤르켐은 행위에 있어 주관적으로 생각된 의미는 사회적인 것의 기본적 구성요소가 아니라고 본다. 뒤르켐에게는 사회적 사실들이 서로 영향을 미친다는 것이 결정적인 발상이다. 중심이 되는 사회적 사실은 행위자들 사이의 사회적 관계를 표현하는 연대이다. 그래서 행위자들 각자의 행위들을 서로 관련짓는 어떤 것이 주체들의 외부에 있을 때만 사회적 질서가 가능하다(Durkheim 1965: 105ff 참조). 그래서 사회적 질서는 집단의식의 상관물이다(Durkheim 1988: 128 참조). 우리가 사회적 질서를 오직 개별 행위 주체들이 주관적으로 생각한 의미에만 귀속시킨다면, 계약의 체결처럼 매우 단순한 과정조차 설명할 수 없을 것이다. 하나의 계약은 서로간의 규칙 준수 및 계약 체결 이전에 미리 있어야 하는 일치된 이해 덕분에 가능하다. 그래서 계약은 심리적 사실이 아니라 사회적 사실이다. 계약이 사회적 관계의 집단적 동의를 만들어내는 것이 아니라, 오히려 집단적 동의가

계약을 가능하게 한다(같은 책: 450 참조).[4]

뒤르켐이 사회이론가로서 연대의 다양한 형식들을 탐구할 때[5], 그는 분명히 심리 상태를 주목한 것이 아니라, 연대의 심리 상태를 가능하게 하는 전제조건인 사회적 사실을 주목했다. 연대는 심리적 과정이 아니며, 연대의 현상을 사회적 질서의 조건으로 규명할 수 있는 것은 심리학이 아니다. "따라서 연대에 관한 연구는 사회학에 속한다. 사회학에서는 사회적 작용을 매개로 해서만 알 수 있는 사회적 사실이 다루어진다. 그럼에도 많은 도덕론자와 심리학자가 이런 방법을 따르지 않고 문제를 다루어왔던 것은 그들이 어려움을 회피하고자 했기 때문이다. 그들은 어떤 현상으로부터 그 현상이 자라나오게 된 심리학적 맹아만 지키기 위해 그 현상에 특수한 사회적인 모든 것을 배제해버렸다."(같은 책: 114). 뒤르켐이 이해하는 사회학은 행위자가 주관적으로 생각된 의미를 결코 "현금 bare Münze"으로[곧이곧대로] 받아들이지 않는다. 그 대신 선행한 사회적 사실들의 형식들 중 어떤 형식이 그런 행위 유형을 낳았는지 먼저 물어봐야 한다고 본다.

우리가 간략하게 보여준 두 가지 사회학적 사고 전통은 사회적 행위의 본성을 설명하려 한다. 그런데 베버가 기초를 놓은 이해 사회학, 그리고

---

4. 뒤르켐에 의하면, 현대 공동체의 사회적 결속에 대한 패러다임 형식인 계약으로의 소급은 사회적 질서를 자유로운 주체의 자유의지에 따른 계약의 표현이라고 생각하는 이른바 계약이론 모델을 곁눈질해서 나온 것이다. 계약이론 모델의 가장 유명한 형태는 장-자크 루소가 1762년에 쓴 『사회계약론』(Du contrat social)이다.

5. 여기가 뒤르켐의 연대 이론을 논하는 자리는 아니므로 조금만 다루겠다. 뒤르켐은 기계적 연대와 유기적 연대를 구별한다. 기계적 연대는 유사한 것들로 이루어지는 연대를 말하며, 그 유사성 속에서 사회적 관계는 완전한 상호성이라는 특징을 갖는다. 유기적 연대는 상이한 것들의 조화와 분업 덕택에 가능한 연대를 말한다. 뒤르켐은 기계적 연대로부터 시작해 점점 더 유기적 연대가 확산되는 운동을 사회의 발전이라고 생각한다(Durkheim 1988: 118ff. und 162ff. 참조).

개별 현상에 관해서가 아니라 개별 현상을 조건지우고 가능하게 하는 사회적 상호관계에 관해 묻는 **전체론적**holistisch 사회학 사이의 차이는 뚜렷해질 필요가 있다. 이러한 간략한 설명을 우리가 일반 체계이론의 몇몇 기본 개념을 도입했던 앞 절과 관련시켜 보자면, 사회학에서도 개별 요소들을 결합시키는 과학이론적 문제가 중요하다는 점이 분명해진다. 개별 행위나 행위 담지자로부터 착수해 주관적 동기와 원인의 논리로부터 주체들에게 공통된 것, 주체들을 구속하는 것을 끌어낼 수 있다. 하지만 또한 개별 요소들, 즉 여기서는 사회적 행위들을 사회학의 고유한 대상인 서로 영향을 미치는 관계의 표출로 이해할 수도 있다. 일반 체계이론은 전통적 과학관이 개별 현상들을 서로 고립시키고 그것들의 가능성이 서로 조건지워져 있다는 걸 탐구하지 않는다고 비판한다. 사회적 관계들에 대한 일상적 관찰이 이미 명증하게 보여주는 바는 행위사슬에서 일어나는 것이 개별적인 것에 의해 더 이상 조절될 수 없는 고유한 동역학을 발전시킨다는 것이다. 사회적 현실이 개별 요소들의 합보다 훨씬 포괄적이라는 공식은 여기서도 유효하다. 체계이론적 사유가 사회학에서 시작되는 지점은 사회적 행위들이 사회적 관계의 개별 요소들로 파악되는 지점이다. 그 출처가 어디이건 간에 사회학적 체계이론은 개별자의 행동을 그 체계연관으로부터 설명한다. 행위의 공통성을 조직하고 그래서 사회적 과정들에게 하나의 형태, 하나의 방향, 즉 하나의 **구조**를 부여하는 것은 사회적 체계들soziale Systeme, 즉 사회들Gesellschaften, 가족들, 단체들, 조직들, 정당들, 의회들, 기업들, 신앙 공동체들 등등이다.

구조 개념은 루만의 결정적인 사회학 스승이자 보증인이었던 파슨스가 1930년대 이후 발전시켰던 **구조적-기능적** 체계이론의 중심에 있는 개념이다. 구조 개념은 "체계-환경 관계에서 짧은 기간의 동요로부터는 영향을 받지 않는 체계 요소들과 관련되어 있다."(Parsons 1976: 168). 파슨스는 기능 개념을 구조와 구별한다. 기능 개념은 사회적 체계의 동역학적 면모, 즉 변화하는 환경 속에서 체계구조의 유지와 안정을 보장해야 하는 사회적 과정을 가리킨다. 이런 유형의 사회학은 체계 유지를 위해 충족되어야 하는 기능들을 제시하기 위해 우선 하나의 사회적 체계가 가진 구조를 탐구한다. 구조적-기능적 이론은 행위 과정을 조절하는 구조적 틀을 제시하며, 기능적 분석을 통해 어떤 행위가 체계유지에 기능적인가 기능적이지 않은가를 결정할 수 있다. 사회적인 것, 즉 사회학의 대상은 여기서도 개별자의 고립된 행위가 아니다. 사회학의 대상은 오히려 각 사회적 체계의 맥락에서 이러한 행위들이 갖는 구조적이고 기능적인 면모이다. 사회적 관계에 대한 구조적이고 기능적인 분석을 위해 파슨스는 구조 유지를 위해 필요한 기능들을 제시하는 하나의 도식을 발전시켰다. 그 도식에 따르자면, 모든 사회적 체계는 적응, 목표달성, 통합, 구조 유지라는 네 가지 기능을 충족시켜야 한다. 이러한 AGIL-도식은 이 기능들의 영어 첫 글자로부터 따온 이름이다. Adaption(적응), Goal Attainment(목표달성), Integration(통합), Latent Structure Maintenance(구조 유지).[6]

우리는 구조적-기능적 체계이론에 대한 설명을 여기서 멈추겠다. 다만 이러한 유형의 사회학이 요소적인 사회적 단위들, 즉 사회적 행위, 소통, 상호작용 등등을 고립된 것으로 간주하지 않고 하나의 체계와 연관된 구조적이고 기능적인 틀 속에 놓는다는 점을 분명히 해놓아야 한다. 그래

---

6. 적응 기능은 체계의 환경, 예를 들어 인격적 역량, 정보, 화폐 등으로부터 자원과 에너지를 받아들이고 마련하는 것이다. 목표달성 기능은 행위 목표를 목적론적으로 지향하는 것이다. 통합 기능은 공동체 형성 및 규범적 지향과 관련된 것이며, 구조유지 기능은 문화적 확신의 공통성을 보장하는 것이다.

서 행위들은 이러한 행위들을 통해 수립되는 체계 연관의 결과로 나타난다. 여기서 우리는 다시금 사이버네틱스 모델과 만나게 된다. 우리가 위에서 사이버네틱스 모델을 설명하며 그린 윤곽과 비슷한 것, 즉 서로 관련되어 있고 서로를 가능하게 하고 서로를 보강하며 되먹임하는 조건을 만나게 된다. 이 정도의 언급이면 사회학적 체계이론이 움직여나가는 지평을 약간 표시해두는 데는 충분할 것이다. 다음 장에서 우리는 니클라스 루만의 사회적 체계 이론으로 방향을 돌리겠다.

□ 중요한 기본 개념 요약
• 사회적 체계 : 사회적 요소들, 즉 사회적 행위들이라는 요소들의 전체 집합.

□ 참고문헌
• K. H. Tjaden, Hg. : *Soziale Systeme. Materialen zur Dokumentation und Kritik soziologischer Ideologie*, Neuwied/Berlin 1971.

□ 옮긴이 추천 참고문헌
• 막스 베버 지음, 박성환 옮김, 『경제와 사회 Ⅰ』, 문학과지성사, 2003.
• 에밀 뒤르켐 지음, 박창호 옮김, 『사회학적 방법의 규칙들』, 새물결, 2002.
• 탈콧트 파슨스 지음, 윤원근 옮김, 『현대 사회들의 체계』, 새물결, 1999.
• 앤서니 기든스 지음, 황명주 옮김, 『사회구성론』, 간디서원, 2006.

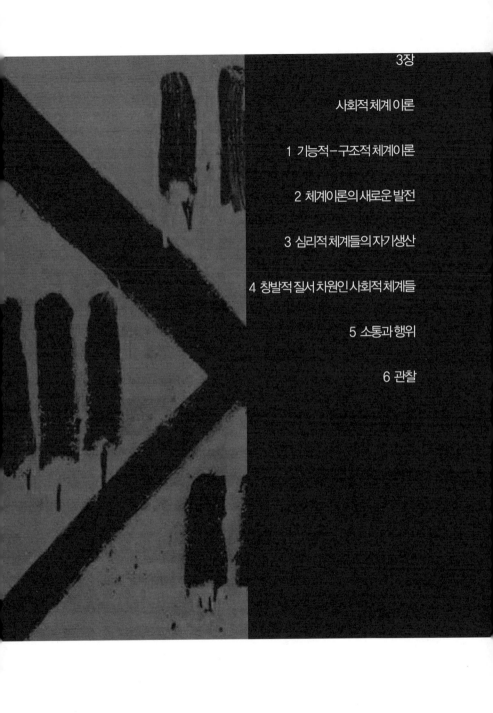

3장

사회적 체계 이론

니클라스 루만은 지난 30년 동안 세분화되고 복잡하며 주제가 다양해서 전문가들조차 다 살펴보기 어려운 폭넓은 범위의 저작을 집필했다. 그럼에도 그의 작업들은 단일한 동기에 의해 묶여 있다. 루만이 밝힌 의도는 일반 체계이론의 고찰들을 참고해 사회학을 위한 보편적 이론을 정식화하는 것이다. 우리가 도입에서 이미 보여준 것처럼 루만은 그의 이론 구상에 대해 보편성을 요청하는 것이지, 결코 절대성을 요청하지 않는다. 그래서 보편성이란 유일한 올바름이나 절대적 진리에 대한 청구권을 주장하는 것이 아니다. 루만이 하고자 하는 것은 사회학을 포괄하는 이론의 완성이며, 이런 이론은 사회학의 전체 대상 영역을 체계이론의 개념들을 갖고 기술하고자 한다. 하지만 전체 대상 영역을 다룬다는 것이 이른바 **중범위 이론**

middle range theory 1처럼 사회학의 대상 영역으로부터 선별된 단편들만 다루는 것은 아니다. "보편성을 통해 주장하고자 하는 바는 다만 모든 사실, 사회학의 경우에는 모든 사회적 사실을 체계이론적으로 해석할 수 있다는 것일 뿐이다. 그렇다고 해서 체계이론이 유일하게 가능하고 유일하게 올바른 사회학 이론이라고 말하는 것은 아니며, 체계이론을 참고하지 않는 다른 사회학자들이 오류에 빠진다고 말하는 것도 아니다."(HaLu: 378). 일반 체계이론이란 수단을 갖고 보편적 사회학 이론을 완성한다는 것은 모든 사회적 접촉을 체계로 파악한다는 것을 뜻한다. 이런 이해방식에 따르면 루만이 일찍이 1967년에 말했듯이 사회학은 "사회적 체계들에 관한 학문"이다(SozA 1: 113). 우리가 1장에서 말했던 것을 상기하자면, 이는 무조건 새로운 생각인 것은 아니다. 루만 이전에 이미 사회학 내부에는 사회적 관계들을 체계이론의 개념 수단을 갖고 기술하고 분석하려는 수많은 시도들, 부분적으로는 아주 상이한 시도들이 있었다. 이미 본 것처럼 이 관점에서 가장 유명한 것이 파슨스의 작업일 것이다. 파슨스 이론과의 대결은 루만 고유의 이론을 발전시키는 출발점이기도 하다. 그러나 루만은 파슨스의 모든 전제와 개념적 제안을 넘겨받을 수는 없었다. 이미 1960년대 중반에 루만은 파슨스의 구조-기능주의 이론과 선명한 경계를 그으면서 자신의 고유한 발상의 첫 걸음을 내딛었다.

　루만은 보편적 요청을 갖고 등장하는 독립적인 사회적 체계 이론을 설계하려는 노력을 오늘날까지 진전시켜왔다. 물론 루만의 저술들이 갖는 연속성을 앞세우는 이러한 진술이 루만 고유의 이론 발전 과정 속에 있는

---

1. 중범위 이론이란 개념은 로버트 K. 머튼(Robert K. Merton)(1967: 258)에게로 거슬러 올라간다. 그는 포괄적이지만 일면적인 발상들에 맞서 사회학의 이론들이 갖는 설명에 대한 청구권을 제한하자고 주장했다.

특정한 단절 지점을 간과해서는 안 된다. 지금까지 루만이 쓴 글을 두루 살펴보면, 두 국면을 확연하게 구별할 수 있다. 첫 번째 국면은 1960년대 초부터 1980년대 초중반에 이른다. 1984년에 출판된『사회적 체계들. 일반 이론의 개요』라는 책을 통해 오늘날까지 지속되는 두 번째 국면이 시작된다.『사회적 체계들』은 루만의 이론 발전 과정에서 결정적인 전환점이다. 이에 대해서는 조금 뒤에서 살펴볼 것이다. 이 저작에서는 또한 그때까지 아주 신중하게 진행된 사회적 체계 이론의 기본 개념들에 대한 해명이 이루어졌다. 이런 이유로『사회적 체계들』은 루만의 주저작이라 불리어 마땅하다.

우리의 입문서가 중점을 두는 지점은 사회적 체계 이론이 지금 도달한 단계이다. 그럼에도 우리는 다음 절에서 1960년대와 1970년대에 루만이 갖고 있던 이론 구상에 대해 약간 조명해보고자 한다. 몇 쪽 분량에 불과하므로 우리는 몇 가지 이론적 초석만을 논의할 수 있다. 그렇기 때문에 초기 루만과 관련해서는 그의 이론을 불충분하게 단순화하고 축약해 서술하는 위험이 특히 커질 수밖에 없다. 그럼에도 우리는 초기 루만의 사회적 체계 이론이 가진 중심 범주들을 제시해보기로 결심했다. 이렇게 결심한 이유는 우리가 두 번째 완성 국면에만 집중해 사회적 체계 이론을 소개한다면, 루만이 그의 발상의 기본 전제들을 1980년대 중반에야 비로소 발전시켰다는 인상을 불러일으킬 수 있기 때문이다. 루만이 이미 1960년대와 1970년대에 그의 발상의 중심 개념틀을 정식화했다는 점을 확인해둘 필요가 있다. 그런데 이론적 방향 전환과 더불어 그 기본 개념들은 부분적으로 재정의되거나 전체 이론 내부에서 그 위상이 변했다. 그럼에도 이러한 이론적 수정을 이해할 수 있으려면, 우선 독자들은 초기의 사회적 체계 이론에 조금 친숙해져야 한다.

1. 기능적-구조적 체계이론

이미 언급한 것처럼 파슨스의 사회학적 체계이론을 비판하고 더 발전시키는 것이 루만의 출발점을 이룬다. 파슨스는 일찍이 토마스 홉스Thomas Hobbes에 의해 제기된 고전적 물음인 인간의 공동생활이 어떻게 가능하며 이를 통한 사회적 질서가 어떻게 가능한가라는 물음에서 출발한다. 파슨스는 그 답으로 사회적 질서 문제에 대해 **자원론**voluntarism 2이라는 해결책을 제시한다. 자원自願이란 개념이 뜻하는 바는 한 사회의 구성원이 개인적 이익이나 외적 강제를 근거로만 함께 살아가는 것이 아니라 규범적 준거의 틀 내부에서 자유의지에 따라 일치에 이른다는 것이다. 그래서 하나의 자원론적 질서는 강제에 의해서만 성립하는 질서가 아닐 뿐만 아니라 전적으로 자기중심적인 효용에 대한 고려들이 함께 작용해서 나온 결과물도 아니다. 사회 질서가 근거하는 것은 오히려 사회적 삶 속에서 굳건하게 제도화되고 동시에 사회적 과정에서 행위자들에게 구속력 있게 습득된 일반적 가치 합의이다. 사회적 질서의 발생에 대한 이러한 고찰을 파슨스는 일반 행위 체계이론의 방향으로 발전시켰다. 그에 따르면, 모든 구체적 행위 단위는 사회적 질서의 모든 형식과 마찬가지로 문화적, 사회적, 인성적 요인이 함께 작용해 나온 결과이다.3 이러한 삼원 도식 내부에서는 문화적

---

2. [옮긴이 주] 自願論(자원론)이란 개인이 스스로 원해서 하는 것, 즉 자발적인 의지를 중시하는 이론이다. 주의주의(主意主義)라고 번역하기도 한다.

3. 파슨스는 그의 일반 행위 체계이론을 계속 수정하고 확장했다. 첫 거대 저작인 『사회적 행위의 구조』(The Structure of Social Action)에서 파슨스는 두 부분을 나누어 작업했다. 목적합리적 행위 영역을 정언적-규범적 의무의 영역으로부터 구별했던 것이다. 이러한 이원 행위도식은 『사회적 체계』(The Social System)에서 앞서 언급한 삼원 도식으로 확장되었다. 이후에도 파슨스는 1장에서 소개한 AGIL-도식을 갖고 네 부분으로 된 모델을 제시했다. 여기서 행동체계, 인성체계, 사회적 체계, 문화적 체계는 일반 행위 체계의 네 영역을 이룬다(Parsons 1951, 1968;

체계에게 지배적인 영향력이 할당된다. 공유된 문화적 가치들과 규범들, 즉 **공유된 상징적 체계**shared symbolic system가 사회적 행위의 진행을 조절하고 구조화하며 이런 방식으로 공동 생활을 보장한다. 그 때문에 파슨스는 항상 특정한 규범 모델과 가치 모델, 즉 특정한 구조를 갖고 있으며 그 성격이 규정되어 있는 사회적 체계들로부터 분석을 시작했다. 이 지점에서 그가 특히 관심을 기울인 물음은, 사회적 구성체Gebilde가 미래에도 확실히 존속할 수 있으려면 어떤 수행이 충족되어야 하는가이다. 이런 형식의 문제제기가 구조기능주의에게 그러한 이름을 부여했다. **구조적‑기능적 체계이론**은 특정한 **구조들**을 가진 사회적 체계들을 전제로 하며 사회적 형태의 존속을 보장하기 위해 도입되어야 하는 기능적 수행에 관한 물음을 던진다. 그래서 사회적 체계의 존속유지는 간략하게 말하자면 기능적 분석이 갖는 최고 준거문제이다. 그런데 바로 이러한 파슨스의 이해방식이 사회학 논쟁 내부에서 점차 비판받게 된다. 비판가들은 체계이론이 은밀하게 보수주의를 변호한다고 질책한다. 예를 들자면 랄프 다렌도르프Ralf Dahrendorf(1986: 213ff.)는 파슨스의 구조적‑기능적 이론이 현상태Status quo를 정당화한다고 질책한다. 파슨스의 이론은 정태적 구조 범주로부터 출발하기 때문에 사회적 변동과 갈등의 과정을 부인하게 되며 그렇지 않다 하더라도 적절하게 다룰 수는 없다는 것이다.

루만의 고찰들은 바로 이 지점에 개입한다. 루만은 파슨스의 구조적‑기능적 체계이론에 대해 앞서 언급된 비판을 관심 있게 다루지만, 그렇다고 해서 모든 반론들 하나하나를 수용하는 것은 아니다. 대부분의 파슨스

Parsons/Bales/Shils 1953 참조). 파슨스 이론의 발전 과정에 관해서는 Münch 1988과 Wenzel 1986, 1991도 참고하라.

비판자들이 대안적인 사회학 구상을 통해 체계이론을 대체하려 하는 데 반해, 루만은 체계이론의 패러다임을 고수하기 위한 변론을 펼친다. 다른 말로 하자면, 루만이 관심을 기울인 것은 체계이론적 도구장치의 재정식화와 일반화를 통해 파슨스 이론의 결점을 극복하는 일이었다. "체계이론의 빈틈이나 일면성을 인식하고서 어떤 대항이론으로 개조해보려고 하는 것, 즉 **통합**을 **갈등**으로 대체하거나 **질서**를 **변동**으로 대체하는 것은 앞으로 더 나아가는 것이 아니다. 이런 방식으로는 보편성 요청을 놓치게 되며 우리가 불만스러워했던 반대 편향, 즉 일면성에 빠지게 될 것이다. 그래서 구조적-기능적 이론에 대한 비판은 이러한 결함에서 바로 착수하는 것이 아니라 이러한 결함의 근거를 밝히면서 착수해야 할 것이다. 이런 식으로 해야만 통일적인 사회학 이론이라는 목표를 견지하면서 이 목표를 달성하기 위한 수단을 개선하는 것이 가능하다."(SozA 1: 114).

파슨스의 발상에 대한 루만의 비판은 사회학의 전체 대상 영역의 포괄이라는 요청을 진지하게 염두에 두는 사회적 체계 이론의 완성을 목표로 하며, 이런 이론은 통합은 물론 갈등도, 질서는 물론 변동도, 구조는 물론 과정도 함께 주목하고자 한다. 이러한 목표를 이루기 위해 루만은 파슨스의 개념적 고찰이 이미 기초로 하고 있던 두 개념, 즉 **구조** 개념과 **기능** 개념의 관계를 전환시킨다. 루만은 기능 개념을 구조 개념보다 우위에 두며, 그 다음 시기에는 **기능적-구조적 체계이론**에 관해 이야기한다. 두 가지 기본 개념의 전환을 통해 기능적 분석의 확장이 이루어지며, 그에 반해 구조 지향적 관점은 약화된다. 이러한 이론적 재구축 전략을 통해 파슨스의 발상에 대한 두 가지 내용적 교정이 이루어진다.

첫째, 기능적-구조적 체계이론은 더 이상 사회적 체계들이 항상 구속력 있고 집단적으로 공유되는 규범 모델과 가치 모델을 이용할 수 있다는 점에서 출발하지 않는다. 그래서 루만은 다면적으로 분화된 현대 사회에서는 가치 지향의 그러한 통일적 구조가 쉽게 형성될 수 없다고 본다. 기본 개념들인 기능과 구조의 전도를 통해 이제 사회적인 것에 대한 비-규범적 개념을 정식화할 수 있다. 이는 사회적 체계들이 특정한 가치 모델과 구조 모델의 도움으로 정의될 수 없다는 것을 뜻한다. 루만은 하나의 사회적 체계를 서로를 가리키는 사회적 행위들의 연관으로 이해한다. 많은 인격들의 행위들이 서로 결합된다면, 언제나 어떤 환경과 경계를 짓는 하나의 사회적 체계가 발생하며 행위 체계도 발생한다. 의미적으로 서로를 가리키는 모든 행위들은 하나의 사회적 체계에 속한다. 그 의미연관과 관계를 맺지 못하는 나머지 모든 행위들은 그 사회적 체계의 환경에 속한다. 그 밖의 모든 비-사회적 실재들과 사건들도 마찬가지로 환경에 속한다. 그래서 이러한 체계 개념에 있어 구성적 역할을 하는 것은 내부와 외부의 분화를 가능하게 하는 하나의 경계에 대한 표상이다. 어떤 것은 체계이거나(체계에 속하거나) 아니면 환경이다(환경에 속한다).

둘째, 기능적-구조적 체계이론은 사회적 체계들이 대체 불가능한 특정한 수행에 반드시 의지한다는 가정을 거부한다. 루만은 체계의 특정한 수행이 없어진다고 해서 사회적 체계들이 무조건 존재하기를 멈춘다고 생각하지 않는다. 사회적 체계들은 없어져버린 수행 기여를 다른 대안적 수행을 통해 대체할 수 있다. "그 밖에도 하나의 사회적 체계는 그때까지의 수행실적이 없어진 상황에 대해 그 구조와 그 필수 요건의 변경을 통해 반응할 수 있다. 이러한 변경은 변화된 조건에서 그 체계가 계속 존속할 수 있게 하며, 이는 그러한 변경이 언제부터 하나의 새로운 체계를 구성하게 되는지 분명히 확인하지 않더라도 그러하다."(SozA 1: 33). 구조적-기능적 체계이론에서 기능적-구조적 체계이론으로 이행함으로써, '어떤 구체적인 기여들이 체계의 존속에 인과적으로 영향을 미쳐 미래에도 안전을 보장하는가라는 물음은 더 이상 문제가 되지 않는다. 그 대신 등장하는 물음은 '어떤 기능이 체계의 특정한 수행을 충족하고 어떤 기능적으로-등가적인funktional-äquivalent 가능성들을 통해 이 기능을 대체할 수 있는가이다. 특정한 체계 기여들과 체계의 유지를 직접 연관시키려고 하는 파슨스의 인과기능주의Kausalfunktionalismus는 이른바 등가기능주의Äquivalenzfunktionalismus 에 의해 대체된다. 그래서 루만에 따르면 기능적 분석은 원인과 결과 사이의 인과관계를 발견하는 데 관심을 갖는 것이 아니라, 오히려 문제들과 문제 해결 사이의 연관에 관심을 갖는다. 게다가 기능적 분석은 출발점이 되는 문제를 해결함에 있어서 서로 비교해볼 수 있는 여러 해결 대안들이 나올 수 있는 여지를 열어놓는다.[4]

모든 기능적 분석은 탐구를 정돈해주는 최상의 준거지점을 전제로 한다. 파슨스에게는 사회적 체계들의 존속이 기능적 분석의 최고 층위를 차지한다. 기능 개념과 구조 개념이 자리를 바꾸면서 이러한 출발점도 바뀐다. 루만은 체계들의 (그리고 구조들의) 구성과 변동도 역시 기능적 방법의 도움으로 분석하면서 존속 문제를 극복한다. 체계의 존속이 아니라 세계가 기능적 분석의 최상 준거 단위라고 설명된다. 체계/환경-차이를 갖고 작업하는 기능적-구조적 이론에게 모든 것은 체계 아니면 환경이라고 우리는 이미 말한 바 있다. 이러한 사태에 대해 유일하게 예외가 되는 것

---

4. 그렇다고 해서 등가기능주의로 이행하는 것이 과학의 인과성 전제를 완전히 없애버린다고 주장하는 것은 아니다. 요아스는 이런 의미에서 " '다른 가능성'과 '기능적 등가물' 자체는 과학의 인과성 지평 안에서"(Joas 1992: 312) 해석되어야 한다고 비판적으로 강조한다. 그런데 여기서, 전통적 인과 분석과 비교해 등가기능주의가 대안적 문제 해결 가능성을 탐구하면서 더 많은 인식 가능성을 열어놓는다는 점을 간과해서는 안 된다.

이 세계이다. 세계는 그에 대해 경계가 그어지는 외부를 갖지 않기 때문에 체계가 아니다. 그런데 세계는 환경으로 간주될 수도 없다. 모든 환경은 환경에 속하지 않는 내부를 전제로 하기 때문이다. 세계는 체계도 아니고 환경도 아니며, 오히려 모든 체계들과 그 각각에 해당하는 환경들을 포괄한다. 즉 세계는 체계와 환경의 통일이다. 일어나는 모든 것은 세계 안에서 일어난다. 그래서 체계들의 존속유지는 물론이고, 존속에 대한 모든 위협과 존속의 중단까지도 모두 세계 안에서 일어난다. 이러한 고찰을 근거로 루만은 세계를 기능적 분석의 최상 준거지점으로 삼는다. 세계는 그 배후에 넘어설 수 있는 어떤 외부가 있는 경계를 갖지 않기 때문에 결코 넘어설 수 없다.

세계, 더 정확하게 말해 세계의 복잡성은 루만에게 있어 기능적 분석의 최고 준거문제이다. 복잡성이라 불리는 개념은 기능적-구조적 체계이론의 그 근본 개념은 아니지만 더 나아간 개념이다. 복잡성이 맨 먼저 뜻하는 바는 가능한 사건들과 상태들의 총합이다. 어떤 것이 최소한 두 가지 상태를 받아들일 수 있다면 그것은 복잡하다. 상태들의 수나 사건들의 수가 증가함에 따라 그들 사이에 가능한 관계들의 수도 증가하며, 동시에 복잡성도 증가한다. 세계복잡성이란 개념은 여기서 극한極限을 지칭하는 것이다. 가능한 모든 것은 세계 안에서만 가능하다. 그런데 인간의 의식은 세계의 이러한 엄청난 복잡성을 붙잡을 수도 경험할 수도 없다. 루만은 "의식된 체험의 가공을 위한 인간의 능력은 인간학적 근거에서는 그리 달라질 것 없는 매우 사소한 능력"(SozA 1: 116)이라고 말한다. 복잡성을 받아들이는 인간의 능력은 세계의 가능한 상태들과 사건들에 직면하여 지속적으로 과도한 요구를 받는다. 최대한의 세계복잡성과 인간 의식 사이에는 간극이 벌어질 수밖에 없다. 바로 이 간극을 메우면서 기능하는 것이 사회적 체계들이다. 사회적 체계들은 **복잡성 감축**Reduktion von Komplexität의 과제를 떠맡는다. 그래서 사회적 체계들은 세계의 규정되지 않은 복잡성과 개별 인간의 복잡성 처리 능력 사이를 매개한다.

복잡성 감축이라는 공식은 무엇을 뜻하는가? 복잡성 감축은 가능한 상태들 혹은 사건들을 깎아 내거나 줄이는 것을 뜻한다. 사회적 체계들은 가능성들을 배제함으로써 세계복잡성을 감축한다. 세계의 가능한 모든 사건들이나 상태들이 체계 안에 등장할 수는 없다. 세계 안에서 가능한 것 중 극히 일부만이 하나의 사회적 체계 안에서 허락되며 나머지 대부분은 제외된다. 예를 들어 치과의사와의 상담이라는 하나의 사회적 체계 안에서는 아주 적은 행위 가능성이 실현될 뿐이다. 치과의사와 환자 사이에는 아주 다양한 주제에 관한 대화가 전개될 수 있긴 하지만, 치료하는 동안 레스토랑처럼 여러 가지 코스의 메뉴가 서비스될 것이라고 생각하기는 어렵다. 그래서 하나의 사회적 체계에서는 체계의 환경에서보다는 적은 사건들과 상태들이 허락된다. 복잡성을 감축시킴으로써 사회적 체계들은 관여하는 인격들이 방향을 정하도록 도움을 줄 수 있다. 사회적 체계들은 과도하게 복잡한 세계 속에서 "더 적은 복잡성을 가진 섬"(SozA 1:116)을 이룬다. 그래서 체계와 환경 사이의 경계, 내부와 외부 사이의 경계는 동시에 복잡성 낙차※※를 표시한다. 즉, 환경은 항상 체계보다 더 복잡하다는 점을 표시한다. 루만은 하나의 체계가 갖는 질서는 그 환경보다 더 비개연적인 것 혹은 더 높은 것이라고 말한다. "체계 형성은 체계와 환경 사이의 경계를 안정화시킨 결과로 이루어지며, 그 경계 내부에서는 더 적은 가능성을 갖는 (따라서 감축된 복잡성을 갖는) 더 높은 수준의 질서가 계속 유지될 수 있다."(SozA 1: 76).

사회적 체계들이 세계의 복잡성을 감축할 수 있으려면, 그 체계들은 스스로 특정한 복잡성을 제시해야 하며, 따라서 고유한 복잡성을 형성해 내야 한다. 이것이 일단 사소하게 뜻하는 바는 행위 체계들이 변화하는 환경의 조건들 아래서도 존속을 유지하기 위해 고유한 복잡성을 충분히 마련해야 한다는 것이다. 하나의 체계가 더 복잡할수록, 교체되는 환경의 요구에 적절히 반응할 가능성도 더 커진다. 따라서 기능적-구조적 체계이론도 결국 존속유지 문제를 피해 나가는 것은 아니다. 하지만 사회적 체계들이 어느 정도 고유한 복잡성을 제시해야 한다는 점은 더 많은 뜻을 갖는다. 세계의 복잡성을 파악하고 처리하는 체계의 능력은 일단 체계 자신의 가능한 상태들의 수량에 의해 규정된다. 그래서 고유한 복잡성과 세계와의 관련 사이에는 내적인 연관이 성립한다. 모든 사회적 체계는 세계의 한 단면만 경험할 수 있다. 그 단면의 크기는 일차적으로 얼마나 많은 상태들이 체계 자신 안에 허락되는가에 의해 규정된다. 이런 의미에서 더 단순한 사회적 체계들은 더 복잡한 체계들보다 더 단순한 세계를 갖는다. 그래서 체계의 고유한 복잡성은 세계의 복잡성을 파악하고 감축하는 체계의 능력을 가능하게 하면서 제한한다. 이러한 고찰을 배경으로 할 때, 왜 루만이 세계복잡성은 존재상태가 아니라 체계와 환경의 관계를 가리킨다고 말하는지 이해할 수 있을 것이다. 세계는 그 자체로 복잡한 것이 아니라 복잡성을 감축하면서 세계를 가공하고자 하는 체계들의 관점에서만 복잡하다.

지금까지 우리는 사회적 체계들 혹은 행위 체계들에 관해 지극히 일반적인 이야기만 해왔다. 이제 추상적으로 말하는 걸 그만두고 몇몇 구체적인 행위 체계들로 방향을 돌릴 때가 되었다. 루만에 따르면 사회적 체계들은 세 가지 유형으로 구별될 수 있다. **상호작용체계들**Interaktionssysteme, **조직체계들**Organisationssysteme, **사회체계들**Gesellschaftssysteme이 그 세 가지 유형이다. 상호작용체계들은 참석자들Anwesende이 행위함을 통해 발생한다. 참석자들은 마주보면서 서로를 지각하는 인격들이다. 이에 대한 좋은 사례로는 대학의 세미나가 있다. 이런 상호작용체계에 속하는 것은 세미나 참여자들에 의해 수행되는 모든 행위, 예를 들어 발표를 하거나 보고서를 낭독하는 것 등이다. 하지만 옆 사람과의 잡담이나 세미나 공간 외부 인물에 의해 수행되는 행위는 상호작용체계의 환경에 속한다. 세미나가 끝나면서, 즉 참여자들이 헤어지면서, 그 상호작용체계는 (최소한 다음 세미나에서 만날 때까지는) 해소된다.

조직체계들은 두 번째 유형의 행위 체계이다. 어떤 사회적 체계의 구성원 자격이 특정한 조건과 결부될 때, 그런 체계는 조직된 것이라 불린다. 예를 들자면 대학이 그러한 조직체계이다. 조직체계는 개별 구성원 집단 (교원, 직원, 학생)을 구별하며, 대학이라는 조직체계에 가입하거나 탈퇴하는 것은 공식 규칙에 따라 이루어진다. 즉 가입과 탈퇴는 특정한 구성원 조건과 결부되어 있다. 구성원을 규제함으로써 조직들은 "고도로 인위적인 행동방식을 상대적으로 지속성 있게 재생산"하는 데 성공한다(SozA 2: 12). 그래서 조직들의 중요한 기능은 조직체계의 환경에서는 기대할 수 없는 특별한 행위 진행과정을 고정시키고 이를 통해 조직의 비-구성원은 물론이고 구성원에 대해서도 계산할 수 있게 만들어주는 것이다.

루만은 사회를 포괄적인 사회적 체계라고 이해한다. 그래서 모든 상호작용체계들과 조직체계들은 사회에 속한다. 하지만 사회가 상호작용들이나 조직들로만 나누어떨어진다고 말할 수는 없다. 사회는 같은 자리에 참석하지 않는 사람들 사이의 행위들도 당연히 함께 포괄하기 때문에 상호작용체계가 아니다. 그리고 사회는 조직체계도 아니다. 우리는 대학에 등록하거나 자퇴하듯이 사회에 가입하거나 사회로부터 탈퇴할 수 없다. 사회체계 안에서는 상호작용체계들이나 조직체계들로부터는 나올 수 없는 수많은 행위들이 등장하므로, 사회는 모든 상호작용체계들과 조직체계들을 합한 것 이상이다. 그런 한에서 사회는 "더 높은 질서의 체계, 다른 유형의 체계"를 이룬다(SozA 2: 11). 따라서 사회는 포괄적인 체계이며 동시에 다른 유형의 체계(상호작용과 조직)와 나란히 있는 특수한 유형의 체계이다. 따라서 모든 사회적 접촉을 포착하는 걸 목표로 삼는 보편주의적 발상은 그 연구를 사회라는 사회적 체계로 제한하지 않고 세 가지 유형의 체계를 모두 다루어야 한다. "모든 사회적 체계가 상호작용의 공식에 따라 형성되는 것도 아니고, 사회의 공식에 따라 형성되는 것도 아니고, 더구나 조직의 공식에 따라 형성되는 것도 아니다. 따라서 이런 각 체계 유형별로 할당된 이론들은 제한된 적용범위만 갖는다. 그 이론들 중 어느 것도 사회적 현실 전체를 포착하지 못한다. 사회라는 포괄적인 체계는 다른 유형의 체계를 자신 안에 포함하긴 하지만, 그렇다고 해서 다른 체계 유형들의 원형Prototyp이 되는 것은 아니다."(SozA 2: 13).[5]

우리의 정식화에 따르면, 사회적 체계들은 세계의 복잡성을 파악하고 감축하는 기능을 맡는다. 루만은 복잡성 감축이라는 공식을 그 자신의 작업에 대해서도 요구한다. 기능적-구조적 이론에게 관건이 되는 것은 "세계의 복잡성을 파악하고 감축하는 인간 능력의 확장"이다(SozA 2: 67). 이러한 이론적 관심을 루만은 사회학적 계몽이라 부른다. 그래서 사회학적 계몽의 프로그램의 근저에는 자기관계적인 논증의 모양새가 깔려있다. 그 이론은 사회적 체계들에 관한 특정한 관찰들을 정식화하지만, 이러한 관찰들은 동시에 그 이론 자신에게도 적용된다. 루만은 자신의 이론이 그 이

---

5. [옮긴이 주] 이를 통해 우리는 옮긴이의 말을 통해 지적한 바, 즉 세 가지 유형의 사회적 체계들에 모두 적용될 수 있는 사회적 체계 이론과 그 중 하나의 유형인 사회에만 적용될 수 있는 사회이론이 구별되어야 함을 뚜렷이 알 수 있다.

론의 대상 영역에 정확히 속한다는 고찰, 즉 그 이론이 어떤 인식을 끌어내고자 하는 영역에 속한다는 고찰을 통해 이러한 순환 논증을 정당화한다. 기능적-구조적 이론은 사회학의 일부이며 따라서 현대 학문의 일부, 즉 현대 학문의 행위 체계의 일부이다. 따라서 그런 이론은 자신이 그 대상의 일부로 다시 나타나는 방식으로 자신의 대상을 구상한다. 이런 이론 성향은 보편주의적 요구를 갖는 이론들에게 전형적인 것으로 보인다. 모든 것을 설명하고자 하는 이론들은 자기 자신도 설명해야 한다. 반대 방향에서 정식화해보면 다음과 같다. 자기 이론의 대상으로 다시 등장하지 않는 이론은 보편주의적 이론이 아니다. 그런 이론은 최소한 그 대상 영역 내부에서 하나의 대상을—즉 자기 자신을—설명하지 못하기 때문이다.

파슨스의 이론에서 출발해 기능적 분석의 준거 문제를 더 일반화하여 세계복잡성의 감축이라는 공식을 갖고 사회적 체계들의 일반적 기능 원리를 정식화하려는 루만의 관심사는 일부에서 커다란 반론을 불러왔다. 루만은 파슨스의 경우와 비슷한 비난을 받게 되었다. 즉 루만이 결국에는 사회공학적이고 보수적인 이해관계를 정식화하고 있다는 것이다. 비판가들은 루만의 무미건조한 공학적-사이버네틱 용어들을 통해서 이미 사회적 체계 이론의 주된 관심사가 인간에 대한 행정통제이지 지배와 부정의를 없애는 것이 아님을 알 수 있다고 보았다. 이러한 비판 방향을 주도한 것은 "세계복잡성의 감축을 사회과학적 기능주의의 최상 준거지점으로 정당화하려는 시도에는, [……] 지배에 순응하는 문제 설정과 기성의 것을 존속시키려는 옹호론이라는 그 이론의 은폐된 사명이"(Habermas 1971: 170) 숨겨져 있다고 루만을 비난한 하버마스의 반론이었다. 루만은 하버마스에 대한 답변에서 그러한 비판 지점은 기능적-구조적 이론이 논증을 펼치는 사유의 차원을 잘못 이해한 것이라고 지적한다. 간단히 말하자면,

하버마스는 학문 이론을 정치 개념을 갖고 비판한다는 것이다. 하버마스와는 달리 사회적 체계 이론은 학문적 관계들과 정치적 관계들을 신중하게 구별한다. 그렇다고 해서 학문적 진술이 어떤 정치적 결과도 유발할 수 없다거나 정치적 결정이 학문체계에 영향을 미칠 수 없다고 주장하는 것은 아니다. 이러한 구별을 통해 주장하는 바는 학문 이론들이 정치 영역에서 동일한 의미로 작용하지는 않는다는 점이다. 그런데 학문적 진술과 정치적 태도 사이에 선형적 인과관계가 존재하지 않는다면, 이론의 설명력에 관한 의문을 제기하는 것이 아니라 사회적 체계 이론을 특정한 정치적 함축에 두들겨 맞춘 후 고착시키는 것은 대단히 불충분한 단순화일 것이다.

이 자리에서 루만과 하버마스 사이의 논쟁의 모든 주장과 반론을 일일이 거론하는 것은 너무 멀리 나가버리게 될 것이다. 왜냐하면 루만은 그 논쟁 이후 사회적 체계 이론에 대해 많은 수정을 가했기 때문이다. 물론 루만이 1960년대와 1970년대에 정식화한 체계이론의 기본 개념들은 이후에도 여전히 발견되지만, 그 구상의 많은 부분은 이후에 새롭게 정의되거나 이론 내부에서 다른 위상을 차지하게 된다. 이는 특히 복잡성 감축이라는 공식에 해당되며, 이 공식은 사회적 체계 이론 내부에서 그 지배적 위상을 잃게 된다. 루만이 여러 비판적 반론들을 근거로 그러한 개정과 교정을 하게 되었는지는 물론 의문스럽다. 루만 자신은 1960년대와 1970년대에 일반 체계이론의 토대가 바뀌었다는 점을 이론 재구축의 근거로 제시한다. 그래서 그의 주된 관심사는 다른 분과학문에서 —여기서는 특히 생물학과 신경생리학 내부에서— 이루어진 일반 체계이론의 발전을 사회학으로 옮겨서 사회적 체계 이론을 풍부하게 만드는 것이었다. 그래서 우리는 다음 절에서 일반 체계이론의 영역에서 일어난 결정적인 혁신을 다룰 것이다.

□ 중요한 기본 개념 요약

- 사회적 체계들이란 서로를 가리키며 하나의 환경과 경계를 긋는 사회적 행위들의 의미 연관을 뜻한다.
- 어떤 체계는 하나 이상의 상태를 받아들일 수 있을 때 복잡하다. 복잡성은 가능한 상태들의 총합을 뜻한다.
- 복잡성 감축이란 세계 안에서 가능한 사건들 전체에 제약을 가하는 체계들의 중심 기능을 가리킨다.
- 등가 기능주의는 선택된 준거문제들을 탐구함에 있어 어떤 기능적 등가물을 통해 문제 해결이 가능한지 비교하는 방법을 위한 개념이다.

□ 참고문헌

- Niklas Luhmann : "Funktionale Methode und Systemtheorie", in: ders., *Soziologische Aufklärung. Aufsätze zur Theorie sozialer Systeme*, Opladen 1970, S. 31 ~ 53.
- Niklas Luhmann : "Soziologie als Theorie sozialer Systeme", in: ders., *Soziologische Aufklärung. Aufsätze zur Theorie sozialer Systeme*, Opladen 1970, S. 113 ~ 136.

2. 체계이론의 새로운 발전

이미 지적한 것처럼 1984년에 나온 『사회적 체계들』에서 사회적 체계 이론은 개념상 재구축되었다. 루만은 이 책의 서문에서 일반 체계이론의 전개를 세 국면으로 나눈다. 첫 번째 국면은 전체와 그 부분의 도식으로 특징지을 수 있다. 이 도식에서 체계들은 여러 부분들로 조립되어 있는 닫힌 전체성으로 이해된다. 여기서 전체란 부분들을 합한 것 이상이며, 전체는 개별 부분들의 그물망이라는 형식을 기반으로 하여 질적으로 새로운 속성을 지닌다. 두 번째 국면에서는 체계와 환경의 구별이 전체와 그 부분의 차이를 대체한다. 루만은 이를 과학역사가 토마스 쿤의 고찰을 참조해 패러다임 전환, 즉 일반 체계이론의 기초를 이루는 관찰 모델의 전환이라고 말한다. 이 두 번째 모델은 체계들을 그 환경과 교환과정을 유지하는 열린 형태로 이해한다. 사회과학에서는 파슨스가 이러한 모델을 끌어들였다. 파슨스는 체계들의 구조 형성에 관한 물음과 더불어 어떻게 체계와 그 환경 사이의 입력–출력 관계가 존재하는지에 관심을 가졌다. 루만의 기능적–구조적 체계이론의 초기 구상 또한 이러한 두 번째 패러다임에 속하는 것으로 보는 것이 무리는 아니다. 그런데 그 사이에 일반 체계이론에서는 그 다음 단계의 패러다임 전환이 있었다고들 말한다. 즉 열린 체계에 관한 이론은 점차 **자기생산적 체계** 이론에 의해 대체되어간다. 자기생산Autopoiesis! 이 표어는 체계이론의 새로운 패러다임을 대표한다. 이 개념 뒤에는 어떤 이론적 구상이 숨겨져 있을까?

일반 체계이론의 새로운 패러다임 전환을 이끈 결정적인 사유의 추진력은 두 명의 칠레 생물학자이자 신경생리학자인 움베르또 마뚜라나와 프란시스코 바렐라로부터 나온다. 두 사람은 이미 1960년대와 1970년대에 새로운 구상의 토대를 발전시켰다. 헬라스어 autos(=자기)와 poiein(=제작)을 조합한 전문용어 Autopoiesis는 마뚜라나 자신이 주조해낸 말이며 스스로 만들어냄Selbsterzeugung, 스스로 산출함Selbstherstellung 등의 매우 많은 뜻을 지닌다. 마뚜라나와 바렐라는 생명체 조직의 속성을 기술하기 위해 이 개념을 사용했다. 그들의 관심사는 살아있는 것에 대한 정의 또는 이론이었다. 여기서 그들은 자신들의 설명이 가진 특징을 기계론적 발상이라고 이해한다. 즉 어떤 초자연적 힘이나 원리, 예를 들면 더 자세히 정의될 수 없는 생명력 따위를 끌어들이는 발상이 아니라 오로지 물리적이고 화학적인 자연법칙으로 소급되는 발상이라고 이해한다. 또한 그들은 생명을 목적론적 생명 원리로 소급시키지는 않지만, 그렇다고 해서 생명 개념을 운동, 생식, 진화 등과 같은 특정한 속성들을 열거하는 것으로 설명하는 데 만족하지도 않는다. 그들은 자기생산 개념을 통해 살아있는 것의 일반적 조직 원리, 즉 모든 생명체에 대해 유효한 조직 원리를 정식화한다.

마뚜라나와 바렐라는 사이버네틱스 언어 사용에 의거하여 자기생산적 체계들 혹은 기계들을 다음과 같이 정의한다. "자기생산 기계는 구성요소들을 생산하는 (변형하고 파괴하는) 과정의 그물망으로 조직된 (단위로 정의된) 기계이며, 이 구성요소들은 (i) 상호작용과 변형을 통해 자신들을 생산하는 과정(관계)의 그물망을 지속적으로 다시 생성하고 실현시키며, (ii) 그 구성요소들이 그 실현의 위상적位相的, topological 영역을 그러한 그물망으로 규정하면서 존재하는 공간 안에서 그 그물망(기계)을 구체적 단위로 구성한다."(Maturana/Varela 1982: 184f.). 이는 일단 매우 복잡하게 들리므로, 우리는 간명한 정의를 제시해보겠다. 자기생산적 체계들은 자기 자신을 산출하고 유지하는 살아있는 형태이다. 그 체계들이 그것들을 이루는 구성요소와 구성부분을 스스로 생산하고 산출함으로써, 그래서 그 체계들의 작동을 통해 그들 자신의 조직을 계속해서 만들어냄으로써 이런 일이 일어난다. 우리는 이를 구성요소들이 하나의 순환 과정 속에서 서로에 대해 반응한다고, 그리고 여기서 체계 유지를 위해 필요한 구성요소들이 지속적으로 만들어진다고 생각해야 할 것이다.

그에 반해 살아있지 않은 기계들은 자기생산적 체계들이 아니라, 타자생산적으로allopoietisch 6 조직된다. 자동차의 엔진이 그런 사례이다. 엔진이 오랜 시간 동안 순조롭게 기능할 때조차, 우리는 엔진이 자기 자신을 산출하고 그 조직을 계속해서 잘 유지한다고 주장할 수는 없다. 엔진의 개별 구성부분은 인간에 의해 제조되고 조립된다. 게다가 엔진은 그것이 기능하는 과정에서 결코 그 구성부분(가스분사기, 크랭크축, 연결봉, 점화플러그 등)을 재생산하거나 갱신하지 못한다. 엔진의 개별 구성요소에 하자가 생기거나 마모되자마자 그것들은 외부로부터 교체되어야 한다. 마뚜라나와 바렐라는 이런 식의 고찰을 하면서, 생명의 성격을 규정하기 위해서만 자기생산 원리를 끌어들였다. 계속적인 생산 과정에서 그 구성부분으로부터 그 구성부분을 산출하며 이를 통해 경계를 그을 수 있는 단위로 자신을 유지하는 하나의 체계는 그들이 볼 때는 반드시 생명 체계이다. 거꾸로 정식화해보자면, 모든 생명체, 하지만 오직 생명체들만이 자기생산적으로 조직되어 있는 것이다. 그래서 모든 살아있는 기계들은 동일한 조직을 지니고 있다고 말할 수도 있다. 이러한 자기생산 조직체는 무수히 많은 구체적인 **구조들** 속에서, 즉 짚신벌레, 물고기, 새, 코끼리, 원숭이, 인간 등등과 같은 구조들 속에서 현실화된다(Köck 1990: 168 참조).

---

6. [옮긴이 주] 체계의 요소들이 타자에 의해 만들어진다는 뜻이다. 이와 반대로 체계의 요소들을 그 요소들로부터 스스로 산출하는 것이 '자기생산적(autopoietisch)'이다.

그래서 모든 생명체들은 동일한 조직을 지니지만, 상이한 구조들을 지닌다. 조직 개념이 체계 구성요소의 순환적 생산과정의 단위를 겨냥하는 반면, 구조 개념은 구성부분들 사이의 구체적 관계들을 뜻한다. 이러한 구조, 즉 계속되는 생산 과정 속에서 구성부분들이 매번 이어지고 묶이는 것은 변경될 수도 있다. 자기생산적 체계들이 적어도 생명을 유지하는 한 그 조직은 불변이고 동시에 그 구조는 변할 수 있는 체계들이다. 구체적인 체계 작동들은 작동 이전의 각 체계 상태에 달려있다. 즉 그 작동들은 구체적인 체계구조에 의존한다. 이를 근거로 살아있는 자기생산적 체계들은 구조 또는 상태가 결정되어 있는struktur-bzw. zustandsdeterminierte 체계들이라고 특징지을 수도 있다.

마뚜라나와 바렐라는 세포를 사례로 들어 자기생산 개념을 더 자세하게 해명했다. 하나의 세포는 자기생산적 체계를 이루고 있으며, 세포 조직의 유지를 위해 필요한 구성부분들(단백질, 핵산, 지질, 배당체, 대사산물)을 분자적 층위에서 지속적으로 만들어낸다. 개별 요소들의 시각에서 정식화하자면, 분자적 구성부분은 자신의 작동을 통해 지속적으로 구성부분들의 그물망을 산출하고 유지해나가며, 역으로 이 그물망을 통해 구성부분이 자신을 산출하는 방식으로 상호반응하는 구성요소들의 그물망 속에 들어서게 된다. 세포막의 도움으로 세포는 그것의 환경에 대해 경계를 그으며 하나의 작동하는 단위를 이루게 된다. 그런 한에서 세포와 자기생산적 체계들은 대개의 경우 닫힌 체계라고 기술될 수 있다.

자기생산적 체계들은 그 폐쇄성에 근거해 전적으로 자기 자신과 관계를 맺는다. 그런 한에서 자기생산적 체계들은 자기관계적으로selbstbezüglich 혹은 자기지시적으로selbstreferentiell 7 작동한다. 생명 체계들의 이러한 자기관계성은 재귀성Rekursivität 개념을 통해 더 구체화된다. 재귀적이라는 말은 생산 과정의 작동 산물과 결과를 그 다음 작동들의 토대로 계속 사용하는 재생산 과정을 가리킨다. 여기서 자기생산적 체계들은 그 조직 방식과 관련해서는 입력도 출력도 알지 못한다. 자기생산적 체계들은 그 조직의 유지를 위해 필요한 모든 것을 스스로 만들어낸다.

그런데 자기생산적 체계들은 동시에 **열린** 체계들이기도 하다. 그래서 생명체는 영양분의 형태로 계속 어떤 물체들을 받아들인다. 가령 각 세포는 그것의 환경과 접촉하면서 이를 통해 에너지와 물질을 교환한다. 이것은 생산과정이 닫혀있다는 생각과 일단 모순되는 듯 보인다. 그러나 자기생산 개념의 또 다른 중심적인 생각을 살펴보면 이 모순은 해소된다. 생명체계들이 이용하는 환경접촉(개방성)은 자기생산적 조직방식(폐쇄성)을 통해서야 비로소 가능하다. 세포의 사례를 보자면, 세포와 환경 사이의 에너지 및 물질 교환은 세포에 의해 조절되고 유도된다. 그런 한에서 매우 특별하고 선택적인 환경접촉이 일어나는 것이다. 다른 말로 하자면, 세포는 스스로 그 환경과의 교환을 규제한다. 세포는 그 구성부분과 구성요소의 생산을 위해 필요한 것, 즉 그 자신의 자기산출과 자기유지를 위해 필요한 것만을 받아들인다. 이러한 고찰은 다음과 같이 일반화될 수 있다. 살아있

---

7. [옮긴이 주] Selbstreferenz는 독일어의 Referenz나 영어의 reference라는 단어를 옮길 수 있는 마땅한 한국어 단어가 없고 지시, 준거, 참조, 관계 등 맥락에 따라 다양하게 번역될 수 있다는 사정 때문에 어렵게 느껴진다. 루만은 Selbstreferenz를 '자기가 지향하는 작용'이자 '자기가 포함되는 집합'이라고 풀어 쓴 적도 있다(SoSy: S. 58). 작용이라는 점에서는 '지시'가, 포함된다는 점에서는 '준거'가 적절한 번역이므로, '자기지시'와 '자기준거'라는 번역어는 모두 일면적이라고 할 수 있다. 그럼에도 '자기지시'를 택한 것은 한국어에 이러한 재귀성을 표현하는 단어가 없고, 이와 짝을 이루는 개념인 Fremdreferenz를 타자준거라고 옮기는 것보다는 '타자지시'로 옮기는 것이 적절하다고 판단했기 때문이다. 그래서 '자기지시'를 기본 번역어를 택하되, 문맥상 어색할 때는 '자기준거'라고 표기해 원활한 이해를 돕고자 한다. 다만 Systemreferenz는 준거하는 체계를 지칭할 때 쓰므로 '체계준거'라고 옮긴다.

는 자기생산적 체계들의 폐쇄성(계속 진행되는 과정에서의 자기산출과 자기유지)과 개방성(환경과의 에너지 및 물질 교환)은 서로를 조건지우는 관계 속에 있다. 체계와 환경 사이의 교환 형식은 환경에 의해 확정되는 것이 아니라 자기생산적 체계의 닫혀있는 조직방식에 의해 확정된다. 자기생산 조직의 폐쇄성은 그 개방성을 위한 전제조건이다. 그래서 폐쇄성과 개방성은 반드시 서로 짝을 이룬다. 이렇게 정식화된 생각은 자율성Autonomie과 자족성Autarkie의 개념으로도 정식화될 수 있다. 자기생산적 체계들은 자율적이지만 자족적이지 않다. 자기생산적 체계들은 특정한 환경 속에서, 어떤 생활권Milieu 속에서 살아가며 그 생활권의 물질과 에너지 수송에 의지한다는 점에서는 자족적이지 않다. 하지만 에너지와 물질을 받아들이거나 내어놓는 것은 고유한 법칙에 따라 체계의 작동에 의해서만 규정된다는 점에서는 자율적이다.

자기생산 개념을 통해 생명체의 메커니즘을 이론적으로 파악하려는 시도와 더불어, 마뚜라나와 바렐라의 두 번째 고찰도 일반 체계이론의 전개에 있어 중요한 의의를 갖는다. 구성주의 인식이론을 위한 작업들, 그 중에서도 특히 신경체계에 대한 신경생리학적 연구가 바로 그러한 고찰이다. 이 작업은 비둘기의 색채 지각에 관한 실험을 통한 연구에 의해 시작되었다. 여기서 관심이 집중되는 곳은 이른바 신경절세포Ganglienzellen, 즉 빛을 지각하는 수용 뉴런 배후의 망막에 자리 잡고 있는 신경세포들의 활동에 관한 물음이다. 실험은 놀라운 결과를 가져왔다. 빛의 물리적 속성과 신경절세포의 활동 사이에는 뚜렷한 상관관계가 없었다. 특정한 색채의 원천과 빛의 원천에 의해 가해진 시각적인 자극은 그에 상응하는 신경세포의 활동으로 인과관계에 따라 옮겨지지 않는다. 상관관계는 오직 서로 다른 뉴런들 사이에서만 입증되지, 결코 빛의 원천과 신경체계 사이에서는 입증되지 않는다(Maturana 1990 참조). 따라서 신경체계는 외부세계에 대한 충실한 상을 만들어내는 카메라와 같은 방식으로 기능하는 것이 아니다.

마뚜라나와 바렐라는 이러한 실험 연구로부터 신경체계가 닫힌 체계라는 결론을 내린다. 그 결론에 따르면 신경체계는 상호 반응하는 뉴런들의 자기관계적 그물망을 이루고 있으며, 신경세포 각각의 상태변화는 항상 다른 신경세포의 상태변화를 야기한다. 따라서 신경체계는 그 활동에 있어 자기 자신과만 재귀적으로 관련을 맺는 작동상 닫힌 체계이다. 각 신경의 활동 상태는 앞선 신경 활동 상태들에 대한 반응일 뿐이기 때문에, 신경체계는 그 체계 작동과 관련해 어떤 입력과 출력도 이용하지 않는다. 따라서 환경의 사건들은 신경체계의 활동에 어떤 결정적인 영향력도 행사하지 못한다. 그럼에도 이것이 뜻하는 바가 신경체계가 특정한 외부 사건들에 의해 자극이나 고무를 받을 수 없다는 것은 아니다. 폐쇄성이 개방성의 배제조건이 아니라 개방성의 가능조건이라는 점은 신경체계에도 해당된다. 이로부터 동시에 나오는 결과는 신경체계의 체계 고유의 작동들만이 어떤 감각에서 환경의 자극과 고무가 처리되는지를 확정한다는 점이다. 신경체계는 환경에 대한 어떤 모사물도 제작하지 않으며, 오히려 신경체계는 그 자신의 작동들을 통해 그를 둘러싼 세계에 대한 그 나름의 상을 구성해낸다.

마뚜라나와 바렐라가 처음에 동물의 신경체계에서 이루어낸 탐구 성과는 인간의 뇌나 인간의 신경체계가 기능하는 방식에 대한 연구를 통해서도 아주 인상적으로 입증될 수 있다. 인간의 뇌는 그 환경에 직접 접근할 수 없으며 닫힌 자기지시적 체계를 이루고 있다. 뇌와 대응하는 감각기관을 통해서도 뇌는 외부세계와 접촉하지 않는다. 인간의 감각기관은 외부 사건들을 신경의 활동으로 변형하는데, 여기서 외부와 내부 사이에는 일대일 상관관계가 제시되지 않는다. 변형은 자극 특성에 따라 진행된다. 즉 서로 다른 환경 사건들은 그 특성을 잃어버리며, 예외 없이 신경 전위電位, 전기적 신경 위치에너지로 전환된다. 신경생리학자 게르하르트 로트Gerhard Roth는 이를 근거로 생체전기적 사건들 또는 신경 활동의 단위언어Einheitssprache에 관해 말한다(Roth 1987a: 232 그리고 1987b). 신경체계는 시각, 청각, 후각, 촉각과 같은 상이한 감각 지각들을 위해 매번 동일한 체계 고유의 언어를 이용한다. 우리가 신경 자극을 주시할 때, 그 자극이 불러일으키는 것이 시각, 청각, 후각, 촉각 신호 중 어느 것인지 볼 수 없다. 각 감각에 상응하는 차이는 감각기관에서 만들어지는 것이 아니라 전기적 신경 충동 일반에 비로소 그 의의를 할당하는 신경체계의 일부인 인간의 뇌에 의해 만들어진다. 뇌는 신경 충동의 자극 특성을 근거로 신호를 가공하고 평가하는 고유한 복잡성을 만들어내는 것에 의지한다. 감각 자극을 가공하기 위한 약 5백만 개의 신경세포들과 자극의 가공과 평가를 전문적으로 하는 최소한 5천억 개의 신경세포들 사이의 극단적인 양적 차이 또한 이를 통해 설명된다. 그래서 인간에게는 체계와 환경의 접촉지점에 십여만 개의 체계 내적 접촉지점이 있다. 인간의 인지 장치와 지각 장치가 가진 엄청난 수행능력에 대한 결정적인 근거가 바로 여기에 있다. 이 모든 고찰로부터 인간의 뇌―감각기관이 아니라―가 지각에 대한 책임을 진다는 테제가 나온다.

특정한 뇌 영역에 손상을 입은 환자에 관한 경험적 연구도 이러한 견해를 뒷받침한다. 환자들은 특정한 시각 체험과 청각 체험을 보고했지만, 담당 의사의 진술에 따르면 환자들의 눈과 귀 앞에서는 그런 종류의 어떤 일도 일어나지 않았다. 신경체계의 폐쇄성에 관한 마뚜라나와 바렐라의 테제와 관련해 보면, 이런 결과는 인식이론과 지각이론에서 더 풍부한 성과를 낳는다. 그 성과에 따르면 지각은 외부세계를 적합하게 반영하는 것으로 이해될 수 없고 오히려 지각이 뜻하는 바는 체계 외부의 세계를 체계 내부적으로 구성하는 것이다.

앞선 고찰들을 요약해보면, 뇌나 뉴런 체계는 신경세포들이 오직 다른 신경세포들과만 상호반응하는 순환적 체계이다. 따라서 신경체계는 폐쇄성, 재귀성, 자기지시성, 자율성 등의 개념으로 특징지을 수 있다. 우리는 자기생산 개념을 설명하기 위해 위에서 이 개념들을 이용한 바 있다. 이를 통해 제기되는 물음은 신경체계도 마찬가지로 자기생산적으로 조직되는 것이 아닌가 하는 것이다. 마뚜라나와 바렐라는 그 물음에 대해 명백하게 아니오라고 답한다. 그들의 견해에 따르면 신경체계는 결코 자기생산적으로 작동하지 않는다. 왜냐하면 그 작동 과정에서 스스로를 생산하고 유지하지 않기 때문이다. 개별 신경세포들은 재귀적 그물망에 함께 묶이지만, 이러한 그물망이 뉴런의 활동 상태를 통해 스스로 생산되고 지속된다고 말할 수 없다는 것이다(Maturana 1990: 36f). 간략하게 말하면, 신경세포들은 특정한 생체전기적 사건들을 내어놓지만, 자기 자신을 재생산하지 않는다는 것이다. 더 나아간 논의를 위해 자기지시성이라는 개념과 자기생산이라는 개념이 마뚜라나와 바렐라에게는 상이한 사태를 지칭한다는 점을 확인할 필요가 있다. 자기지시성 개념이 닫힌 체계의 자기관계성을 겨냥하는 반면, 자기생산 개념은 자기를 산출하고 자기를 유지하는 생명체계의 성격을 강조한다는 것이다.

마뚜라나와 바렐라는 자기생산-개념을 사회적 맥락으로 옮기는 것에 대해 반대해왔다. 그들은 사회적 체계들을 상호반응하는 생명 체계들, 즉 그에 상응하는 체계구성원 또는 인간으로 이루어지는 체계들이라고 이해한다. 이런 경우에도 체계가 그 체계를 이루는 구성원을 그 자신의 작동들을 통해 생산하거나 내어놓는다고 주장할 수가 없다. 따라서 사회적 체계들은 자기생산적 체계들로 — 즉 인간 생명체로 — 이루어지는 체계들이지만, 스스로가 자기생산적으로 작동하지는 않는다. 그래서 마뚜라나와 바렐라에게 자기생산 개념은 생명 체계를 특징짓는 데만 한정해서 쓰인다.

마뚜라나와 바렐라가 생명 체계들과 뉴런 체계들을 기술하기 위해 도입한 개념 구상은 매우 다양한 분과학문에서 수용되고 받아들여졌다. 특히 철학, 신경생리학, 생물학, 정신의학, 정신치료, 사회학에서 그들의 테제가 논의되고 더 전개되었다. 그동안 이들 분과학문에서는 부분적으로 매우 상이한 일련의 개념적 발상 및 이론적 발상이 제시되었고, 이들은 모두 어느 정도 마뚜라나와 바렐라의 이론과 관련을 맺고 있다. 우리는 자기생산, 자기지시성, 자기조직, 급진적 구성주의 등의 표어 아래 진행된 이런 여러 갈래의 논의를 일일이 살펴보지는 않을 것이다. 우리는 마뚜라나와 바렐라의 이론이 어떤 식으로 사회학에 수용되는가의 문제, 즉 여기서는 루만에게 어떻게 수용되는가의 문제에 집중하겠다.[8]

□ 중요한 기본 개념 요약

• 자기생산 개념은 마뚜라나와 바렐라에 의해 생명 체계들을 규정하기 위해 사용된다. 그들은 자기생산적 체계들을 자기를 산출하고 자기를 유지하는 단위들이라고 이해한다. 자기생산적 체계들은 상호반응하는 구성요소들의 재귀적 그물망으로 이루어지며, 이는 구성요소들이 그 상호작용을 통해 다시금 동일한 그 물망을 생산하는 방식으로 이루어진다.

---

8. 게다가 루만은 마뚜라나와 바렐라의 이론을 사회학 영역으로 옮기고자 시도한 유일한 학자가 아니다. 루만과는 다른 시도는 페터 M. 헤일(Peter M. Hejl)에 의해 이루어졌고, 의문의 여지가 많은 마뚜라나와 바렐라의 사회과학적이며 세계직관적인 언급들을 더 긴밀하게 수용한 것은 우리가 보기엔 오히려 헤일이다(Hejl 1982; 1987 참조).

- 자기생산적 체계들은 조직에 있어서는 닫혀있고 그래서 자율적이다. 동시에 생명 체계들은 물질과 에너지에 있어서는 **열려있다.** 이는 자기생산적 체계들이 그 구성요소들과 관련해 어떤 입력이나 출력도 갖지 않는다는 걸 뜻한다. 자기생산적 체계들은 환경의 영향을 받아 결정될 수 없으며, 기껏해야 자극받을 뿐이다. 따라서 구체적 체계 상태들은 환경으로부터 규정되는 것이 아니라 체계 자신으로부터 규정된다. 그런 한에서 자기생산적 체계들은 구조가 결정되고 상태가 결정된 채로 작동한다.
- 신경체계는 직접 환경에 접근하지 않는 자기지시적으로 닫힌 체계를 이룬다. 이로부터 인지과정과 지각과정이 현실을 그대로 반영하는 그림을 제공하는 것이 아니라 체계내부적 구성물을 만든다는 인식론적 결론이 나온다.

□ 참고문헌

- Humberto R. Maturana/Francisco J. Varela : "Autopoietische Systeme: eine Bestimmung der lebendigen Organisation", in: Humberto Maturana: *Erkennen. Die Organisation und Verkörperung von Wirklichkeit*, Braunschweig/Wiesbaden 1982, S. 170~235.
- Niklas Luhmann : "Neuere Entwicklungen in der Systemtheorie", in: *Merkur* 42(1988), S. 292~300.

□ 옮긴이 추천 참고문헌

- 움베르또 마뚜라나/프란시스코 바렐라 지음, 최호영 옮김, 『앎의 나무』, 갈무리, 2007.
- 움베르또 마뚜라나와 푀르크젠의 대담, 서창현 옮김, 『있음에서 함으로』, 갈무리, 2006.

3. 심리적 체계들의 자기생산

루만 이론 발전의 두 번째 국면은 마뚜라나와 바렐라로부터 자극받은 일
반 체계이론에서의 패러다임 전환을 사회학을 위해 이용하려는 시도라고
특징지을 수 있다. 루만은 사회적 체계들을 자기지시적으로 닫힌, 자기생산적
체계들이라고 개념화하면서 직접적으로 자기생산 개념과 관련을 맺는다.
우리가 앞 장에서 살펴본 것들을 상기해볼 때, 이러한 진술은 아주 놀라운
것이다! 그 개념의 발명자인 마뚜라나와 바렐라가 생명 체계들을 기술하
는 데 한정했던 자기생산 개념은 직접적인 방식으로 사회학의 영역으로
옮겨진다. 그런데 루만에 따르면 생명 체계들과 사회적 체계들만 자기생
산적으로 조직되는 것이 아니다. 그와 함께 다른 종류의 체계들, 다른 무
엇보다 심리적 체계들, 즉 의식 체계들도 루만은 자기생산적이라고 부른
다. 루만 자신이 정식화하듯이 자기생산 개념은 일반화되어서 다른 종류
의 체계에도 적용된다. 그리하여 루만은 생명 체계들과 더불어 심리적 체
계들과 사회적 체계들도 마찬가지로 자기생산적으로 조직된다는 점을 강
조한다.9 "자기생산 개념은 생명 개념을 정의하기 위해 도입되었고 대체로

---

9. 자기생산-개념의 일반화를 통해 더 많은 단위들, 예를 들어 신경 체계들이 자기생산적 체계로
   간주된다는 점을 덧붙여야 한다. 그에 반해 마뚜라나와 바렐라는 이미 본 것처럼 신경 체계가
   자기지시적이긴 하지만 자기생산적이지는 않다고 쓴 바 있다. 루만에 의하면 이런 식의 구별은
   자기생산 개념의 일반화를 통해 그 효력을 잃는다. 루만은 자기생산적 체계들이 자기지시적으
   로 조직되며 자기지시적 체계들은 자기생산적으로 작동한다고 본다. 따라서 루만에게 자기지시
   성 개념은 전적으로 자기생산 개념의 의미에서 사용된다. 자기지시성, 혹은 더 정확히 말해 기
   초적 자기지시성(basale Selbstreferentialität)은 자기관계성(Selbstbezüglichkeit)을 뜻할 뿐만 아
   니라 체계 구성요소들의 지속적인 재생산을 통한 체계의 자기산출과 자기유지를 뜻한다. 기초
   적(basal)이란 말을 덧붙이는 것은 체계의 요소들을 통해 체계의 요소들을 만들어낸다는 걸 가리
   킨다. 자기생산적 체계는 그것 말고도 더 많은 자기지시의 형식을 이용한다. 이에 관해서는
   SoSy: 593ff.과 Kneer 1992를 참조하라.

그렇게 제한적으로 이용된다. 그럼에도 그 개념을 더 추상화하는 것이 목적에 맞는 일이다. 우리는 의식 체계들이나 사회적 체계들이 '생명' 체계들이라고 단순히 전제할 수는 없다. 적어도 이는 의식 체계들과 사회적 체계들이 (다른 많은 것들과 마찬가지로) 생명을 전제로 한다는 자명한 사실로부터 도출되지는 않는다. 자기생산 개념이 고무하는 바는 한 체계 단위의 생산과 재생산의 자율적 형식들을 찾아내고 그래서 적어도 생명 체계들, 의식 체계들, 사회적 체계들이 그 자신의 자기생산을 상이한 방식으로 성취할 가능성을 배제하지 않는 것이다. 그럼에도 이런 가능성은 우리가 그 개념을 우선 추상함으로써 처음부터 그 가능성을 배제하지 않을 때에만 확인될 수 있다. 그래서 우리는 자기생산 개념의 출처[마뚜라나, 바렐라]에 비추어 평가해보자면, 다소 독단적으로 진행해나간다고 할 수 있다."(AdB: 420f.).

스스로 말하고 있듯이 루만은 자기생산 개념을 독단적으로 일반화한다. 이 지점이 우선 해명할 필요가 있는 지점일 것이다. 루만은 여러 다른 종류의 체계들을 기술하기 위해 일반적이고 통일적인 자기생산 개념을 사용한다. 그러나 자기생산 개념을 심리적 단위와 사회적 단위에 적용하는 것은 유기체, 의식 체계들, 그리고 사회적 연관들 사이의 모든 차이를 없애버리는 것이 아니다. 따라서 큰 틀에서 볼 때 사회가 일종의 생물학적 생명체로 파악되어야 한다고 주장하는 것이 아니다. 자기생산 개념의 일반화가 목표로 삼는 것은 사회생물학 이론이 결코 아니며 오직 사회학 이론이다. 루만은 유기체, 의식 체계, 사회적 체계가 "각자 고유한 자기생산 방식을 각각 상이한 방식으로 이루어낸다"고 정당하게 강조한다.(AdB: 403; 강조는 필자) 이것이 또한 뜻하는 바는, 자기생산이라는 개념은 개별 체계 종류들 사이의 차별성과 차이를 주목하지 않는다는 것이다.

루만에 따르면, 생명 체계들, 뉴런 체계들, 심리적 체계들, 사회적 체계들이 자기생산적 체계들이다. 즉 그것들은 요소들의 재귀적 재생산을 매개로 자율적 단위로서 자신을 스스로 산출한다. 따라서 루만이 사용하는 일반화된 자기생산 개념은 철저하게 체계 요소들의 생산을 통한 체계의 자기산출과 자기유지라는 의미에서 정의된다. "체계를 이루는 요소들을 체계를 이루는 요소들을 통해 스스로 생산하고 재생산하는 체계들을 우리는 자기생산적이라고 부르고자 한다. 그런 체계들이 단위로 사용하는 모든 것, 즉 그 요소들, 과정들, 구조들과 자기 자신은 바로 그러한 단위들을 통해 체계 안에서야 비로소 규정된다. 다르게 말해보자면, 그 체계 안으로의 단위 입력도 없고, 그 체계로부터의 단위 출력도 없다. 이는 환경과의 어떤 관계도 없다는 걸 뜻하는 것이 아니라 이 관계들이 자기생산 자체로서는 다른 실재의 차원들에 놓인다는 걸 뜻한다."(AdB: 403). 자기생산적 체계들은 그 구성요소를 재귀적 과정 자체에서 산출하는 작동상 닫힌 체계들이다. 여기서 폐쇄성은 개방성에 대립하는 것이 아니라 개방성을 위한 조건으로 이해된다. 이런 이론적 구상은 이제 우리에게 친숙할 것이다. 그런데 생명 체계들 이외의 다른 종류의 체계들을 어째서 자기생산적이라고 특징지을 수 있을까? 그리고 여기서 특히 관심을 갖는 현상 영역인 사회적인 것과 관련해서 보자면, 자기생산 개념을 제시된 의미대로, 즉 체계 구성요소들의 재귀적 생산을 매개로 한 체계의 자기산출과 자기유지로 파악한다면, 우리는 사회적 연관들을 어째서 자기생산적 체계라고 특징지을 수 있을까?

금방 정식화한 물음에 대해 우리는 우선 심리적 체계들의 자기생산을 다루는 우회로를 통해 접근하고자 한다. 여기서 주의해야 할 것은 루만이 심리학자가 아니라 사회학자라는 것이다. 그는 일관되게 사회적 체계들에 대해 관심을 가졌다. 그런데 루만의 저술에는 의식 체계들에 관한 일련의 언급들이 있으며, 이 언급들은 첫 눈에 보기에는 사회적 체계들에 관해 쓴 것보다 더 접근하기 쉽고 이해하기 쉬울 수도 있다. 이런 이유 때문에 우리는 루만이 어떤 의미에서 자기생산 개념을 생명 체계들에서 심리적 체계들로 옮겨놓는가라는 물음을 먼저 다루고자 한다. 따라서 심리적 체계들은 자기생산 개념의 일반화와 그와 연결되는 재특화[다시 특수 영역에 적용하는] 시도를 시험해보고 분명하게 만들 수 있게 하는 일종의 시험 사례로 기능한다. 이런 식으로 획득된 인식은 자기생산 개념을 사회적 체계들에 적용하는 것을 보다 쉽게 이해할 수 있게 해준다.

루만은 의식 체계들이 자기생산적으로 작동한다고 주장한다. 이 주장은 심리적 체계들이 하나의 재귀적 과정 속에서 계속해서 그 구성요소들로부터 그 구성요소들을 산출하며, 이런 식으로 하나의 단위로 스스로를 산출하고 유지한다는 것을 뜻한다. 루만은 심리적 체계들의 고유한 요소들을 생각Gedanken 또는 표상Vorstellungen이라고 부른다.[10] 생각이나 표상[11]은

---

10. 생각이나 표상이 의식의 요소라는 테제는 루만이 1985년에 쓴 논문 「의식의 자기생산」 ("Autopoiesis des Bewußtseins")에서 주장한 것이다. 하지만 그 이후 루만은 이 견해에 관해 의구심을 표명한다. 의식의 요소를 생각이라고 지칭하면, 이는 의식의 특정한 '능력', 즉 사유 (Denken)를 강조하는 것이 된다. 그런데 의식이라는 유형의 작동방식은 그것 말고도 더 있다. "우리는 지각, 사유, 감정, 의지 등을 의식의 상이한 능력이라고 말하며, 따라서 무엇이 의식의 (작동방식의) 단위인지 열어놓게 된다. 확실히 관건이 되는 것은 주의집중(Aufmerksamkeit)의 과정인데, 이를 지칭하기 위해 어떤 단어를 골라야 할까? 나는 생각이라고 부르자고 제안한 바 있지만 그리 만족스럽지는 않다. 후썰은 지향 작용(intentionale Akten)이라고 불렀는데, 이 것도 진지하게 받아들일 수 있는 후보일 것이다."(Luhmann 1992: 123).

11. [옮긴이 주] 크네어와 낫세이는 생각과 표상의 차이를 언급하고 있지 않으므로 이 두 개념의 차이에 관해 간단하게 설명하겠다. 생각은 의식 체계의 작동상의 요소, 즉 의식의 지향 작용 자체를 뜻하는 말이다. 생각으로부터 생각을 생산해내는 재귀적 과정이 의식의 자기생산인 것이다. 그런데 생각들을 생산하는 재귀적 관계들은 생각에 의한 생각의 관찰을 필요로 한다. 표상이란 작동상의 생각이 아니라 관찰된 생각을 지칭하는 말이다. 즉 하나의 원자화된 요소

사건Ereignisse, 즉 그것이 나타나자마자 곧 다시 사라지는 요소이다. 하나의 생각이 나타나면, 이는 이미 그 다음 순간에 사라지며 새로운 생각에 의해 대체된다. 따라서 의식은 그 요소들의 지속적인 해체와 관련되어 있다. 의식은 한 의식 상태에서 다른 의식 상태로, 한 생각에서 다른 생각으로 매달려 나아간다. 루만은 의식이 지속적으로 새로운 생각을 산출하는 일을 하고 있기 때문에 의식을 자기생산적 체계로 간주한다. "의식의 자기생산은 다소간 분명한 생각들을 계속 풀어나가는 것이다."(AdB: 406).

여기서 중요하게 부각시켜야 할 지점은 루만이 자기생산 개념을 철저히 생산Produkiton이라는 의미에서 사용한다는 것이다. 의식 체계는 재귀적 과정 속에서 생각으로부터 생각을 생산한다. 그러나 생산 개념은 결코 무無로부터의 창조, 즉 creatio ex nihilo[라틴어로 '무로부터의 창조']로 오해되어서는 안 된다. 세포의 사례를 통해 우리는 이미 자기생산적 체계가 환경으로부터의 특정한 공급에 의지한다는 점을 지적한 바 있다. 이는 심리적 체계들도 마찬가지이다. 어떤 의식 체계도 적절한 환경의 기여가 없다면 존재할 수 없고 자기생산을 지속할 수 없다. 따라서 체계 요소들의 생산은 물질과 에너지라는 토대를 기초로 해서만 일어난다. "미리 오해를 막기 위해 강조해야 할 점은 '자기생산Autopoiesis' 개념이 신중하게 선택되었고 스스로를 생산한다는 바로 그 뜻을 갖는다는 것이다. 결코 자기실체

로서 관찰된 생각이 표상이다. 관찰은 자기지시(후썰의 노에시스에 해당)와 타자지시(노에마에 해당)의 구별을 이용하므로, 관찰된 생각은 '어떤 것(타자)에 관한 표상(자기)'이 된다. 여기서 관찰하는 생각 자체는 배제된 제3의 것이 된다. 그런데 관찰하는 생각, 작동상의 생각은 오직 다른 생각에 의해서만 표상이 될 수 있고 다른 생각은 다시 지시된 자기와의 연결 또는 지시된 타자와의 연결을 선택할 수 있다. 그래서 생각들은 표상인 것으로 온전하게 상쇄될 수 없고 어느 정도 잠재화될 수밖에 없다. 이러한 현행성과 잠재성의 차이가 의식의 의미적 작동을 가능하게 하는데, 루만의 의미 개념에 대해서는 다음 절에서 설명된다.

Autohypostasis를 뜻하는 것이 아니다. 자기생산이 뜻하는 바는 그 체계가 환경으로부터의 기여가 없어도 자신의 고유한 힘으로 존재한다는 것이 아니다. 오직 관건이 되는 것은 체계 단위와 그 체계를 이루는 모든 요소들이 그 체계 자신을 통해 생산된다는 점이다. 물론 이는 물질적 연속체에 기초해서만 가능하다."(WissG: 30).

우리가 정식화한 것처럼, 어떤 의식도 특정한 환경의 기여가 없다면 존재할 수 없다. 그래서 우리는 우리의 뇌, 우리의 신체, 우리를 둘러싼 물질적 환경, 공기, 물, 대지 등등이 없다면 어떤 생각도 할 수 없다. 이 말은 현대 의학과 현대 우주여행이 발전하기 이전에만 해당하므로, 우리는 여기에 약간의 제한을 덧붙여야 한다. 이제는 호흡이나 심장 박동과 같은 중요한 신체 기능들이 멈추어도 그에 상응하는 의학 장치를 이용하면 심리적 체계들의 자기생산을 지속시키는 것이 가능하게 되었다. 또한 심리적 체계들이 익숙한 지구 환경 바깥에서, 예를 들면 달에서 작동하는 것도 가능하게 되었다. 그럼에도 의식 체계가 특정한 환경의 조건들을 전제로 한다는 진술에 대해서는 누구도 부인할 수 없을 것이다. 무엇보다도 심리적 체계는 그에 동반되는 뇌의 과정에 의지한다. 그럼에도, 아니 바로 그렇기 때문에 의식은 인간의 뇌, 뇌의 흐름, 뇌세포의 활동 등과 등치되어선 안 된다. 체계이론적으로 말하자면, 뇌는 의식의 환경에 있다. 이는 의식이 그 고유한 요소들, 즉 생각들 또는 표상들을 단위들로 스스로 산출하고 그 단위들을 환경으로부터 ―예를 들어 뇌로부터― 체계 안으로 도입하지 않는다는 걸 뜻한다. 생각을 생산할 때 의식은 특정한 뇌 활동에 의지하지만, 뇌 활동은 생각이 아니다! 우리는 이러한 사태를 다음의 두 가지 고찰을 통해 명확하게 할 수 있다. 첫째, 뇌 흐름과 뇌 활동을 측정하는 것은 가능하지만 이러한 측정은 그에 관여된 의식이 생각하는 바를 드러내지 않는다. 외부로부터 의식 안을 들여다보는 것은 불가능하다. 뇌 과정에서 출발해 특정한 의식의 체험을 추론해낼 수 없다. 둘째, 의식이 생산하는 각각의 생각으로부터 거기서 뇌의 어떤 처리과정이 요구되는지 유추할 수 없다. 우리의 생각은 그 생각에 관여하는 뇌의 활동에 관해 아무것도 드러내지 않는다. 뇌가 의식에 접근할 수 없는 것과 마찬가지로, 의식은 뇌에 접근할 수 없다. 이를 근거로 루만은 의식이 뇌에 대해 창발적emergent 질서 차원을 이룬다고 말한다. 창발 개념12은 물질과 에너지라는 기층토대의 속성으로부터 설명될 수 없는 새로운 질서 수준의 등장을 가리키는 말이다. 의식은 생각의 생산에 있어 특정한 환경의 기여, 특히 뇌의 특정한 처리과정에 의지하지만, 이러한 환경의 기여는 의식의 환경에서 일어나는 기여에 머무른다. 뇌는 생각하지 않으며, 어떤 생각이나 표상도 생산하지 않는다. 생각이나 표상은 스스로 생산되는, 더 이상 해소될 수 없는 의식 체계의 최종단위이며, 의식의 환경에는 그 단위에 해당하는 직접적인 등가물이 없다.

의식과 뇌는 서로 전혀 중첩되지 않게 작동하며, 서로 혼합되지 않는다. 의식과 뇌의 이러한 특별한 관계를 지칭하기 위해 루만은 **구조적 접속**Strukturelle Kopplung 개념을 사용한다.13 구조적으로 접속된 체계들은 서로에

---

12. [옮긴이 주] emergence 또는 Emergenz는 '창발,' '발현,' '떠오름' 등으로 번역되는데, 가장 많이 쓰이는 표현을 택했다. 창발은 환원과 대비되어 쓰이는 용어로, 구성요소들의 상호작용으로 이루어진 체계가 그 구성요소 하나하나와는 무관한 집단 성질을 갖게 되는 것을 뜻한다. 전통적인 과학관이 생명체를 화학적인 것으로, 화학적인 것을 물리적인 것으로 환원해 설명하고자 했다면, 창발론은 생명체가 원자나 분자는 물론이고 화학적인 것으로도 환원될 수 없는 고유한 질서, 즉 다른 진화 단계로 떠오른 것이라고 본다. 루만은 이러한 창발을 뇌와 의식의 관계, 인간과 사회의 관계에 대해서도 적용한다.

13. 구조적 접속 개념 역시 마뚜라나로부터 온 것이다. 마뚜라나는 체계와 환경 사이의 일반적 관계를 특징짓기 위해 이 개념을 이용한다. 루만은 구조적 접속 개념을 수정하여, 모든 체계/환

게 의지함과 동시에 서로에 대해 환경으로 머물러 있다. 그래서 체계들 사이의 특정한 의존성/독립성-관계를 지칭하기 위해 구조적 접속이라고 말한다. 뇌와 의식의 경우에 구조적 접속이란 어떤 의식도 그에 상응하는 뇌활동 없이는 의식의 자기생산을 진전시킬 수 없다는 것, 그럼에도, 아니 오히려 바로 그 때문에 의식과 뇌는 서로 분리되어 작동한다는 것이다.

루만은 인간 의식을 계속되는 재생산 과정에서 그 요소들, 즉 생각들이나 표상들을 바로 그 요소들로부터 산출하는 자기생산적 체계라고 이해한다. 심리적 체계에 대한 루만의 기술이 의식철학의 전통에서 정식화되는 이론 구상들과 아주 비슷하다는 점은 주목할 만한 것이다. 예를 들어 데카르트, 칸트, 피히테 등은 인간 의식을 하나의 자율적이고 자기관계적인 단위로 특징지었다. 특히 후썰은 의식 흐름이나 체험 흐름에 대한 서술을 통해 루만보다 훨씬 이전에 의식의 순환적 폐쇄성을 설명해낸 바 있다. 그럼에도 루만이 정식화한 자기생산적 체계 이론을 근세의 주체철학과 의식철학에 귀속시키는 것은 근본적으로 잘못된 것이라 볼 수 있다. 데카르트, 칸트, 피히테와 후썰은 인간 의식을 세계의 주체로, 즉 존재하는 모든 것의 근저에 놓이는 어떤 것으로 간주한다. 그에 반해 루만은 의식을 심리적 체계로, 즉 인식하는 여러 체계들 중 한 종류의 체계로 규정한다. 이미 보았듯이, 심리적 체계는 자기생산적 체계의 일반 이론을 **특화시켜 적용한** 한 경우이다. 그런데 일차적으로 루만이 관심을 갖는 것은 심리적 연관들이 아니라 사회적 연관들이다. 이 점에서도 철학적 전통과의 결정적인 차

경-관계를 기술하기 위해 사용할 뿐만 아니라 자기생산적이며 자율적인, 즉 서로 분리되어 작동하는 체계들 사이의 특정한 상호 관계를 뜻하기도 한다. 루만은 구조적 접속 개념을 최근의 저작에서 도입했고, 이전에 쓴 글에서는 이러한 사태를 파슨스의 개념인 **상호침투**(Interpenetration) 개념을 갖고 기술했다.

이를 볼 수 있다. 근세 의식철학과 주체철학 내부에서도 사회적 과정들—예를 들어 소통 과정들—을 기술하려는 시도가 있긴 하였다. 하지만 그런 철학에서 항상 관건이 되었던 것은 사회적으로 일어난 일을 관여하는 행위자의 의식의 수행으로 소급하는 것이었다. 이런 의미에서 의식은 주체, 즉 사회적인 것의 원작자Urheber였다. 루만은 이로부터 벗어나는 이론적 구상을 정식화한다. 그는 우리가 이미 여러 번 지적한 것처럼 자기생산 개념을 사회적인 것의 현상 영역으로 옮겨놓으며 사회적 단위들을 자기지시적, 자기생산적 체계들로 규정한다. 이것이 어떤 의의를 가지며 이런 이론 경향이 철학과 사회학의 전통과 달리 어떤 결과를 낳게 되는지 우리는 다음 절에서 답해보고자 한다.

□ 중요한 기본 개념 요약

• 심리적 체계들은 자기생산적 체계들이며, 그 체계의 더 이상 해소할 수 없는 최종 단위는 생각 또는 표상이다. 의식의 요소는 사건이라는 성격을 갖는다. 즉 그 요소는 짧게 순간적으로만 지속된다.

• 창발이란 질적으로 새로운 질서 차원의 등장을 지칭하며, 새로운 질서 차원의 속성들은 물질과 에너지라는 기층토대의 속성들로부터 설명될 수 없다.

• 구조적 접속은 두 가지 체계들 사이의 특별한 관계를 지칭한다. 구조적으로 접속된 체계들은 서로 의지하지만—그런 한에서 그들은 자족적이지 않다—, 동시에 그 체계들은 자율적으로 작동하며, 따라서 서로에 대해 환경으로 머물러 있다.

□ 참고문헌

• Niklas Luhmann : "Die Autopoiesis des Bewußtseins", in: *Soziale Welt* 36(1985), S. 402~446. *Soziologische Aufklärung Band* 6(1995, 2005:2.Auflage) S. 55~108에도 실려 있음.

4. 창발적 질서 차원인 사회적 체계들

루만은 마뚜라나와 바렐라가 정식화한 자기생산 개념에 기초해 사회학의 자기지시적 체계 이론을 전개한다. 자기생산 개념을 사회적인 것의 현상 영역으로 옮김으로써 나온 결과는 사회적 구성물을 그 요소들의 재귀적 생산을 매개로 스스로를 산출하고 유지하는 폐쇄적 작동 단위들이라고 기술하는 것이다. 루만은 사회적 체계들의 요소들, 즉 더 이상 해소될 수 없는 최종 단위들을 **소통들**Kommunikationen이라고 부른다.[14] 사회적 체계들은 소통 체계들이며, 그 체계들은 계속해서 소통들을 소통들에 연결시키면서 재생산된다.

사회적 연관들이 앞서 제시된 방식대로 자기생산적 체계들로 간주된다면, 이것이 무엇을 뜻하는지 우선 해명할 필요가 있다. 무엇보다도 지적해야 할 것은 그러한 이해방식이 거의 모든 철학 전통 및 사회학 전통과 모순된다는 점이다! 사회적으로 일어나는 일은 대개의 경우 주체철학적인 개념들을 갖고 기술되어 왔으며 지금도 그렇게 기술되고 있다. 그에 따르면 인간은 사회적인 것의 최소 단위를 이룬다. 따라서 가장 포괄적인 사회적 체계인 사회Gesellschaft는 인간 및 인간의 사회적 관계들로 이루어진다. 이와 비슷한 방식으로 소통 또한 소통하는 인간 또는 주체와 관련해 생각되어왔다. 인간이 소통하거나 혹은 여러 인간들이 서로 소통한다. 자기생산 개념을 사회학의 영역에 적용하면 위의 두 가지 이해방식은 낡은 것으

---

14. 이에 반해 루만은 앞서 본 것처럼 초기 저작에서는 사회적 체계들을 행위 체계들이라고 정의했다. 자기생산 개념이 사회적 체계 이론 안에 들어서면서 행위 개념이 완전히 포기되는 것은 아니지만 파생적 개념이라는 지위를 갖고서야 도입된다. 우리는 3장 5절에서 소통과 행위의 관계를 더 자세하게 다룰 것이다.

로 밝혀진다. 루만에 의하면, 사회적인 것은 인간으로 이루어지는 것이 아니라 소통으로 이루어진다. 도대체 인간에 관해 말해야 한다면, 인간이란 기껏해야 사회적 체계들의 환경에서 나타난다. 더 나아가 인간은 소통의 원작자로 간주되지 않는다. 루만은 소통이 인간 행위의 성과가 아니라 사회적 체계들의 산물이라고 본다! "인간은 소통할 수 없다. 소통만이 소통할 수 있다."(WissG: 31).

방금 언급한 것에서 시작하자면, 인간이 아니라 소통만이 소통할 수 있다는 것은 무엇을 뜻하는가? 이 문장을 이해하기 위해 우리는 인간Mensch 개념을 더 상세하게 해명해야 한다. 정확하게 정식화할 때, 인간 개념은 체계이론적 개념이 아니다. 체계이론은 체계와 환경의 구별로부터 출발한다. 이런 전제조건을 적어도 모색의 방식으로 받아들인다면, 우리가 관찰하는 모든 것은 체계(혹은 체계의 일부) 아니면 환경(혹은 환경의 일부)이다. 인간은 이런 의미에서는 체계가 아니며, 오히려 분리되어 작동하는 여러 가지 체계들로 이루어져 있다. 그래서 인간을 그 유기체 체계나 그 심리적 체계로 제한하는 것은 잘못된 것이라 볼 수 있다. 인간은 생명인 것만도 아니고, 생각인 것만도 아니며, 인간은 그 이상이다. 그리고 이런 발상은 인간이 하나의 체계라는 점을 더욱 배제한다. 우리는 인간에게서 유기체 체계, 면역 체계, 신경생리학적 체계, 심리적 체계 등 서로 전혀 중첩되지 않으면서 작동하는 수많은 자립적인 체계들을 발견한다. 이런 식으로 우리는 인간 의식을 닫혀있는 자기생산적 체계로 이해했으며, 뇌 및 인간이 가진 그 밖의 여러 체계들은 의식의 환경에 있다. 따라서 인간에게는 여러 구별되는 과정들이 있다. 하지만 이런 상이한 종류의 체계들을 포괄하는 자기생산 단위는 없다. 앞으로 인간이란 표현이 다시 도입되어 사용된다면, 그것은 하나의 체계인 인간을 뜻하는 것이 아니라 인간에게 있는 여러 상이한 체계들을 뜻하는 것이다.

이제 우리가 출발점에서 제기한 물음으로 돌아가 보자. 어째서 인간은 소통할 수 없다고 말할 수 있는가? 이 테제는 인간의 여러 상이한 체계들이 자기지시적으로 닫힌 채 작동한다는 고찰로부터 직접 나온다. 이는 그 체계들이 (다른 인간들의) 다른 체계들과 어떤 소통적 관계도 받아들일 수 없다는 걸 뜻한다. 따라서 두 개의 의식 체계들 사이에는 어떤 직접적 접촉도 없다. 어떤 의식도 그 작동을 통해 다른 의식의 생각과 표상에 연결될 수 없다. 어떤 의식도 그 경계 외부에서 작동할 수 없다. 그렇다면 의식은 생각한다는 것, 의식은 생각에서 생각으로 나아간다는 것, 하지만 의식은 다른 심리적 체계들과 소통할 수 없다는 것이 타당하게 된다. 물론 의식은 자신이 소통한다고 생각할 수 있지만, 이는 그 자신의 생각일 뿐이며, 그 자신의 작동에 머무른다. 그런 한에서 어떤 의식적 소통도 없으며, 따라서 두 개의 심리적 체계들 사이의 소통도 없다. 우리가 무엇을 생각하건 간에, 우리는 다른 의식 체계의 표상에 직접 참여할 수 없고, 기껏해야 다른 의식 체계가 이 순간에 어떤 특정한 생각을 하리라 가정할 수 있을 뿐이다. 하지만 이런 가정 또한 우리 자신의 생각일 뿐이며, 따라서 다시금 우리 자신의 의식 체계의 작동일 뿐이다. 처음에는 놀랍게 들렸던 정식화, 즉 인간이 소통할 수 없다는 정식화가 이제 이해될 것이다. 유기체적, 뉴런적, 심리적 체계들의 폐쇄성은 한 인간이 다른 인간과 직접 접촉하는 것을 불가능하게 한다.

유기체적, 뉴런적, 심리적 과정들의 차원에서는 소통이 배제된다. 이는 동시에 소통이 이런 과정들과 근본적으로 상이한 것임을 뜻한다. 따라서 소통은 자립적인 과정, 고유한 동역학을 가진 과정을 형성하고 있다. 소통의 연관들에 관한 적합한 서술은 소통이 유기체적, 뉴런적, 심리적 상태로부터 신중하게 구별되어야 한다는 점을 전제로 한다. 그래서 우리는 이미 원리상으로는 소통을 기술하기 위한 루만의 제안, 즉 소통은 유기체들, 신경체계들 혹은 의식 체계들의 작동이 아니라, 새로운 종류의 체계들의 구성을 통해, 즉 사회적 체계들의 구성을 통해 발생한다는 점을 파악했다. 그러므로 사회적 체계들은 재귀적 과정 속에서 계속해서 소통에 소통을 연결시키는 자기생산적 체계들이다.

사회적으로 일어나는 일은 자립적이며 고유한 동역학을 가진 작동상의 차원을 형성한다. 그렇다고 해서 사회적 체계들이 인간들과 무관하게 작동한다고 주장하지는 않는다는 점을 강조할 필요가 있다. 인간이 유관^關하다는 점, 즉 체계이론적으로 정식화해보면 유기체의 과정, 뉴런의 활동, 의식의 사건들이 사회적 체계들의 구축에 있어 유관하다는 점이 부인될 수는 없다. 사회적으로 일어나는 모든 일, 모든 소통은 특정한 유기체적, 뉴런적, 심리적 상태에 의지한다. 소통은 언제나 최소한 두 명의 인간과 여러 유기체적, 뉴런적, 심리적 체계들을 전제로 한다. 그럼에도 소통은 생명이나 뉴런 활동이나 의식 행위가 아니며, 따라서 소통에 관여하는 인간이 가진 그에 상응하는 체계 상태들로 환원될 수 없다는 점은 유효하다. 소통은 자립적이며 창발적인 질서 차원을 형성한다. 바로 이것이 자기생산 개념이다. 그 자신의 구성요소들을 —이 경우에는 소통들을— 재귀적 과정 속에서 스스로 산출한다는 점에서 자기생산적인 사회적 체계들은 자기 자신을 산출하고 유지하는 단위들이다. 여기서 사회적 체계들은 다른 모든 자기생산적 체계들과 마찬가지로 환경의 조건들을 전제로 한다. 사회적 체계들은 그에 부응하는 유기체적, 뉴런적, 심리적 환경의 전제조건 없이 자기 힘으로 존재할 수는 없다. 따라서 사회적으로 일어나는 일은 인간에게 —그리고 이를 통해 여러 다른 것들에게도— 반드시 의지한다. 그런 한에서 인간 혹은 인간의 여러 체계들은 다른 것으로 대체할 수 없는 소통 과정에 기여를 제공한다. 하지만 이러한 기여는 환경의 기여일 뿐이다. 즉 사회적 체계들의 외부에서 일어나는 사건들에 머물 뿐이다.

그래서 철학 및 사회학의 전통과 비교해보자면, 자기생산적 체계 이론에서는 인간이 그 특권적 지위를 잃게 된다는 말은 전적으로 옳다. 인간, 혹은 인간의 지향적 의식은 더 이상 소통의 원작자도 아니고 소통의 주체도 아니다. 하지만 이것이 사회적 과정들의 구성에 있어 인간이 중요하게 관여한다는 점을 부인하는 것은 아니다. 그렇게 주장하는 사람은 인간이 사회적인 발생, 즉 소통의 자기생산을 위해 필수적인 환경의 조건이라는 점을 간과하게 된다고 루만은 말한다. "우리가 인간을 (사회 자체의 일부가 아니라) 사회의 환경의 일부로 간주하면, 이는 전통적인 모든 문제설정의 전제들, 즉 고전적 인본주의의 전제들을 변경시키게 된다. 이는 전통과 비교해 인간을 덜 중요한 것으로 평가한다는 걸 뜻하지 않는다. 그런 식으로 추측하는 이들은 (인간을 사회의 환경으로 간주하는 제안에 맞선 모든 반론의 근저에는 명시적이건 암시적이건 그러한 추측이 깔려있다) 체계이론에서의 패러다임 전환을 간파하지 못하고 있다. 체계이론은 체계와 환경의 차이라는 단위로부터 출발한다. 환경은 이러한 차이의 구성적 계기이며, 따라서 체계에게 있어 그 체계 자신보다 덜 중요한 것이 아니다."(SoSy: 288f.).

자기생산적 체계 이론의 기본 전제에 따르자면 사회적으로 일어나는 일은 소통을 통해 소통을 산출하는 자기지시적 과정이다. 모든 소통은 매 순간 자신의 후속 소통을 산출한다. 그렇게 계속 산출하지 못하는 사회적 체계는 작동을 중단한다. 우리가 정식화한 것처럼, 체계 자신의 요소들인 소통들을 재귀적으로 생산하면서 사회적 체계들은 특정한 환경의 조건을 전제로 한다. 그래서 최소한 두 개의 의식 체계들이 관여하지 않으면, 모든 소통은 곧바로 정지될 것이다. 심리적 체계들이 사회적 체계들의 환경 내부에서 예외적인 지위를 가진다고도 말할 수 있다. 심리적 체계들만이 소통을 교란하고 고무하고 자극할 가능성을 이용할 수 있다. 이미 말한 것처럼, 의식은 소통하지 않으며 생각에 생각을 이어가며 자기지시적으로 닫힌 체계이다. 하지만 심리적 체계들은 특별한 방식으로 소통에 관여하며 이러한 관여의 형식이 의식 체계들에게 특권적 지위를 할당한다. "여기서 무엇보다 주목할 만한 것은 소통이 오직 의식을 통해서만 자극받는다는 점, 그리고 물리적, 화학적, 생화학적, 신경생리학적 작동들 자체를 통해서는 자극받지 않는다는 점이다. 모든 종류의 방사능, 스모그, 질병은 늘 어날 수도 있고 줄어들 수도 있다. 하지만 이것이 지각되고 측정되고 의식되지 않는다면, 그리고 소통의 규칙에 따라 이에 관해 소통하려는 시도를 자극하지 않는다면, 이는 소통에 아무런 영향력도 미치지 않는다."(BK: 893).

루만에 의하면, 의식만이 소통을 자극하거나 고무할 수 있다. 이는 의식이 소통을 인과적으로 지도하거나 영향을 미칠 수 있다는 걸 말하는 것이 아니다. 하나의 소통에는 최소한 두 개의 의식이 관여하며, 따라서 소통을 개별 의식으로 소급해 기술하는 것은 불충분하다. 심리적 체계들은 소통에 관여하지만, 소통을 산출하는 원인은 아니다. "주체가 처음에 소통하기로 결심을 하고, 그런 다음 이런 결심을 실행하며, 마지막으로 이러한 인과 연쇄의 더 나아간 결과로 누군가가 주체가 말하고 쓴 것을 듣거나 읽는다는 식으로 소통이 이루어지는 것은 아니다."(WissG: 59). 소통은 개별 의식이나 집단의식으로 소급될 수 없다. 소통은 생각하는 것이 아니라 소통한다. 모든 의식철학 및 심리학의 개념들은 소통의 과정을 기술하기에 부적합하다. 소통은 자립적인 것, 즉 심리적인 것이 들어갈 수 없는 창발적 질서이다. 의식 과정은 의식 과정으로서는, 즉 생각이나 표상으로서는 소통에 들어서지 않는다. 소통에 관여하는 의식 체계들이 생각하는 바를 소통으로부터 출발해 확인하는 것은 불가능하다. 뇌가 의식에 대해 접근할 수 없는 것과 마찬가지로 의식 체계들은 소통에 접근할 수 없다. 소통은 자기지시적으로 닫힌 체계를 형성하며, 어떤 심리적 구성요소들도 그 안으로 들어가지 못한다. 하지만 여기서도 다시 유효한 것은, 폐쇄성이 개방성을 위한 조건이라는 점이다. 소통은 소통 고유의 작동들 속에서 지속적으로 의식 체계들에 의해 자극되고 고무되고 교란될 수 있다.[15] 소통과 의식은 자기지시적으로 닫힌 체계들로서 충분히 분리되어 작동하며, 그리고 동시에 서로에 대해 보충적인 관계에 있다. 간단히 말하면, 사회적 체계들과 심리적 체계들은 **구조적으로 접속되어** 있다.

우리는 이미 의식과 뇌의 관계라는 사례를 통해 구조적 접속 개념을 설명했다. 사회적 체계들과 심리적 체계들도 마찬가지로 구조적으로 서로 접속되어 있다. 의식 없는 소통은 없으며, 소통 없는 의식도 없다. 그리고 이것과 뗄 수 없으며 동시에 유효한 것은, 소통과 의식이 서로에 대한 환경에 머무르며 서로 융합되지 않는다는 점, 따라서 소통과 의식을 포괄하는 어떤 슈퍼체계Supersystem도 구성되지 않는다는 점이다. "그래서 모든 소

---

15. 이러한 명제는 우리가 자극, 고무, 교란 등의 개념이 체계내부의 작동이며 체계와 환경 사이의 인과관계를 지칭하지 않는다는 점을 염두에 둔다면 자기생산 개념과 양립가능하다. 그래서 자극은 환경으로부터 직접 체계 안에 도입되는 것이 아니라 엄격히 말해 그 체계가 스스로를 자극하는 것이다. "자극은 놀라움, 교란, 실망 등과 마찬가지로 항상 체계 자신의 상태이며, 체계의 환경에는 그 상태에 상응하는 것이 없다. 다르게 말하자면, 환경은 체계를 자극하는 원천으로 쓰이기 위해 자극제가 되어야 하는 것이 아니다. 구조화하는 기대의 조건 아래서만 자극이 일어나며, 그런 기대가 체계의 자기생산 진전을 위해 어떤 문제를 만드는 한에서만 자극이 된다."(WissG: 40).

통 체계들은 자명하게도 의식의 진행과정에 접속되어 있다. 의식이 없다면 소통도 없다. 하지만 이것이 의식의 진행과정이 [……] 그 자체로 소통과정의 요소일 수 있다고 말하는 것은 아니다. 다른 말로 하자면, 소통 체계는 작동상 닫힌 자기지시적 체계를 이루고 있다. 다른 한편 구조적 접속이 뜻하는 바는 무엇보다도 소통 체계들이 환경과 갖는 접속이 의식 체계들에 제한된다는 점과 (의식을 거쳐 매개되지 않고) 직접 물리적, 화학적, 생물학적 작용에 노출되지는 않는다는 점이다."(WissG: 281).

소통과 의식은 구조적으로 접속되며 바로 그 때문에 자기지시적으로 닫힌 체계로 충분히 분리되고 서로 중첩되지 않게 작동한다. 체계이론의 언어로는 일단 이렇게 매우 복잡하고 추상적으로 들리는 내용이 일상의 관찰로부터 그리 멀리 떨어져 있는 것은 아니다. 자신이 관여한 대화와 그때 자신이 갖는 생각이 매우 다른 길로 나아갈 수 있다는 걸 경험하지 않은 사람이 있을까? 소통하는 동안에, 예를 들어 세미나에서 토의하는 동안에, 나의 의식은 엉뚱한 생각을 할 수 있다. 소통은 베버의 지배사회학에 관해 소통하면서, 나는 왜 교수가 항상 여러 색깔로 된 넥타이를 매는지에 관해 골똘하게 생각하곤 한다. 세미나 대화 도중에 나는 멍하니 있을 수 있고, 잠깐 동안 아무것도 생각하지 않거나 보루시아 도르트문트[독일 프로축구팀 이름]의 다음 원정 경기에 대해 생각할 수 있다. 그리고 다음 순간에 나는 다시 소통에 집중할 수 있고, 토의 진행에 영향을 미치고 교란하고 고무하고 자극하려고 시도할 수 있다. 그리고 그 과정에서 나의 생각은 소통의 생성이 진행되는 방향에 의해서 언제나 다시 자극받을 수 있다. 소통은 매 순간 새로운 연결 소통을 만들어내고, 소통에 참여하는 의식 체계들은 매 순간 각자의 고유한 후속 생각을 만들어내지만, 이 두 가지 상이한 그물망은 나란히 진행되지 않으며 겹쳐지지 않는다.

그런데 소통과 의식이 충분히 분리되어 있다는 테제는 서로 다른 체계들에서는 매번 상이한 종류의 연결이 선택된다는 점만 주장하는 것은 아니다. 이 테제는 소통과 의식이 서로 다른 요소들을 갖고 작동하며 하나의 단위를 공유하지 않는다는 점도 주장한다. 사회적 체계들은 계속해서 소통들을 산출하며, 심리적 체계들은 중단되지 않는 생각들을 생산한다. 하지만 소통의 진행으로부터 그에 관여하는 의식 체계들이 생각하는 바를 끄집어낼 수 없다. 단적으로 말해, 소통하는 상대방의 머릿속을 들여다보는 것은 불가능하며, 우리는 결코 ─소통의 도움을 통해서도 ─상대방이 생각하는 것을 경험하지 못할 것이다. 관여하는 심리적 체계들은 서로에 대해 불투명한 채로, 암흑상자들로 머물러 있다. 우리는 소통에 관여할 수 있긴 하지만 ─그럼에도 서로 소통하지는 않는다 ─, 우리의 대화 상대가 그때그때 갖는 생각에 참여할 수는 없다. 우리가 소통 속에서 우리의 생각을 교환하며 우리 각자의 표상을 서로 이해한다고 **소통할 수는 있지만**, 이는 소통적 주장, 즉 소통 체계의 어떤 작동일 뿐이지 생각의 교환은 아니다.[16] 마찬가지로 나는 대화 상대의 생각을 소통 속에서 충분히 파악하고 이해

---

16. 이 사례를 통해 루만과 그의 이론적 대결 상대인 하버마스 사이의 중심적 대립지점 또한 제시될 수 있다. 하버마스는 소통 혹은 소통적 행위를 상호주관적 이해의 과정으로 간주하며, 이 과정은 합리적으로 동기화되고 좋은 근거들에 의거하는 합의를 이끌어내는 것을 목표로 한다. 그에 반해 루만과 같은 사람들은 소통을 자기지시적 과정으로 간주하며, 그렇다고 해서 합의가 배제되는 것은 아니며 물론 불일치도 배제되지 않는다. 합의가 있다고 소통하는 것은 가능하다. 하지만 이것이 참여자들이 더 근접하게 되었다는 걸 뜻하지는 않는다. 각자의 심리적 체계들은 자기지시적으로 닫힌 채로 있다. 그래서 루만은 소통이 규범적으로 두드러진 특징을 갖는다고 보지 않는다. "소통을 통해 개인들의 통합이나 서로간의 투명함이나 개인들의 행동조정이 개선될 수 있다고 기대할 수 없기 때문이다. [······] 그와는 반대로, 소통의 영향으로 인해 인간의 생명과 의식이 완전히 멸종하는 것도 이제 더 이상 비개연적인 것이 아니다. 이런 정황에서 볼 때 선의를 가진 모든 개인들의 합의라는 이상적 조건을 규격화하는 것이 얼마나 헛된 일인가는 자명하다. 실재의 조건들로부터 너무 멀리 떨어지려는 것이 합리적인 요청 기준이 되기는 어렵다."(WissG: 22f.).

했다고 생각할 수는 있지만, 이 또한 오직 나의 생각, 즉 내 의식 체계의 작동일 뿐이지 결코 소통은 아니다. 그래서 소통은 소통하지 생각하지 않는다는 점, 그리고 의식은 생각하지 소통하지 않는다는 점이 다시 한번 확인된다. 따라서 사회적인 것은 사회적인 것을 통해서만 설명될 수 있지, 심리적인 것, 유기체적인 것, 화학적인 것, 물리적인 것 등을 통해서는 설명될 수 없다.[17]

더 나아가 위에서 말한 바 있듯이, 자기생산 개념을 생물학적 맥락에서 사회적 맥락으로 옮기는 것이 유기체 체계들과 사회적 체계들의 유비를 주장하는 것은 아니며 두 가지 체계들이 같은 종류라고 주장하는 것도 아니다. 이런 생각은 이제 좀 더 명확하게 정식화될 수 있다. 자기생산 개념의 일반화 및 일반화에 이은 재특화Respezifikation, 즉 루만에 의해 이루어지는 특화된 경우에 대한 재적용은 생명 체계들, 뉴런 체계들, 심리적 체계들뿐만 아니라 사회적 체계들도 상이한 창발 차원에서 고유한 자기생산을 고유한 방식으로 이루어내는 상이한 종류의 단위들로 이해할 수 있게 해준다. 자기생산 개념은 개별 체계 유형들 사이의 동일성을 주장하는 것이 아니라 근본적 차이를 주장한다. 유기체적, 뉴런적, 심리적, 그리고 사회적 체계들은 자기생산적으로 조직되긴 하지만, 개별 종류의 체계들이

---

17. 사회적인 것을 사회적인 것을 통해서만 설명하라는 요청 기준은 프랑스 사회학자 에밀 뒤르켐에게로 거슬러 올라간다. 그래서 우리가 앞에서 거의 모든 철학과 사회학의 전통이 사회적인 것을 인간중심적이고 의식철학적인 개념들 속에서 분석했다고 이야기했을 때, 뒤르켐은 이런 전통에서 명백하게 예외라고 할 수 있다. 이런 점에서 자기생산(Autopoiesis)-구상은 사회학의 현상 영역을 하나의 독자적인 실재(Entität sui generis) ─ 이것도 뒤르켐의 개념이다 ─ 로 간주하려는 현재의 이론적 시도를 표현한다. 그런데 여기서 이미 뒤르켐과 루만이 나란히 가는 지점은 끝난다. 뒤르켐이 "첫째 규정이자 가장 근본적인 규정"으로 "사회적 사실들을 사물처럼 고찰하라"고 제시하는 반면에(Durkheim 1965: 115), 자기생산-구상은 사회적인 것의 작동적 성격을 강조한다.

통일적인 메타체계Metasystem로 융합되는 것은 아니다. 마찬가지로 우리는 체계들의 위계질서에 관해서도 말할 수 없다. 생명체들, 신경체계들, 심리적 체계들, 사회적 체계들은 일반화된 자기생산 개념의 기본 전제에 따라서 서로에 대해 환경으로 머무르는 상이한 창발적 질서를 형성한다.

이러한 고찰들은 우리가 이제 루만 이론의 또 다른 기본 개념인 의미 Sinn를 논의하게 되면 더욱 생생해질 것이다. 일상생활에서 우리는 의미 개념을 대개 특정한 목적이나 특정한 목표를 지칭하기 위해 쓴다. 어떤 것이 유용하거나 목적에 기여한다는 것이 입증되면, 그것은 우리에게 의미있다고 말한다. 그런데 우리는 의미 개념을 뜻Bedeutung [의의, 지시체]이란 단어의 의미에서(!) 사용하기도 한다. 어떤 문장의 의미는 그것이 지시하는 뜻이다. 사회적 체계 이론에서 의미 개념은 이러한 우리의 일상적 이해방식으로부터 벗어나 이용된다. 루만은 심리적 체계들과 사회적 체계들을 의미를 구성하고 사용하는 체계들로 간주한다. 그에 반해 생명체나 신경체계와 같은 모든 다른 유형의 체계들은 의미를 사용하지 않는다(SoSy: 64 참조). 심리적 체계들은 물론 사회적 체계들도 의미적으로 작동한다는 점이 그 두 가지 종류의 체계들이 특정한 위치에서 중첩된다는 것을 뜻하지는 않는다. 심리적 체계들과 사회적 체계들이 충분히 분리되어 있다는 테제는 의미 개념 때문에 취소되지는 않는다. 심리적 체계들은 닫힌 의식 연관의 형식 속에서 의미적으로sinnhaft 18 작동하며, 사회적 체계들은 닫힌 소통연관의 형식 속에서 의미적으로 작동한다. 의미라는 기본 개념은 심리적

---

18. [옮긴이 주] 한국어로 '의미있는'이나 '유의미한'은 이미 가치평가적 어감을 가지기 때문에 독일어의 sinnvoll, 즉 '의미충만'에 가깝다. 그래서 '무의미'와 '의미상실'조차도 의미로 다루는 의미 개념에 적합한 형용사인 sinnhaft의 번역은 한국어로는 다소 어색하지만 '의미적'이라고 하겠다.

체계들과 사회적 체계들에 대해 같은 정도로 해당되지만, 그렇다고 해서 이 두 종류의 체계들의 융합이 주장되는 것은 아니다.

의미를 구성하는 것은 현행성Aktualität 19과 가능성Möglichkeit 20의 **구별**이다. 어떤 것은 순간적으로 의미 생성의 중심지점에 있으면서 동시에 더 나아간 가능성들을 가리킨다. 여기서 현행성의 핵은 불안정하다. 매번 현행화된 것은 약화되고 지루해지고 해체되며 계속해서 가능한 것의 영역으로부터 새로운 것을 선택해 그 다음 순간에 현행화하도록 강제한다. 그래서 의미는 현행성과 가능성이라는 구별의 지속적인 새로운 배치, 즉 가능성들로부터 계속 진행되는 현행화이다. 현행성의 핵이 불안정하기 때문에 지속적으로 새로운 선택이 이루어질 수밖에 없다. 이런 선택이 일어나는 것은 그때그때 현행화된 것이 더 나아간 연결 가능성들을 가리킴을 통해서이다. 선택되지 않은 연결들은 가능성들로 유지되며 이후의 시점에 현행화될 수 있다. "그리고 의미를 갖는다는 것이 뜻하는 바는 그때그때 현행적인 것이 희미해져 사라지고 그 고유의 불안정성으로 인해 그 현행성을 포기하자마자, 연결가능한 가능성들 중의 하나가 후속 현행성으로 선택될 수 있고 선택되어야 한다는 점이다. 그러므로 현행성과 가능성의 차이는 그때그때의 현행성을 가능성에 대한 암시와 더불어 시간 흐름에 따라 옮기면서 처리해 나갈 수 있게 한다. 의미는 스스로 추진해나가는 (체계들을 통해 조건이 부여될 수 있는) 과정으로서 현행화와 잠재화

---

19. [옮긴이 주] aktual과 영어의 actual은 '현실적'으로 번역하는 일이 많으나 real(실재적)이나 wirklich(현실적)와는 달리 바로 지금 나타난 것이며 곧 사라질 수 있다는 어감을 강하게 지니기 때문에 '현행적'으로 번역한다. 루만은 현행성을 잠재성과 구별하는 반면, 현실이나 실재는 비현실이나 비실재와 구별되지 않는 무-차이적(differenzlos) 개념이다. 세계, 실재, 의미 등의 무-차이적 개념에 관한 설명은 옮긴이의 말을 참조할 것.
20. [옮긴이 주] 잠재성(Potentialität)이라고 표현하기도 한다.

Virtualisierung의 통일, 재-현행화와 재-잠재화의 통일이다."(SoSy: 100).

이렇게 일단 추상적으로 이루어진 고찰은 우리가 말한 내용을 심리적 체계들이나 사회적 체계들로 옮기자마자 더 쉽게 이해된다. 의식은 생각을 통해 생각을 생산한다. 모든 생각, 즉 심리적 체계의 모든 개별 사건은 지향적intentional 구조를 지닌다.[21] 각각의 생각에는 특정한 내용, 즉 생각의 내용이 속한다. 다르게 정식화하자면, 의식은 언제나 어떤 것에 관한 의식이다. 어떤 순간의 생각은 어떤 것을 지향하며, 지향된 것은 더 나아간 체험 가능성을 가리킨다. 예를 들자면, 이 순간에 나는 내가 오늘 무조건 빵하나를 사야 한다고 생각한다. 다음 순간에는 버터가 냉장고에 없다는 사실이 내 머리 속에 갑자기 떠오른다. 그에 이어 나는 어느 시점에 생필품 가게를 방문하는 것이 가장 의미 있는지 골똘히 생각한다. 그러므로 모든 현행적 지향은 다른 지향들을, 또 다른 후속 가능성들을 가리키며, 이 가능성들로부터 다음 순간에 어떤 것이 현행화되어야 한다. 즉 이 경우에는 생각되어야 한다. 오랜 시간 동일한 지향이 내 생각 작동의 중심지점에 서 있는 것이 가능하긴 하다. 예를 들어 나는 빵을 사야하고, 나는 빵을 사야하고, 나는 빵을 사야하고 등등으로 생각할 수 있다. 하지만 이는 금방 지겨워지고, 의식은 잠시 후에 다른 생각의 가능성을 현행화하는 것으로 넘어간다. 이런 의미에서 의미 생성은 불안정하다. 의미는 스스로 변화를 강제한다. 현행성의 핵, 이 경우에는 생각의 지향이 지속적으로 해체되고,

---

21. 의식의 지향성을 부각시킨 것은 누구보다도 후썰(Edmund Husserl)이다. 그래서 후썰의 현상학적 의식 분석과 루만의 의미 개념 사이에는 상당히 비슷한 지점이 있다. 후썰과 루만의 결정적인 차이점은 루만이 의미와 지향성이란 개념을 심리적 체계준거로부터, 즉 후썰의 용어로 하면 초월적 의식(transzendentalen Bewußtsein)으로부터 떼어내 일반화하며, 그래서 그 개념들은 심리적 체계는 물론 사회적 체계에도 적용될 수 있다는 점이다. 현상학의 의미 개념과 사회적 체계 이론의 의미개념에 관해서는 Srubar 1989와 Nassehi 1993a를 참조하라.

다른 가능성이 주의 기울임의 중심에 들어선다. 그런데 그때그때 현행화되지 않은 것은 사라지는 것이 아니라, 가능한 것의 영역 속에서 잠재적으로 유지되며 이후에 현행화될 수 있다.

이러한 고찰은 사회적 체계들에 대해서도 비슷한 방식으로 적용될 수 있다. 의식이 하는 모든 것과 마찬가지로 모든 소통 또한 지향적 구조를 지닌다. 소통은 언제나 어떤 것에 관한 소통이다. 여기서도 모든 소통이 어떤 것을 지향하며, 동시에 지향된 것은 특정한 연결 가능성을 가리킨다는 점이 유효하다. 의미의 불안정성은 다음 순간에 후속 가능성들 중 하나가 현행화되고 소통되는 것을 강제한다. 그렇지 않으면 사회적 체계는 작동하기를 중단한다. 이 지점에서 강조해야 할 것은 그때그때 선택된 연결 소통이 다시금 현행성과 가능성의 차이를 새롭게 형성한다는 점이다.

의미는 선택적으로 일어나는 것이다. 항상 하나의 선택이 이루어져야 하며 하나의 잠재적 가능성이 현행화되어야 한다. 이미 지적한 것처럼, 현행화되지 않은 가능성들은 사라지는 것이 아니라 잠재적으로 유지되고 이후에 현행화될 수 있다. 그래서 의미는 복잡성을 다루는 형식이다. 게다가 의미는 복잡성의 감축과 유지를 동시에 가능하게 한다.[22] 의미는 선택적으로 붙잡고 순간적으로 고르는 것을 가능하게 하는 방식으로 복잡성을 감

---

22. 의미 현상과 복잡성 문제 사이에는 내적인 연관이 있으며, 루만은 이미 1960년대와 1970년대의 저술에서 이러한 연관을 부각시키고자 했다. 따라서 의미는 1980년대 중반의 자기생산적 전환을 통해서가 아니라 복잡성 감축이라는 공식을 전면에 내세운 루만의 오래된 저술에서 이미 사회적 체계 이론의 근본개념으로 설명된다. 초기의 글에서도 의미 개념은 현행성과 잠재성의 차이를 뜻한다. 모든 현행적 체험과 행위는 더 나아간 가능성을 가리키며 이를 통해 선택을 강제한다. 우리가 루만의 의미 개념을 이 대목에서, 즉 자기생산 구상과의 연관 속에서 도입하는 이유는 두 범주 사이에 밀접한 연관이 있다고 생각하기 때문이다. 의미는 하나의 닫힌 생성, 자기지시적 생성이다. 의미는 항상 또 다른 의미를 가리킨다. 이런 이유로 루만은 "의미 생성의 자기운동성은 [……] 탁월한 자기생산"(SoSy: 101)이라고 말한다.

축한다. 하지만 여기서 복잡성은 해체되는 것이 아니라, 체계의 더 나아간 작동을 위해 이용될 수 있다. "모든 의미를 통해, 임의적 의미를 통해, 파악할 수 없는 높은 복잡성(세계복잡성)이 간접제시되며apprasentiert, 이는 심리적 체계들이나 사회적 체계들의 작동을 위해 이용될 수 있다. 여기서 의미가 초래하는 바는 첫째, 이러한 작동들이 복잡성을 없애버릴 수 없고 의미의 사용을 통해 복잡성이 계속 생성된다는 점이다. 작동들의 실행은 세계를 수축시키지 않는다. 가능한 구조들로부터의 선택을 통해 체계로서 자신을 설비하는 방법은 세계 속에서만 학습할 수 있다. 둘째, 각각의 의미는 모든 복잡성 속에 함축되어 있는 선택의 강제를 재정식화하며, 모든 특정한 의미가 그 고유한 질을 갖게 되는 것은 그 의미가 특정한 연결 가능성들을 암시하고 다른 가능성들을 비개연적인 것, 어려운 것, 멀리 떨어진 것 등으로 만들거나 (잠정적으로) 배제함을 통해서이다."(SoSy: 94). 의미 형식은 선택을, 가능성들의 영역으로부터 골라낼 것을 강제하지만, 모든 선택은 다시금 다소 개연적인 연결 가능성에 대한 지시를 포함한다. 그런 한에서 의미는 언제나 더 나아간 의미를 가리키지만 이는 의미의 영역 너머를 가리키는 것이 아니다.[23] 의미를 처리하는 체계들은 의미 생성을 뚫

---

23. 그래서 의미를 처리하는 체계들에게는 어떤 의미상실도 없다. 모든 현행화된 지향은 더 나아간 가능성을 가리킨다. 그렇다고 해서 내가 어떤 것을 의미 없다고 생각한다거나 의미상실이 대두된다고 소통하는 것도 배제되지는 않는다. 그런 경우에는 전혀 다른, 강조점을 갖는 의미 개념이 사용된다. 그런 경우에 의미는 의미충만(sinnvoll)과 같은 것을 뜻하며, 그 반대를 뜻하는 것이 의미 없음이다. 이에 반해 사회적 체계 이론에서 의미는 부정할 수 없는 범주이다. 심리적 체계들과 사회적 체계들은 의미 현상에 묶여 있고, 따라서 의미 없게 작동할 수 없다. 어떤 것이 의미 없다는 생각이나 의미상실이 대두된다는 소통에 있어서도, 의미를 구성하는 차이인 현행성과 가능성의 차이를 새롭게 배치하는 것이 관건이다. 그런 한에서 의미는 부정될 수 없다. 의미는 항상 다시금 의미를 가리킨다. 전체적인 연관에 관해서는 Hahn 1987을 참조하라.

고 나갈 수 없다. 그런 체계들은 "원칙적으로 모든 것에 접근 가능하지만, 의미의 형식 속에서만 그러하다."(SoSy: 97). 의식은 그것이 하고자 하는 것을 생각할 수 있다. 의식이 의미적으로 작동한다는 점을 통해 모든 생각이 연결되는 특정한 생각을 가리키는 일이 보장된다. 그리고 소통은 모든 것에 관해 소통할 수 있고, 소통적으로 일어나는 일이 의미라는 형식을 가진다는 점은 모든 개별 소통이 특정한 후속 소통 가능성을 마련함으로써 소통적 생성이 계속되는 것을 보장한다.[24]

루만은 세 가지 의미 차원을 구별하며, 그 차원에 따라서 심리적 사건과 사회적 사건은 관찰될 수 있다. 사태 차원Sachdimension은 세계 안에서 일어나는 무엇was, 즉 사물, 이론, 견해 등등에 그 질을 부여한다. 사회적 차원 Sozialdimension은 누가wer 사물, 이론, 견해 등을 주제화하는지 제시한다. 마지막으로 시간 차원Zeitdimension은 어떤 일이 언제wann 일어나는지 알려준다 (SoSy: 112ff. 참조).[25]

---

24. [옮긴이 주] 이 책에서는 의미의 형식과 기능을 밝히고, 그 세 가지 분석 차원을 간단하게 소개하는 데 머물고 있다. 그래서 매체(Medien)로서의 의미에 관한 설명은 빠져있다. 이는 매체와 형식의 구별이 『사회의 사회』에서야 뚜렷해지기 때문이다. 루만은 유기체의 지각 매체들(빛, 공기, 전자기장 등)에 관한 이론으로부터 빌려온 매체/형식 구별을 요소들의 느슨한 접속과 긴밀한 접속의 차이로 정식화한다. 의미는 심리적 체계들과 사회적 체계들의 가장 보편적인 매체이며, 언어나 여러 소통 매체들(화폐, 권력, 진리, 사랑 등)의 형식을 가능하게 하는 느슨한 매체로 기능한다. 그리고 현행성/잠재성-구별을 통해 그 자체로 형식이기도 하다. 매체/형식 구별은 의미가 유기체의 지각 매체에 대한 기능적 등가물임을 밝혀주며, 의미, 언어, 소통 매체들이 맺는 관계를 분명하게 해준다. 『사회의 사회』의 2장인 '소통 매체들' 전체가 이를 다루고 있다.

25. [옮긴이 주] 의미의 세 가지 차원은 각각 이중의 지평으로 뻗어나간다. 사태 차원은 내부 지평과 외부 지평으로, 사회적 차원은 자아(Ego) 지평과 타자(Alter) 지평으로, 시간 차원은 과거 지평과 미래 지평으로 뻗어나간다. 『사회적 체계들』의 2장 6절, SoSy: S. 111~122 참조.

□ 중요한 기본 개념 요약
• 사회적 체계들은 재귀적 과정 속에서 소통으로부터 소통을 계속해서 생산하는 자기생산적 체계들이다. 이런 이해방식에 따르면 사회적인 것은 자립적인 창발적 질서 차원이다.
• 인간은 자기생산 단위가 아니라 여러 개의 상이한 종류의 체계들로 이루어진다. (인간의) 심리적 체계는 생명 체계 및 신경생리학 체계와 마찬가지로 사회적인 것 내부가 아니라 그 외부에 있다. 하지만 심리적 체계는 사회적 체계들의 환경 속에서 소통을 자극하거나 고무할 수 있는 특권적 지위를 지닌다.
• 사회적 체계들과 심리적 체계들은 복잡성을 의미라는 형식 속에서 처리한다. 의미는 현행성과 가능성의 차이를 계속 처리해나가는 과정으로 이해된다. 그러므로 의미는 자기지시적인 생성이다. 의미는 지속적으로 의미를 가리키지, 비-의미를 가리키지 않는다.

□ 참고문헌
• Niklas Luhmann : *Die Wissenschaft der Gesellschaft*, Frankfurt/M. 1990, S. 11~67.
• Dirk Baecker : "Die Unterscheidung zwischen Bewußtsein und Kommunikation", in Wolfgang Krohn und Günter Küppers (Hg.): *Emergenz: Die Entstehung von Ordnung, Organisation und Bedeutung*, Frankfurt/M. 1992, S. 217~268.

5. 소통과 행위

사회적 체계들은 계속해서 소통으로부터 소통을 생산해나가는 자기생산적 체계들이다. 이 점에 있어 사회적 체계들은 특정한 조건들에 반드시 의지하며, 특히 그 환경 안에 최소한 두 개의 심리적 체계들을 전제로 한다. 자기생산적 체계 이론의 이러한 기본 전제로부터 곧바로 나오는 결과는 소통 개념을 더 정확히 해명해야 한다는 것이다. 소통은 보통의 경우 발신자가 수신자에게 어떤 소식을 전달하는 것으로 간주되지만, 루만은 그런 식으로 보지 않는다. 소통에 관여하는 의식 체계들은 자기지시적으로 닫힌 채 작동한다. 이는 심리적 체계들이 어떤 소식을 제공하거나 받아들일 수 없다는 걸 뜻한다. 생각이나 표상의 입력과 출력은 없다. 우리가 말했던 것처럼 심리적 체계들은 소통을 유발하고 자극할 특권적 가능성을 가지긴 하지만, 의식 체계들은 정보 발신자나 정보 수신자의 모델에 따라 해석될 수 없다. 그런데 소통이 전달Übertragung, 옮겨놓음이 아니라면, 도대체 소통은 무엇인가?

루만은 소통을 정보Information, 통지Mitteilung 26, 이해Verstehen를 함께 조합하는 3항의 선택 과정으로 기술한다. 선택은 여러 가능성들로부터 골라내는 것이다. 모든 정보는 어떤 가능성 지평으로부터의 선택이며, 이 정보가 아닌 다른 정보를 소통하는 것이 가능하다. 이를 위해 여러 가지 통지 가능성들이 이용될 수 있다. 정보를 글이나 말로 통지할 수 있으며, 속삭이거나 크게 소리칠 수도 있다. 그리고 통지된 정보는 이러저러한 방식으로

---

26. [옮긴이 주] Mitteilung은 '전달'로 번역되기도 하지만, 이 표현은 루만이 Mitteilung과 대비시키는 Übertragung(옮겨놓음, 운송)과 혼동될 수 있다. 그래서 필자는 '통지'라는 번역어를 택했다. 『사회적 체계들』의 영어판의 경우 이를 utterance로 번역하고 있다.

이해될 수 있다. 간단히 말해, 정보 선택, 여러 통지 가능성들로부터의 선택, 그리고 여러 이해 가능성들로부터의 선택이 이루어지면 하나의 소통이 일어난다. 중요하게 강조해야 할 점은 이 세 가지 선택 수행 모두가 종합되어야 비로소 소통이라고 말할 수 있다는 것이다. 이는 소통을 한 개인의 행위 결과로 파악하는 견해를 배제하기 때문에 중요하다. 정보, 통지, 이해라는 선택들은 독백적인 주체로 소급되는 것이 아니며, 다수의 심리적 체계들이 이 선택들에 관여한다. 정보, 통지, 이해라는 세 가지 구성요소들에 있어 문제가 되는 것은 관여하는 심리적 체계들의 작동이 아니라 소통의 구성부분들, 즉 사회적 체계들의 구성물이다. 그렇다고 해서 심리적 체계 또한 정보를 처리하거나 이해할 수 있다는 점이 배제되는 것은 아니다. 그러나 이런 경우에는 의식 안의 작동(생각이나 표상)이 문제가 될 뿐이며, 이런 형식에서는 소통적 사건으로 들어가지 못하는 심리적 체계의 고유한 수행이 문제가 될 뿐이다. 의식 작용은 심리적 체계의 작동에 머무르며 따라서 소통의 구성요소가 될 수 없다. 사회적 체계로의 구성부분 입력이나 사회적 체계 밖으로의 출력은 없다. 그래서 소통의 구성요소인 정보, 통지, 이해는 심리적 환경으로부터 체계 안에 도입되는 것이 아니라, 사회적 체계 자체에 의해 생산된다. "모든 소통은 자신의 구성요소들, 즉 정보, 통지, 이해를 분화시키고 종합한다."(WissG: 24).

하나의 사례를 통해 앞서 설명한 것을 더 쉽게 이해할 수 있게 해보겠다. 의사와 환자 사이의 대화를 한번 엿들어보자. 우선 우리는 이러한 상황을 체계이론의 개념들로 옮겨야 한다. 명시적으로 다루어지는 것은 두 개의 심리적 체계가 관여하는 하나의 사회적 체계이며, 물론 더 많은 유형의 체계, 예를 들면 두 개의 유기체적 체계 등등도 간접적으로 다루어진다. 앞선 고찰들과 연결해보면, 두 개인이 참석하고 있고 마주 대하며 서로 지각하고 있으므로 상호작용체계라고 말할 수 있다. 다른 사회적 체계처럼 상호작용체계는 자기지시적으로 닫힌 과정 속에서 소통을 통해 소통을 생산한다. 예를 들어 "당신은 어떠하신지요?"라는 첫 질문에 이어 "저는 오른팔이 아픕니다!"라는 소통이 연결되고, 그에 이어 "언제 처음 통증이 왔습니까?" 등등으로 소통이 이어진다. 여기서 각각의 개별 소통은 3항으로 된 단위, 정보, 통지, 이해의 종합으로 규정된다. 이러한 관점에서 출발점의 소통을 좀 더 정확하게 살펴보자. 여기서는 다른 무엇보다 정보가 ― 하나의 물음도 정보를 포함한다 ― 발견된다. 즉 의사가 환자를 살펴볼 준비가 되어 있다는 점이 발견된다. 정보는 많은 가능성들 중에서 하나의 선택을 표현한다. 어떤 것은 소통 안에 정보로 들어가지만, 다른 많은 것들은 제외된다. 그래서 전혀 다른 정보가 선택될 수도 있었을 것이다. 예를 들어 "죄송합니다. 제가 옆방에 잠깐 가야 하니까 조금 기다리셔야겠습니다."가 선택될 수도 있었다. 정보가 소통 사건을 이루는 하나의 구성물이지 의식 체계의 작동이 아니라는 점은 아무리 강조해도 지나치지 않다. 소통은 그에 관여하는 의사의 의식 체계가 그 순간에 생각하고 있는 것에 관해 어떤 정보도 제공하지 않는다. "당신은 어떠하신지요?"라는 진술이 소통되는 동안에, 의사는 다가올 주말이나 다음 휴가에 뭐할까 궁리할 수도 있다. 소통에 관여하는 의식 체계들은 그들이 생각하는 내용이 직접 소통에 들어가게 된다면 매우 불쾌하게 여길 수도 있다. 이 사례에서 분명해지는 것은 소통과 의식의 분리가 양측에(!) 큰 독립성과 자유를 가능하게 한다는 점이다. 소통이 소통되는 동안, 관여하는 의식 체계들은 그들의 생각 속에서 그 다음 대화 진행을 미리 한번 그려보거나 벗어나거나 다른 주제를 생각할 수 있다. 역으로 소통은 그 체계의 환경으로부터 자극을 받아들일 가능성을 지니지만, 소통에 있어서는 회피할 수도 있다.

방금 이루어진 고찰은 일단 소통이 가진 하나의 선택지점과만, 즉 정보와만 관련된다. 통지라는 선택도 이와 유사하다. 모든 통지는 가능성의 레퍼토리 중에서 선택하는 것이다. 즉 동일한 정보가 다른 방식으로 통지될 수 있다는 것이다. "당신은 어떠하신지요?" 대신에 "제가 당신을 위해 무엇을 할 수 있나요?"라는 통지가 선택될 수도 있다. 통지가 소통 사건에 있어 하나의 선택이라는 점은 여기서도 유효하다. 관여하는 의식 체계들은 작동상 닫혀있는 고유한 동력학을 가진 체계들이며, 생각을 통해 생각을 재생산한다. 그래서 소통이 일어나는 동안에 의식 체계들은 그때그때 자신의 생각을 진행한다. 심리적 체계들이 소통에 집중할 때조차도 유효한 것은 이 체계들이 생각하면서도 이 생각을 공유하지 않는다는 점이다. 어떤 자기생산적 체계도 그 경계 외부에서 작동할 수 없고, 어떤 생각도 생각으로서는 의식을 떠날 수 없다. 의식은 소통할 수도 없고 소통 사건의 구성요소로 이해되는 어떤 통지도 내어놓을 수 없다.

이해는 소통 사건의 세 번째 구성요소이다. 정보와 통지라는 선택들만 서로 결합되어 있다면, 어떤 소통도 일어나지 않는다. 통지된 정보가 선택적으로, 즉 이러저러한 방식으로 이해되었을 때만 창발적 사건인 소통이 일어났다고 말할 수 있다. 최소한 두 번째 심리적 체계가 소통에 관여해야 하며, 그래야 정보, 통지, 이해의 종합이 발생한다. 그런데 여기서도 이해를 심리학적 의미에서 이해해서는 안 된다는 점이 유효하다. 정보 및 통지와 마찬가지로 이해는 소통 내부의 산물이다. 그렇다고 해서 소통에 관여하는 환자의 심리적 체계가 어떤 것을 이해한다는 점이 배제되지는 않는다. 하지만 심리적 체계의 이해는 이러한 형식 속에, 즉 생각으로 있는 것이지, 상호작용 체계라는 자기지시적으로 닫힌 체계 안에 들어가는 것이 아니다. 소통이 일어나는 동안 환자의 심리적 체계가 무엇을 생각하고 이해하건 간에, 이는 소통 체계의 환경에서 일어난다. 그러므로 소통의 세 번째 필수적 선택인 이해도 역시 사회적 체계에 준거해서만 기술될 수 있다. 소통 과정에서 이해로 기능하는 것은 관여하는 의식 체계들에 의해서가 아니라 소통 자체에 의해 확정된다. 앞서 일어난 소통이 특정한 방식으로 이해되었다는 신호를 연결되는 후속 소통이 보냄으로써 이러한 확정은 일어난다. "저는 오른팔이 아픕니다!"라는 소통은 앞서 발화된 소통 "당신은 어떠하신지요?"를 이해했다는 걸 함께 보여준다. 모든 소통은 재귀적으로 선행한 소통을 가리키며 이를 통해 자기관계적 소통 연관의 요소로 확인되기[동일화되기] 때문에, 소통은 자기지시적 사건이다.

정보 및 통지와 마찬가지로 이해는 하나의 선택, 즉 여러 가능성들 중에서의 선택이다. 통지된 정보는 매우 다양한 방식으로 이해될 수 있다. 어떤 방식으로 이해가 일어나는지는 소통만이 결정한다. 무엇이 이해에 도달한 것인지 소통 스스로 확정한다는 말은 무엇이 어떤 방식으로 이해되었는지는 연결되는 소통으로부터만 나온다고 말하는 것에 다름 아니다. 이런 의미에서 이해는 소통 사건의 구성요소이지 의식의 사건이 아니다. 소통에 관여하는 의식 체계들이 그때그때 지각하고 포착하고 그래서 의식으로 이해한 것은 생각의 작동이라는 형식으로는 닫힌 소통 과정에 직접 들어가지 못한다. 의식 체계들은 소통에 있어서 완전히 불투명하며 불투명한 채로 머무른다. 그렇다고 해서 소통이 심리적 체계들의 이해와 오해를 주제로 삼는 것이 배제되지는 않는다. "당신은 어떠하신지요?" - "화가 나기 전까지는 아내와 잘 지냈죠!" - "당신은 내 이야기를 오해했군요. 당신의 건강이 어떠한지요?" 그런데 이해의 소통적 문제화 또한 소통이다. 소통만이 무엇이 이해되고 무엇이 이해되지 않았는지 확정한다. 특정한 이해의 교란이 소통에서 다루어질지의 여부를 확정하는 것은 소통이다.

"당신은 어떠하신지요?" - "화가 나기 전까지는 아내와 잘 지냈죠!" - "당신의 건강상태를 볼 때 흥분을 피해야 합니다!" 이해를 경우에 따라 반성적으로 주제화할 것인지의 여부를 결정하는 것은 소통이며, 이와 더불어 소통은 언제 이해를 문제 삼는 걸 중단하고 본래의 주제로 다시 돌아갈지도 결정한다. 끈질긴 오해가 있는 경우에 오랜 시간 동안 이해를 문제로 삼는 것도 물론 가능하다. 하지만 이 또한 소통에서 일어나지 결코 생각을 직접 교환하는 방식으로 일어나는 것은 아니다. 이해에 관한 소통의 도움으로 이해를 개선하는 것이 얼마나 오래 시도되건 간에, 자기지식적으로 닫힌 의식 체계들은 서로에 대해 불투명한 채로 있으며 그래서 소통에 대해서도 불투명한 채로 있다. 이해에서 문제가 되는 것은 "심리적 상태에 대한 예측도 설명도 아니다. 더구나 자기지시적 체계들을 완전히 파악하는 것도 아니다."(WissG: 26) 이해는 개인들 사이의 투명성을 개선하는 데 기여하는 작동이 아니다. 이해는 소통의 구성물이다.[27]

모든 소통은 정보, 통지, 이해를 그 자신의 구성요소들로 분화시키고 종합한다. 관여하는 심리적 체계들에게 의식되지 않는 경우에도 이는 지속적으로 일어난다. 그래서 소통과 의식이 서로 중첩되지 않게 작동한다는 점은 여기서도 유효하다. 그렇다고 해서 소통이 의식 체계들이나 유기체 체계들을 주제로 삼는 것이 배제되지는 않는다. 여기서 주제화란 심리

---

27. 무엇을 이해라고 말할 수 있는가라는 물음에 대한 해명은 대개 해석학에 의해 그 답변이 시도되어 왔다. 다른 곳에서 우리는 해석학에 대한 체계이론적 수정을 옹호하는 논증을 펼친 바 있다. 의식과 소통의 체계이론적 구별 덕택에 우리는 의식 개념을 벗어날 수 없다고 전제하지 않고도 이해 문제를 기술할 수 있기 때문이다(Kneer/Nassehi 1991 참조). 우리의 의구심은 슐라이어마허(Schleiermacher)에서 프랑크(Frank)에 이르는 해석학적 전통이 이해를 심리학적 이해에 고착시키는 것에 맞선 것이다. 볼프강 루드비히 슈나이더(Wolfgang Ludwig Schneider)는 가다머(Gadamer)의 사례에서 볼 수 있는 것처럼 그 해석학은 심리학적 이해 개념에 전속될 수 없다고 정당하게 주목한 바 있다(Schneider 1991; 1992 참조).

적 체계나 인간, 그리고 인간의 생각, 머리카락, 피부, 근육 등이 사회적 체계의 요소가 된다는 뜻이 아니다. 이는 이론의 기본 전제에 따라 배제된다. 주제화란 소통이 의식이나 신체적 개체에 대해 소통적 관계를 갖는다는 점을 뜻할 뿐이다. "지벤슈반씨, 당신은 염려할 필요가 없습니다. 2,3주 안에 당신의 팔은 다시 괜찮아질 것입니다!" 지벤슈반씨에 관한 소통만이 사회적 체계의 요소이지, 신체와 정신을 가진 완전한 인간으로서의 지벤슈반씨 자신이 사회적 체계의 요소인 것은 아니다. 소통의 구성물이 문제가 되지 의식 체계나 전체 인간이 문제가 되지 않는다는 걸 보여주기 위해, 루만은 인격Personen이라고 말한다.[28] 앞으로 인격이라고 말할 때는 인간이나 그 심리적 체계, 유기체 체계, 신경 체계를 뜻하는 것이 아니라 소통 내부의 단위를 뜻한다.[29] 인격은 체계가 아니라 소통의 정체성[동일성] 지점이다.

소통은 정보, 통지, 이해의 3항으로 이루어진 단위이다. 그래서 소통을 충분히 포착하려면, 무조건 이 세 가지 선택 모두를 살펴보아야 한다. 통지 선택만을 강조하는 서술은 소통에 대한 축약된 이해방식을 깔고 있다. 소통은 통지를 행한다고 일어나지 않으며, 그래서 소통은 결코 통지 행위

---

28. 당연하게도 사회적 체계뿐만 아니라 의식 체계도 심리적 체계나 유기체 체계를 주제로 삼을 가능성을 갖고 있다. 사회적 체계의 경우에 이는 소통의 도움으로 이루어지며, 의식 체계의 경우에는 생각의 도움으로 이루어진다. 인격 개념에 관해서는 4장 5절에서 다시 상세하게 다룰 것이다. Luhmann 1991a도 참조하라.

29. 그래서 소통은 인격이 가리키는 인간이 이미 죽은 경우에도 그 인격에 관해 소통할 수 있다. 마찬가지로 소통은 그 인격에 상응하는 유기적, 신경적, 심리적 체계들이 그 당시에 실제로 있었는지 불명확한 인격에 관해서도 이루어질 수 있다. 이런 의미에서 여기서 예를 든 환자인 마르틴 H. T. 지벤슈반에 관해서도 소통할 수 있다. 물론 또 다른 소통일 뿐이기는 하지만, 지벤슈반씨는 더구나 다른 맥락에서는 루만의 자기생산 체계 이론에 관한 탁월한 전문가로 등장하기도 한다. 지벤슈반이라는 가상 인물을 등장시킨 루만 체계이론에 관한 페터 푹스의 책을 참조하라(Fuchs 1992b 참조).

로 감축되어서는 안 된다. 이런 감축[환원]이 자주 일어나기 때문에, 소통 체계들은 자기 자신을 보통의 경우 행위 체계로 간주한다. 이는 소통이 자기 자신을 행위로, 즉 통지 행위로 파악한다는 걸 뜻한다. 소통이 소통하지만, 이때 소통이 전적으로 통지인 듯이, 즉 정보, 통지, 이해의 통일이 아닌 듯이 소통이 진행된다. 루만에 의하면, 소통은 자기 자신에게 행위라는 깃발을 단다. 이는 소통이 한 인격의 행위로 귀속됨을 통해 일어난다. "의사 선생님, 당신이 그렇게 말하니 나는 기쁩니다. 그렇다면 나는 2,3주 후에 다시 내 팔로 테니스를 칠 수 있겠군요!" 소통 체계는 소통을 기술하기 위해 인과 설명을 이용한다. 소통은 통지로 파악되며, 그래서 마치 한 명의 발신자(의사)가 한 명의 수신자(환자)에게 어떤 것을 통지하는 듯이 처리되어 나간다. 소통이 스스로 그렇게 처리해 나간다는 점을 강조하는 것이 중요하다. 이는 제시된 사례를 통해 뚜렷해지는 것처럼, 소통을 한 인격의 통지 행위로 감축하는 것이 소통적으로 일어남을 뜻한다.[30]

앞서 말한 것을 고려해보면, 소통을 통지 행위로 기술하는 것은 상당히 단순화하는 것이다. 정보, 통지, 이해의 3항으로 된 복합 단위인 소통은 하나의 선택지점으로 축약된다. 이러한 감축은 사회적 사건을 인격지향적으로 파악하는 것을 허락한다. 소통은 개별 인격의 통지 행위로 귀속된다. 이런 식으로 소통 체계들은 더 나아간 소통을 위한 결합 지점을 형성하는 데 성공한다. 연결 소통은 앞선 소통을 한 인격의 (통지) 행위로 다룬다. "마이어 의사 선생님, 다음에 봅시다. 기쁜 소식에 다시 한번 감사드립니다!" 따라서 이러한 파악에 의한 단순화는 사회적 체계의 자기생산을 진전

---

30. 그렇다고 해서 관여하는 의식 체계들도 소통이 갖는 그러한 행위에 대한 이해를 지니거나 지닐 수 있다는 점이 배제되는 것은 물론 아니다.

시키는 데 있어 아주 중요한 기능을 담당한다. 사회적 체계들은 소통을 통지로 감축하고 그런 다음 이를 개별 인격의 행위로 귀속시킨다. 이런 식으로 사회적 체계들은 계속되는 소통 과정에서 관련을 맺을 수 있는 정체성 지점을 확실하게 마련한다.

사회적 연관을 기술함에 있어 사회적 체계들을 소통 사슬로 파악하는 것이 아니라 행위사슬로 파악하는 기술은 틀렸다고 할 수는 없지만 일면적이긴 하다. 소통이 그 다음 사건과 결합할 수 있는 특정한 정체성 지점을 만들어내는 것이 소통의 자기생산적 진전을 위해 필요하기 때문에, 그런 기술이 틀린 것은 아니다. 그러한 결합 지점으로는 보통 인격에게 귀속되는 통지 행위가 쓰인다.[31] 하지만 그러한 기술은 동시에 일면적이다. 왜냐하면 행위와 인격으로 방향을 잡는 묘사는 소통적으로 일어나는 일의 자립성과 복잡성을 무시하게 되기 때문이다. 소통을 통지 행위로 간주하자마자, 우리는 사회적인 것의 창발적 성격을 놓치게 된다. 소통을 행위로 감축시키면 결국 행위자의 심리적 의도, 계획, 지향으로 감축시키게 된다. 그렇게 되면 인간의 의식이 소통을 의식적으로 동반하지 않으며 인과적으로 조절하거나 결정할 수 없다는 점이 간과된다. 어떤 정보가 통지되었다고 해서 소통이라고 말할 수는 없으며, 통지된 정보가 이해되어야만 비로

---

31. **보통의 경우에 그러하다.** 왜냐하면 사회적 체계들이 기능적으로 등가적인 다른 정체성 지점과 연결 지점을 양성하거나 양성했다고도 생각할 수 있기 때문이다. 소통 체계들이 대개 행위 체계들로 기술된다는 것은 선험적 필연성이 아니라 역사적 산물이며, 그래서 다르게도 가능하다. "사회학조차 대개 무반성적으로 행위로의 감축에 동참하고 사회적 체계들을 오직 행위 체계들로 파악함에 따라, 행위로의 감축은 진화적으로 입증되고 관철되어 왔다. 이 점은 텍스트로 발표된 이론을 통해 이해할 수 있을 것이며 그와 동시에 우연적인 것으로 다루어지게 된다. 우리가 무엇보다 먼저 생각해볼 수 있는 지점은 이전의 문화들이 도대체 하나의 행위 모델에 따라 결정하는 방식으로 살아오긴 했는지 그리고 어느 정도 널리 그렇게 살아왔는지 등의 문제를 편견 없이 충분히 검토해보는 역사적 연구이다."(SoSy: 233).

소 소통이라고 말할 수 있다. 그럼에도 소통은 심리적인 것에, 즉 보통 사람들이 말하는 식으로 하자면 인간에게 의지한다. 하지만 인간은 소통을 인과적으로 조절하거나 결정할 수 없다. 인간은 소통의 주체가 아니며, 소통의 원작자도 아니고 원인도 아니다. 소통만이 소통하며, 그래서 행위하는 인격에 관한 소통을 소통한다. 인간이 어떤 것을 통지하거나 소통한다는 것은 하나의 소통적 주장일 뿐이다. 그리고 이런 주장은 소통의 관행으로서 소통의 자기생산에 기여한다.

자기생산적 전환 이전에는 루만 자신도 행위 체계라는 말을 썼다. 앞선 살펴본 내용은 무엇 때문에 그가 더 이상 행위가 아니라 소통을 사회적 사건의 요소적 단위로 간주하는지 뚜렷이 밝히는 것이었다. 행위가 아니라 소통이 사회적인 것의 최소 단위이다. 소통에는 최소한 두 명의 인간과 이를 통해 최소한 두 개의 심리적 체계들이 관여하기 때문이다.[32] 그에 반해 행위라고 말할 때는 보통 개별 인격과 관련이 있다. 그래서 행위 개념은 사회적인 것의 차원을 무시하게 만든다. 행위는 사회적 체계들의 요소가 아니라 사회적 기술의 산물이다. "행위는 귀속 과정을 통해 구성된다. 행위는 어떤 근거로부터, 어떤 맥락 속에서, 어떤 의미론('의도,' '동기,' '이

---

32. [옮긴이 주] 『사회적 체계들』에서 루만은 둘 이상의 심리적 체계가 관여하여 하나의 사회적 체계가 창발하는 과정을 파슨스의 용어를 빌려와 '이중의 우연성(doppelte Kontingenz)'의 전개 과정으로 설명한다. 소통에 관여하는 두 체계는 각각 암흑상자이기 때문에 서로를 꿰뚫어 볼 수 없다. 그래서 상대방의 선택을 우연적인 것으로 기대할 수밖에 없고, 우연적 기대에 대한 우연적 기대라는 의미에서 우연성은 이중화된다. 사회적 체계를 성립시키는 소통 과정은 순수한 이중의 우연성이 구조화된 이중의 우연성으로 전환됨으로써 가능하다. 그런데 1990년에 나온 『사회의 학문』(Wissenschaft der Gesellschaft)에서 루만은 이 용어에 의지하지 않고 소통 자체의 세 가지 선택이 각각 심리적인 것이 아니라 사회적임을 보여주는 방식으로 설명을 바꾼다. 이 입문서의 저자들은 후자의 방식을 택하고 있는데, 루만이 이중의 우연성이란 용어를 폐기한 것은 아니다.

해관심')의 도움으로 선택들이 체계들에게 귀속됨을 통해 발생한다. [……]
그래서 하나의 개별 행위라고 하는 것은 어떤 사회적 기술에 근거해서만
탐색될 수 있다. 이는 행위가 사회적 상황에서만 가능하다고 말하는 것은
아니다. 하지만 개별 상황에서 어떤 개별 행위는 사회적 기술에서 상기될
때만 행동 흐름으로부터 끄집어내진다. 이런 식으로만 행위는 생명, 의식,
사회적 소통의 자기생산이 계속 진행되는 가운데서도 그것의 단일성, 즉
행위의 출발과 행위의 끝을 발견한다."(SoSy: 228f.).[33]

세 가지 선택 지점인 정보, 통지, 이해가 하나의 단위로 종합될 때 우
리는 창발적 사건인 소통이라고 말할 수 있다. 이로부터 나오는 귀결은 소
통이 언어 없이도 가능하다는 것이다. 그런 한에서 언어성은 소통의 기준
이 아니다. 정보, 통지, 이해라는 단위의 성립은 신체 운동, 의문을 가진
시선, 모든 종류의 몸짓을 통해서도 마찬가지로 달성될 수 있다. 당연하게
도 비-언어적 소통은 그 환경에 역시 수많은 심리적 체계들과 유기체 체
계들을 전제로 한다. 사회적 체계들은 언어적 소통으로만 이루어지는 것
은 아니지만, 그럼에도 세부화되어 있고 많은 요구사항을 갖는 모든 소통
은 물론 언어를 필요로 한다. "소통 체계는 언어 덕택에 가능한 높은 구별
능력을 통해 그 체계가 목표로 삼는 연결 능력을 갖게 되며, 이것이 소통
체계 안의 복잡성 구축을 가능하게 한다."(WissG: 47).

사회적 체계들은 계속해서 소통으로부터 소통을 산출하는 자기생산적

---

33. 미셸 푸코는 『지식의 고고학』에서 소통, 행위, 인격에 관한 매우 유사한 이해방식에 이르렀다.
『지식의 고고학』에서 그는 소통 연관들 내지 담론들을 자율적이면서 동시에 의존적인 실천
영역으로 기술한다. 그래서 담론적 진술의 장들은 "개체적 주체나 집합적 의식과 같은 것이나
초월적 주체성으로"(Foucault 1988: 177) 소급되지 않는 것으로 밝혀지며, 오히려 그와는 반대
로 진술의 주체나 저자가 담론 내부의 하나의 "구성물"(같은 책: 40)이 된다.

체계들이다. 더 이상 해소될 수 없는 사회적 체계들의 최종요소인 소통에 있어 문제가 되는 것은 사건들Ereignisse, 즉 잠시 지속될 뿐인 요소들이다. 소통은 떠오르자마자 다시 사라지며 그에 상응하는 후속 소통을 통해 대체되어야 한다. 그래서 새로운 소통들의 중단되지 않는 재생산은 사회적 체계들의 지속 문제를 제기한다. 사회적 체계들은 매순간 새로운 소통을 산출하며, 그렇게 하지 않으면 작동을 중단한다. 그래서 자기생산 개념이 체계의 존속유지 문제와 밀접한 관련을 갖는다는 점이 주목받는다. 이미 자기생산 개념의 정의—자기생산적 체계들은 스스로를 산출하고 스스로를 유지하는 체계들이다—가 이를 지적하고 있다. 물론 체계의 자기생산과 자기유지를 강조하는 것이 파슨스의 구조적-기능적 이론으로 되돌아가는 걸 뜻하지는 않는다. 파슨스에게 중요했던 것은 특정하게 미리 주어져 있는 구조 모델과 가치 모델을 가진 하나의 체계의 존속유지였다. 그에 반해 자기생산적 체계 이론에서 출발점이 되는 문제는 안정된 체계 구조의 재생산이 아니라 체계 요소들의 계속되는 재생산이다. 자기생산의 진전은 통일적이고 불변하는 체계 구조의 유지에 긴박되어 있지 않다. 체계의 요소를 통한 체계 요소들의 계속되는 재생산은 사정에 따라서는 광범한—혁명적일 수도 있다—구조 변동을 통해서야 가능해진다. "더 이상 하나의 단위, 즉 그것이 존속하느냐 존속하지 않느냐에 의해 전체가 결정되는 특정한 속성을 가진 단위가 관건이 되는 것이 아니다. 오히려 관건이 되는 것은 이런 요소들의 관계적 배열을 통해 요소들의 재생산이 진전되는가 단절되는가이다. 여기서 유지란 폐쇄성의 유지이며 생겨나자마자 곧 사라지는 요소들의 재생산을 중단되지 않게 유지하는 것이다."(SoSy: 86).

그러므로 우리는 자기생산적 체계 이론이 구조-기능주의 이론이나 구조주의 이론이 아니라고 정당하게 말할 수 있다. 오히려 자기생산적 체계 이론은 사건 개념을 중심 지위에 놓는 이론이라고 볼 수 있다.[34] 그렇다고 해서 사회적 체계들이 구조를 형성하거나 구조를 이용할 수 있다는 점이 부인되는 것은 물론 아니다. 하지만 구조들이 가능한 사건들을 조건을 완전히 결정하거나 구조들이 사건들에 선행하고 사건들을 분명하게 확정해놓는다고 주장해서는 안 된다. "당장은 구조 개념이 [……] 그 중심 지위를 잃는다고 기록하는 것으로 충분하다. 구조 개념은 빼놓을 수 없는 것이다. 어떤 체계이론가도 복잡한 체계들이 구조를 형성한다는 점과 구조 없이는 존재할 수 없으리라는 점을 부인하지 않을 것이다. 하지만 구조 개념은 이제 주도 개념이라는 자격을 요구하지 못하고 상이한 개념들의 다양한 배열 안에 자리 잡게 된다. [……] 그러므로 여기서 관건이 되는 것은 구조주의가 아니다."(SoSy: 382).

구조 개념은 체계 안에 허락되어 있는 연결의 가능성들에 대한 제약을 지칭한다. 하나의 구조는 어떤 선택을 미리 취하는 것이다. 구조는 체계의 자기생산이 임의적이지 않은 특정한 요소들을 통해서만 진전될 수 있게 한다. 이런 식으로 말해도 된다면, 구조는 개별 요소들의 계속되는 생산을 구조화하며, 여기서 구조는 특정한 요소들을 보다 개연적으로 만들고 마찬가지로 가능한 다른 요소들을 비개연적으로 만들거나 배제한다. 여기서 우리는 구조를 사건들을 생성하는 심급으로 간주해서는 안 된다. 구조는 "생산하는 요인이나 원-인Ur-sache, 기원-사태이 아니며, 요소들의 자격과 결

---

34. 이를 통해 자기생산적 체계 이론과 이른바 **포스트구조주의**적 발상은 여러 면에서 유사성을 갖는다. 예를 들어 데리다, 푸코, 리오타르 등의 작업을 포스트구조주의에 속하는 것으로 볼 수 있는데, 이렇게 열거하는 것이 논란의 여지가 없는 것은 아니다. 어쨌거나 포스트구조주의는 구조주의적 분석의 완고한 형식주의를 깨뜨리고자 한다. 그래서 루만 스스로도 다음과 같이 정식화한다. "그러므로 자기생산이라는 개념구상은 명백한 **포스트구조주의** 이론이다."(AdB: 407).

합가능성이 제약되어 있다는 것일 뿐이다."(SoSy: 384f.).

앞 문단의 고찰은 일반적인 구조 개념과 관련된 것이다. 하지만 이를 통해서는 아직 사회적 구조들이 어떤 형식을 지니는지 밝혀지지 않았다. 루만은 사회적 체계들의 구조를 기대 구조라고 이해한다. 여기서 기대란 심리학적 범주를 뜻하는 것이 아니라 하나의 의미형식을 뜻한다.[35] 기대들은 요소들의 더 나아간 자기생산 가능성을 선택하고 제약함으로써, 그래서 특정한—임의적이지 않은—사건들의 연결능력을 보장함으로써, 사회적 체계들을 구조화한다. 사회적 체계들 안에서 특정한 기대 구조들이 형성됨을 통해서만, 가능한 모든 후속 요소들이 동등하게 개연적이지는 않은 상태가 달성된다. 그래서 기대들은 더 많은 체계 요소들이 작용할 수 있는 가능성의 공간을 제약하지만, 그와 동시에 제약된 가능성이 작용할 공간을 열어놓는다. 구조들은 사전-선택 기능과 이를 통한 선택 강제 기능을 갖는다. 후속 가능성들 중 다수가 배제되며, 몇몇 가능성만 개연적이게 된다.

구조 개념으로부터 과정Prozeß 개념이 구별되어야 한다. 과정에서 관건이 되는 것은 여러 개별 사건들을 선택적으로 결합하는 것이다. 과정은 특정한 방식에 따라 시간적으로 정렬되는 사건들로 이루어져 있다. 사회적 과정들이란 그에 상응하는 소통의 연쇄이며, 소통들이 시간을 이용해 서로 결합하고 거기서 특정한 연결 가능성을 제시함을 통해 성립한다. 그래서 과정은 구조처럼 선택의 강화에 기여하지만, 과정은 이 기능을 구조와는 전혀 다른 방식으로 충족한다. 구조들은 특정한 후속 가능성들을 비개

---

35. 이로부터 함께 도출되는 것은 의미를 처리하는 모든 체계들이 기대 구조들을 양성한다는 점이다. 이 텍스트에서는 사회적 기대들, 즉 소통 체계들의 구조들만을 가리킨다.

연적으로 만들거나 배제함으로써 후속 요소들을 사전 선택한다. 그와 반대로 과정이 구성되는 것은 "구체적인 선택적 사건들이 시간적으로 잇따라 구축되고, 서로 연결하고, 그래서 이전의 선택들이나 기대할 수 있는 선택들을 선택의 전제들로서 개별 선택 안에 내장한다는 점"을 통해서이다.(SoSy: 74) 그래서 과정의 특징을 규정하는 것은 이전/이후-차이이다. 하나의 현행적 사건으로부터 그에 어울리는 후속 사건으로의 이행을 실행하면서 과정이 형성된다. 따라서 구조는 배제를 통해 사전-선택을 하는 반면, 과정은 연결을 시도하면서 사전-선택을 수행한다.

□ 중요한 기본 개념 요약
• 소통은 정보, 통지, 이해라는 구성요소를 서로서로 종합하는 3항의 단위를 이루고 있다.
• 사회적 체계들은 소통들을 (통지) 행위들로 파악하고 개별 인격들에게 귀속시킴을 통해 내적 결합 지점을 확실하게 한다. 그래서 인격들은 구성된 단위들로서 행동에 대한 기대와 귀속에 기여한다. 하지만 인격들은 결코 심리적 체계들이 아니며 완전한 인간은 더더욱 아니다.
• 구조와 과정은 사회적 체계들 안에서 선택을 강화하는 두 가지 형식이다. 구조는 이런 기능을 배제를 통해 충족하고, 과정은 어울리는 연결 가능성을 선택함을 통해 사전 선택을 달성한다.

□ 참고문헌
• Niklas Luhmann : *Soziale Systeme. Grundriß einer allgemeinen Theorie*, Frankfurt/M. 1984, S. 191~241.

□ 옮긴이 추천 참고문헌
• Niklas Luhmann, translated by John Bednarz, Jr. with Dirk Becker, *Social Systems*,

Stanford University Press, p.137～175.

• 김성재, 『체계이론과 커뮤니케이션』, 커뮤니케이션북스, 2005.

• 노르베르트 볼츠 지음, 윤종석 옮김, 『구텐베르크- 은하계의 끝에서』, 문학과 지성사, 2000, 48～80쪽.

6. 관찰

다른 종류의 체계들과 마찬가지로 사회적 체계들은 관찰하는 체계들이다. 이 말은 체계이론의 관찰 개념이 우리 일상 언어의 관찰 개념으로부터 현저하게 벗어난다는 걸 암시한다. 대개의 경우 관찰은 인간의 활동으로 이해된다. 우리는 창문 밖을 바라보면서 집배원이 어떻게 개로 인해 고생하고 있는지 관찰한다. 이에 따르면 오직 인간 혹은 인간의 의식만이 관찰할 수 있다. 심리적 체계들 말고도 더 많은 종류의 체계들을 고려하는 이론이 이렇게 인간 의식에만 맞추어진 관찰 개념을 수용하지 않으리라는 점을 우리는 쉽게 납득할 수 있을 것이다. 유기체, 신경생리학적 체계들, 그리고 사회적 체계들이 왜 관찰할 수 없겠는가? 다르게 표현해보자면, 체계이론이 필요로 하는 것은 일반적 관찰 개념이다. 앞에서 우리는 이러한 일반화된 관찰 개념을 이미 암묵적으로 요구해왔다. 우리는 신경생리학적 체계들이 그것들의 환경에 대한 고유한 상을 구성한다고, 즉 환경을 관찰한다고 말한 바 있다. 그리고 우리는 소통이 언제나 어떤 것에 관한 소통이라고 주장한 바 있다. 그렇다면 소통이란 하나의 관찰이라고 혹은 문자 텍스트로 표현될 경우 기술記述이라고 말할 수 있을 것이다. 이런 이유로 루만은 관찰 개념을 그 심리적 체계에 대한 준거로부터 떼어내어 스펜서 브라운George Spencer-Brown의 작동적 논리학에 기초해 관찰에 관한 일반 이론을 정식화한다. 루만은 스펜서 브라운의 "하나의 구별을 그어라draw a distinction"(Spencer Brown 1971: 3)는 권고에 따라 관찰을 하나의 구별을 이용한 지칭Bezeichnung-anhand-einer-Unterscheidung이라고 정의한다.36

---

36. 스펜서 브라운의 차이 논리학을 쉽게 소개하기 위해 재구성한 책인 Simon 1988: 27ff.을 참조하라.

이러한 일반적 또는 형식적 관찰 개념을—그리고 이와 결부된 인식론적 함축들을—우리는 조심스럽게 명확히 해보고자 한다. 분명한 점은 관찰이라는 작동이 구별과 지칭이라는 두 개의 서로 다른 구성요소들의 조합이라는 것이다. 따라서 우리는 구별과 지칭을 하나의 작동이 가진 두 계기라고 말할 수 있다. 하나의 구별(여자 혹은 남자, 합법 혹은 불법, 오프사이드 혹은 비非-오프사이드, 이데올로기 혹은 과학, 이 꽃병 혹은 세계의 다른 모든 것)이 선택되고 구별의 두 면 중 하나가 지칭된다(즉 여자, 합법, 오프사이드, 이데올로기, 이 꽃병 등). 스펜서 브라운의 논리학에서 구별과 지칭에 해당하는 것은 distinction과 indication이다. 따라서, 하나의 구별을 그어라! 그리고—하나의 구별은 두 면 중 하나가 지칭될 때만 더 나아간 작동들에 대해 의미를 갖기 때문에—하나의 지칭indication이 구별distinction 안에 들어가서 그 구별을 완성해야 한다. 하나의 관찰에서 구별과 지칭이라는 두 구성요소가 항상 함께 등장한다는 점을 강조하는 것이 중요하다. 이러한 통찰은 대개의 경우 두 구성요소 중 하나만, 즉 지칭만 명시적으로 언급됨을 통해서 (여자, 합법, 오프사이드, 이데올로기, 이 꽃병) 은폐되어 왔다. 하지만 어떤 것은 다른 것과 구별될 때에만 지칭되며 따라서 관찰될 수 있다. 따라서 관찰은 언제나 하나의 구별의 틀[37] 속에서 한 면을 지칭하는 것이다(우리의 사례에서는, 남자가 아닌 여자, 불법이 아닌 합법, 비-오프사이드가 아닌 오프사이드, 과학이 아닌 이데올로기, 세계의 다른 모든 것이 아닌 이 꽃병).

---

37. [옮긴이 주] 스펜서 브라운은 이러한 구별의 틀을 '형식(Form)'이라고 부른다. 형식은 "하나의 구별에 의해 갈라진 공간이되, 그 공간의 전체 내용을 포함하는 공간"이다. 따라서 관찰이란 형식의 한 면을 지칭하는 것이기도 하다. 루만이 자주 참조하고 있는 스펜서 브라운의 책 제목은 『형식의 법칙』(*Laws of Form*)이다.

관찰이라는 틀 안에서는 구별의 양 면을 동시에 지칭할 수 없다. 그래서 특정한 시간지점에서는 매번 이 면 또는 저 면 중 하나만 지칭할 수 있다. 그렇다고 이후의 작동에서 앞서 지칭되지 않은 면이 지칭될 수 없다는 것은 아니다(처음에는 불법이 아닌 합법을 그리고 조금 후에는 합법이 아닌 불법을 지칭할 수 있다). 저편으로 건너감(스펜서 브라운의 crossing)은 물론 가능하지만, 구별의 한 면에서 다른 면으로 건너가는 것은 언제나 더 나아간 작동을 요구하며 따라서 시간을 필요로 한다. 구별의 양 면은 동시에 주어지지만 동시에 지칭될 수는 없다. 바로 그 때문에 구별과 지칭을 관찰의 두 가지 구성요소로 신중하게 떼어놓는 것이 중요하다.

이런 식으로 정의된 관찰 개념, 즉 하나의 구별을 이용한 지칭으로 정의된 관찰 개념은 일련의 인식론적 귀결들을 갖게 되며, 그 귀결들 중 이 자리에서는 적어도 여덟 가지를 언급해야겠다. 첫째, 앞서 제시된 관찰 개념은 매우 일반적으로 선택된 것이므로, 관찰을 수행할 가능성을 갖는 체계들은 의식 체계들만이 아니며 의미를 가공하는 체계들만도 아니고 자기생산적 체계들만도 아니다. 타자생산적allopoietisch 체계들도 관찰할 수 있다. 예를 들어 온도조절장치는 방이 덥혀지는 것을 관찰한다. 온도조절장치는 방 온도가 설정된 온도에서 벗어남/맞음이란 구별의 도움으로 작동하며 방 온도가 벗어났다고 지칭한다. 그래서 방 온도가 설정된 온도에서 벗어나면 난방이 가동되기 시작하고, 설정된 온도에 맞게 되면 가동되지 않는다. 관찰 개념이 여러 다른 체계 종류에 적용될 수 있다 하더라도, 이후의 고찰들은 다시 사회적 체계라는 준거지점에 집중하겠다. 앞으로 하나의 관찰자에 관해 말할 때, 이는 항상 어떤 사회적 체계를 뜻한다.

둘째, 환경이나 환경 안의 어떤 것을 관찰하는 사회적 체계들은 그 환경과 직접 접촉할 수 없다. 그러므로 관찰 개념은 사회적 체계들이 작동상 닫

혀있다는 테제와 모순되지 않는다. 오히려 관찰은 체계 내부의 작동Operation
으로 이해된다.38 그래서 관찰은 언제나 한 체계의 구성Konstruktion,39 더 정
확히 말하자면 한 체계에 의해 작동적으로 산출되는 구성이다.40 사회적
체계들의 경우에 체계 내부의 작동들은 소통들이다. 하나의 소통 체계는
작동상 닫힌 체계로서 그 환경과 소통할 수 없지만, 그 환경에 관해 소통
함으로써 그 환경을 관찰할 수 있다. 하나의 소통은 "소통이 다루는 것,
소통이 주제로 삼는 것, 소통이 알려주는 것"을 관찰한다.(WissG: 116) 그
런 한에서 소통은 자기지시와 타자지시를 조합한다. 작동으로서의 소통은
앞서 진행된 소통들을 자기지시적으로 가리킨다. 이러한 기초적 자기지시
는 루만이 정식화한 바에 따르면, 오로지 **동반진행 자기지시**mitlaufende
Selbstreferenz이다41(SoSy: 604 참조). 자기지시에는 타자지시가 첨가되어야

---

38. 그래서 관찰이란 언제나 체계 내부의 작동이다. 이 두 가지 현상 사이에는 보완 관계가 있다.
    "두 가지 현상은 분리되지 않으며, 작동이 원인이고 관찰이 그 결과라는 식의 인과성 관계도
    성립하지 않는다."(WissG: 77). 그럼에도 루만은 이 두 가지 보완적 차원을 조심스럽게 나누어
    보는 것이 중요하다고 생각한다. 하나의 작동에 대한 관찰과 하나의 관찰에 대한 관찰 사이에
    는 차이점이 있기 때문이다. 작동에 대한 관찰은 어떤 일이 일어나는지 관찰하며, 그래서 그런
    관찰은 소통된다는 점을 관찰한다. 관찰에 대한 관찰은 관찰이 그와 동시에 하나의 주제를 갖
    는다는 점을 관찰하며, 그래서 무엇에 관해 소통되는지를 관찰한다. 어떤 소통이 **관찰** 작동으
    로서 무엇에 관해 소통하는가라는 것은 소통이 관찰 **작동**으로서 무엇인가와는 다른 것이다(더
    상세한 설명은 WissG: 77f.과 115f. 그리고 Esposito 1991 참조).
39. 루만의 관찰 이론은 **구성주의**나 **구성주의적** 인식이론의 한 변종으로 간주될 수 있다(Luhmann:
    EaK 참조, 루만의 작동적 관찰 이론과 (급진적) 구성주의의 다른 변종들 사이의 유사성과 차
    이점에 관해서는 Luhmann SozA 5: 31ff.도 참조).
40. 더 정확하게 말하자면, 관찰은 언제나 외부세계와의 직접 접촉할 수 없는 작동상 닫힌 체계의
    구성물이다. 이런 식의 사물 관찰(!)에 대해서는 언제나 다음과 같은 비난이 제기되어 왔다.
    모든 것을 체계 내부의 구성으로 해소시키는 입장은 동시에 외부의 '명백한' 실재를 부인하게
    된다는 것이다. 루만은 이러한 비난에 대해 다음과 같이 반박한다. "이는 실재가 부인된다고
    말하는 것이 아니다. 실재가 없다면 작동하는 것도 없을 것이고 관찰하는 것도 없을 것이며,
    우리가 구별들을 통해 포착할 수 있는 것도 없을 것이다. 실재의 존재론적 서술이 인식이론에
    대해 갖는 유관성만 부인할 뿐이다."(SozA 5: 37).

한다. 이는 소통이 관찰로서 다른 어떤 것을 가리키고 주제화하고 그에 관해 소통함을 통해 일어난다. 이런 식으로 사회적 체계들은 그 자기지시적 폐쇄성을 통해 개방성을 창출한다. 소통 체계들은 작동상 닫힌 체계들(자기지시)이자 동시에 그 작동들을 매개로 타자를 가리킨다(타자지시). 그렇다고 해서 어떤 소통이 환경에 관해서나 환경 안의 어떤 것에 관해서만 소통하는 것(타자관찰)은 아니다. 사회적 체계 자신에 관해 소통하는 것도 배제되지 않는다. 자신에 관한 소통도 당연히 관찰이며, 이것이 자기관찰이다.

셋째, 모든 관찰은 선택된 구별에 묶여있다. 그래서 관찰은 구별의 도움으로 볼 수 있는 것만 볼 수 있고, 이러한 구별의 도움으로 볼 수 없는 것은 볼 수 없다. 예를 들어 우리가 합법/불법이라는 구별을 갖고 관찰한다면, 지칭할 수 있는 가능성은 합법이냐 불법이냐 이 두 가지뿐이다. 그렇다고 해서 합법이라고 지칭된 것 — 혹은 불법이라고 지칭된 것 — 이 다른 식으로도, 즉 다른 구별을 통해서는 지칭될 수 없다고 말하는 것은 아니다. 은행 습격은 은행 강도에게 많은 돈을 벌게 해주며('수익성 있는/수익성 없는'이라는 구별의 틀에서), 그는 완벽하게 계획하고 기술적으로 노련하게(각각 다른 구별들의 틀에서) 수행할지도 모른다. 은행 강도가 체포된 후에 그 행위를 불법으로 규정하는 재판은 이를 전혀 고려하지 않는다. 그래서 어떤 것이 관찰될 수 있는 구별의 가능성은 매번 하나 이상 있다.

---

41. [옮긴이 주] 자기지시는 항상 구별의 반대면이 되는 타자지시를 동반한다는 뜻이다. 여기서 소통의 자기지시는 통지를 지칭하는 것이며 타자지시는 정보를 지칭하는 것이다. 앞 절에서 보았듯이 소통의 완성은 이해를 통해, 즉 정보와 통지의 구별을 통해 이루어진다. 그래서 더 나아간 소통은 앞선 소통의 형식인 '어떤 것(정보)에 관한 통지' 중에서 자기(통지)를 지칭하거나 타자(정보)를 지칭하는 관찰을 통해 연결된다.

제시된 사례와 관련해, 우리는 결코 합법/불법이라는 구별이 그 습격을 관찰하는 참된 구별 혹은 적절한 구별이라고 말할 수 없다. 그렇게 말하는 것은 모든 진술들이 그러하듯이 하나의 특정한 관찰 관점에, 따라서 특정한 구별에 ─ 이 경우에는 참된/거짓된 혹은 적절한/부적절한이라는 구별에 ─ 묶여있는 것이다. 관찰되고 소통되는 모든 것은 관찰 작동이 사용하는 구별에 의존한다.

이미 말한 것처럼, 어떤 관찰도 구별의 두 면을 동시에 지칭할 수 없다. 그래서 넷째, 어떤 관찰도 관찰하는 그 순간에는 자기 자신을 관찰할 수 없다. 관찰의 자기관찰이 뜻하는 바는, 특정한 구별을 선택했던 관찰이 동시에 이러한 구별을 지칭하며 이를 통해 관찰하는 것일 테다. 그런데 어떤 구별이 지칭될 수 있는 것은 오직 그 구별 자신이 다시금 다른 어떤 것에 의해 구별될 때다. 그래서 관찰은 특정한 구별을 사용하지만, 그 구별을 동일한 순간에 관찰할 수는 없다. 즉 관찰은 사용되는 구별을 다른 어떤 것으로부터 구별할 수 없고 지칭할 수도 없다. 모든 관찰은 자신의 구별을 그 관찰의 맹점blinden Fleck으로 이용한다. 관찰에 있어서 그 관찰이 사용하는 구별을 관찰하는 것은 불가능하다. 그렇다고 해서 어떤 두 번째 관찰이 첫 번째 관찰의 구별을 관찰하고, 그래서 (다른) 구별의 도움으로 지칭하는 것이 배제되는 것은 아니다.

관찰에 대한 관찰을 루만은 이차 등급 관찰이라 부른다. 이차 등급 관찰이라는 개념이 두 번째 관찰을 내어놓는 관찰자가 누구인지에 관해 진술하는 것은 아니다. 첫 번째 관찰을 내어놓았던 관찰자와 동일한 관찰자일 수도 있다. 이런 경우에 그 관찰자는 두 번째 작동을 통해 시간적으로 앞서 지나간 첫 번째 관찰 작동을 관찰한다. 하지만 두 번째 관찰자가 다른 관찰자일 수도 있다. 즉 첫 번째 관찰자를 관찰하는 두 번째 체계일 수도 있다.

다섯째, 관찰의 관찰을 누가 내어놓는지와 상관없이 유효한 것은, 이차 등급 관찰 또한 자신의 구별에 묶여있고 그래서 그 자신의 구별을 관찰할 수 없고, 이 구별의 도움으로는 지칭할 수 없다는 것이다. 이차 등급 관찰 또한 자기 자신을 관찰할 수 없다. 이차 등급 관찰이 그 자신의 구별과 관련해서는 일차 등급 관찰이라고 말할 수 있을 것이다. 이차 등급 관찰은 다른 관찰과 관련해서만 이차 등급 관찰이다. 그런 한에서 이차 등급 관찰, 즉 관찰의 관찰은 특권적 지위를 갖지 않는다. 이차 등급 관찰과 일차 등급 관찰 사이에는 어떤 위계적 관계도 성립하지 않는다. 이차 등급 관찰 또한 그 자신의 맹점에 묶인 채로 있다. 이차 등급 관찰 또한 그것이 볼 수 있는 것만 볼 수 있고, 볼 수 없는 것은 볼 수 없다. 이런 식으로 이차 등급 관찰 또한 관찰을 이끄는 구별을 관찰할 수 없는 것이다. 간략하게 말하자면, 이차 등급 관찰 또한 관찰이다. 하지만 관찰의 관찰은 자신의 관찰에 대한 반성적reflexiv 통찰을 가능하게 한다. "관찰자는 그가 볼 수 없는 것을 볼 수 없다. 그는 그가 볼 수 없는 것을 볼 수 없다는 점 또한 볼 수 없다. 하지만 관찰자에 대한 관찰이라는 교정 가능성은 있다. 물론 이차 등급 관찰자 또한 자신의 맹점에 묶여있으며 다른 식으로는 관찰할 수 없을 것이다. 맹점이란 말하자면 그의 선험적 조건Apriori이다. 그런데 그가 다른 관찰자를 관찰한다면, 그는 다른 관찰자의 맹점, 선험적 조건, '잠재 구조들'을 관찰할 수 있다. 그가 이렇게 함으로써 그리고 그의 편에서 작동하며 세계를 철저하게 파헤침으로써, 그 또한 관찰의 관찰에 노출된다. 결코 특권적인 입지점은 없으며, 이데올로기 비판가가 이 점에서 이데올로그보다 더 나은 것은 아니다."(RuS: 10f.). 그런데 이차 등급 관찰자는 일차 등급 관찰자와는 달리 관찰의 관찰을 통해 그 자신의 관찰 작동들을 역으로 추론해내고 그 자신의 입지점을 상대화할 수 있다. 이차 등급 관찰자는 적어도 그가 볼 수 없는 것을 볼 수 없다는 점을 볼 수 있다(GS 3: 334f. 참조).

여섯째, 일차 등급 관찰로부터 이차 등급 관찰로 나아가서, 다른 관찰자가 어떻게 관찰하는지 관찰한다면, 이는 세계, 존재, 실재 등에 관한 이해방식을 급진적으로 변화시킨다. 일차 등급의 관찰 차원에서는 세계가 단일맥락에서monokontextural 나타난다.[42] 맥락이란 개념은 하나의 구별을 통해 펼쳐지는 범위를 지칭한다. 그래서 맥락은 근저에 놓여있는 구별을 통해 관찰될 수 있는 것이다. 단일맥락 세계에서는 항상 두 개의 값으로 된 것만 있다. 즉 긍정값 혹은 부정값만 있으며 제3의 가능성, 즉 배중률tertium non datur은 배제된다. 그리고 근저에 놓여있는 구별의 긍정값을 택할지 부정값을 택할지와 관련해 항상 합의가 이루어진다고 말할 수도 없다. 그래서 일차 등급 관찰은 논쟁이나 불일치에 노출된다. 그런데 누구든지 항상 어떤 차원에서, 어떤 맥락 내부에서, 그래서 항상 구별로부터 펼쳐진 세계 내부에서 움직여 나간다. 이는 이차 등급 관찰로의 이행을 통해 달라진다. 다른 관찰자를 관찰하는 어떤 관찰자는 그의 구별을 이용해 관찰되는 관찰자의 관찰을 이끄는 구별을 지칭하고 관찰할 수 있다. 여기서 이차 등급 관찰자가 관찰하는 구별은 이차 등급 관찰자 자신을 이끄는 차이가 결코 아니며 관찰되는 관찰자의 구별이다. 그래서 이차 등급 관찰자는 관찰된 체계가 그것이 볼 수 없는 것을 볼 수 없다는 점을 관찰할 수 있다. 다른

---

42. 맥락, 단일맥락성, 다맥락성 등의 개념은 철학자 고트하르트 귄터(Gotthard Günther)로 거슬러 올라간다. 그의 고찰은 두 개의 값으로 된 아리스토텔레스의 논리학을 극복하고자 하며 여러 값으로 된 논리학을 지향하고자 한다(Günther 1976; 1979 참조). 루만은 자신의 관찰 이론에 귄터의 고찰을 직접 끌어들이지만, 철학적 통찰을 사회학적으로 전환시킨다. 따라서 루만이 문제로 삼는 것은 사회적 체계들의 관찰 작동과 기술 작동이다! 귄터와 루만의 여러 값으로 된, 다맥락적 논리학에 관해서는 Fuchs 1992a: 43ff.를 참조하라.

관찰자에 대한 관찰은 모든 관찰이 어떤 맹점에 묶여있다는 걸 인식하게 해준다. 따라서 이차 등급 관찰자는 "모든 관찰 작동이 보지 못함과 봄의 고유한 조합이며, 따라서 그의 관찰 작동 또한 그러하다는 점, 그리고 특정한 것을 보지 못함이 다른 특정한 것을 볼 수 있게 열어준다는 점, 그리고 이러한 봄은 보지 못함 없이는 일어나지 않는다는 점"을 알 수 있다 (RuS: 178). 이런 식으로 우리는 이차 등급 관찰의 차원에서 다맥락적 polykontextural 세계에 이르게 된다. 다맥락성이 뜻하는 것은 다수의 구별들이 있고 다수의 서로 다른 맥락들이 있으며, 이들 맥락들은 하나의 아르키메데스적 관찰지점[43]에 의해 서로 옮겨지면서 비교될 수 없다는 것이다. 이는 모든 관찰이 다른 관찰로부터 관찰되고 비판될 수 있다는 걸 뜻하며, 이는 그 다른 관찰에 대해서도 다시금 마찬가지로 유효하다. 그래서 사물을 보는 절대적으로 "올바른" 관점은 없다. 무엇을 주장하건 간에, 그것은 하나의 관찰자로부터 주장되는 것이며, 그는 그 자신이 비판받고 그 자신의 맹점에 관해 계몽되는 걸 감수해야 한다. 모든 관찰은 하나의 우연한 구성이며, 따라서 다르게 선택된 구별에 의해 다른 결과가 나올 수도 있는 하나의 구성이다.

이를 통해 더 많은 물음이 제기된다. 우선 제기되는 물음은 다음과 같다. 이차 등급 관찰, 즉 관찰의 관찰은 반드시 절망적인 상대주의에 이르며 그래서 완전한 임의성에 이르는 것이 아닌가? 다맥락적 세계는 세계에 대한 절대적으로 올바른 관찰이 있고 그래서 아르키메데스적 관찰자 입지점이 있다는 것으로부터 출발하는 관찰자에게만 상대주의적이고 임의적이

---

43. [옮긴이 주] 아르키메데스는 움직이지 않는 한 점만 주어진다면, 이 점에 의지해 긴 지레로 지구도 들어 올릴 수 있다고 말했다. 근세 서양에서는 지식의 확실한 근거지점을 '아르키메데스의 점'이라고 불렀다.

다. 다른 말로 하자면, 이차 등급 관찰은 일차 등급 관찰자에게만 완전히 임의적이다! 하지만 그러한 특권적 입장을 포기한다면, 즉 이차 등급 관찰 차원으로 전환한다면, 전혀 다른 결과를 얻게 된다. 한 사회가 이차 등급 관찰을 도대체 허락하는가의 문제가 결코 임의적이지 않기 때문에 이미 관찰의 관찰은 임의적인 결과를 낳지 않는다는 걸 우리는 관찰할 수 있다.[44] 역사적으로 알려져 있는 모든 사회들이 다맥락적 관찰이라는 상황을 알고 제도화했던 것은 아니다. 그래서 우리는 이차 등급 관찰 차원에서 무엇보다 다음과 같은 물음과 마주치게 된다. 다맥락적 관찰들은 어떤 사회들에서 있었는가? 관찰의 임의성을 제약했던 사회적 조건들은 ─ 초월철학이 믿고 싶어 하는 것과 같은 선험적이며 탈역사적인 조건들이 아니라 ─ 어떠했던가? 언제부터 다맥락적 관찰 상황이 생겨났는가?

이를 통해 제기되는 물음은 사회적 체계 이론의 토대를 넘어서서 진화이론과 사회이론의 영역으로 나아간다. 그래서 우리는 이 물음을 다음 장에서 다룰 것이다. 그에 앞서 우리는 마지막으로 루만의 관찰이론이 낳는 귀결 두 가지를 더 논하고자 한다. 그 두 가지는 역설Paradoxie과 자기론 Autologie이다.

일곱째, 사회적 체계 이론 내부에서는 역설 개념에 ─ 그리고 이와 연관되는 탈역설화 개념에 ─ 아주 중요한 위상이 할당된다. 이를 통해 우리는 언뜻 보기에는 밀교적인 뒷맛을 남기는 듯 보이는 주제에 다가서게 된다. 과학 내부에서의 통상적인 이해방식에서 따르자면 역설은 피하거나 줄여

---

44. 이는 물론 왜 관찰자가 임의적으로 관찰하지 않는가에 관한 유일한 근거는 아니다. 관찰자는 자기생산 이론의 기본 전제에 따르면 닫힌 채 작동하는 체계들이며, 마뚜라나에 따르면 구조가 결정되어 있는 체계들이다. 그래서 관찰자는 결코 자의적으로 관찰하지 않으며, 오히려 관찰 작동에 있어 자신의 구조들에 의존하며 이를 통해 자신의 과거에 의존한다.

야 하는 것이다.[45] 이와 달리 루만의 글을 읽는 독자는 도처에서 역설 개념이라는 난관에 봉착한다. 역설 문제 혹은 역설의 탈역설화 문제는 사회적 체계 이론을 이해하는 데 결정적인 열쇠를 제공한다고 주장하는 것은 과장이 아니다. 우리가 지금까지 다루어온 루만의 거의 모든 기본개념이 역설 문제를 다루면서 다시 떠오르게 된다. 특히 자기지시, 관찰(구별을 이용한 지칭), 맹점 등이 그러하다.

우선 역설 개념이 뜻하는 바를 분명하게 밝혀보자. 역설에 대한 사례들은 오랫동안 잘 알려져 있으며, 그 중에서도 모든 크레타인은 거짓말쟁이라고 주장하는 크레타인 에피메니데스 이야기가 고전적이다. 두 번째 (유명한) 사례는 마을의 모든 주민을 면도해주는 마을 이발사가 자기 수염을 깎지는 않는다는 우화이다. 역설로 드러나는 것은 다음의 문장도 그러하다. "우리 편에 서 있는 모든 것은 거짓이다!" 이러한 진술은 명백하게 역설적이며, 우리를 결정할 수 없는 상황으로 몰고 간다. 역설적 진술들은 두 개의 값을 포함하며, 그 중 어떤 하나도 명백하게 배제될 수 없다. 우리가 하나의 값으로 결정하자마자, 우리는 즉각 그 반대값에 이르게 된다. 크레타인 에피메니데스의 진술인 "모든 크레타인은 거짓말쟁이야!"가 거짓이 아니라 참이라면, 그 진술의 내용에 따라서 크레타인인 에피메니데스는 거짓말하기 때문에 그 진술은 본래 거짓이어야 할 것이다. 반대로 에피메니데스의 진술이 거짓말이라면, 에피메니데스가 그 진술에 따라 행위

---

45. 루만은 다음과 같이 정당하게 지적한다. "니체와 하이데거를 거쳐 데리다에 이르기까지 [⋯⋯] 그 사이에 역설을 전혀 다르게 다루는 것이 시민권을 얻게 되었다."(Luhmann 1990: 120). 이른바 포스트모던 철학의 범위에서뿐만 아니라 산업 기업체의 전략 경영에 이르는 모든 지식 영역에서(Knyphausen 1992 참조) 최근 몇 년 동안 역설에 대한 관심이 커지고 있는 것으로 보인다.

할 경우 거짓말하는 것이므로 그 진술은 본래 참이어야 할 것이다. 참인 것은 거짓이며 거짓인 것은 참이다. 그래서 역설적 진술의 특징은 두 값 사이를 왔다 갔다 하는 것, 이 값과 저 값 중 어느 한편으로 결정을 내릴 수 없다는 것이다.

이 사례를 통해 역설을 정의하는 두 가지 징표를 얻을 수 있다. 1) 역설적 진술은 하나의 전칭 기술("모든 크레타인")과 관련되며, 이런 전체성은 진술이 자기 자신을 포괄함을 통해서만 달성된다. 역설적 진술은 자기지시적으로 구조화되어 있다. 그래서 그런 진술이 진술하는 것은 그 진술 자신에게도 해당된다. 2) 역설적 진술은 대립쌍(거짓말쟁이/거짓말 안하는 사람)을 포함하며, 그 결과 하나의 구별을 갖고 작동한다. 따라서 역설적 진술은 두 가지 조건, **자기지시**Selbstreferenz, 자기준거의 조건과 하나의 **구별**을 이용한다는 조건에 근거한다. 두 가지 조건을 올바르게 조합한다면, 결정할 수 없는 상황에 이르게 된다.[46]

이를 통해 우리는 다시 사회적 체계 이론의 한가운데로 들어간다. 사회적 체계들을 관찰해보면 두 가지 역설 조건들이 다시 부각된다. 첫째는 사회적 체계들이 자기지시적으로 구조화된다는 것이며, 둘째는 사회적 체계들이 특정한 구별들을 사용한다는 점이다. 우리가 지금까지 들어온 것처럼 구별들은 모든 관찰의 근저에 놓여있다. 그래서 역설이란 언제나 관찰하는 체계의 문제이다. 전부 다를 보고자 의도하는 모든 관찰은 자신을 자기지시적으로 포함하자마자 하나의 역설에 연루된다. 관찰을 이끄는 구

---

46. 구별들을 자기지시적으로 사용하는 것이 모두 역설이 되는 것은 아니며 오히려 동어반복 (Tautologie) 형식을 취할 수도 있다. 그러나 정확하게 보면, 동어반복 또한 마찬가지로 어떤 역설, 즉 은폐된 역설을 갖고 있다. 동어반복은 "어떤 차별점을 주장하면서 동시에 이 차별점 으로부터 차별점이 없다는 걸 주장한다."(WissG: 491).

별을 관찰에 적용하는 것은 결정할 수 없는 상황을 낳는다. '거짓말/거짓말 아님'이란 구별은 다시금 거짓말인가 거짓말이 아닌가? 그래서 모든 관찰은 특정한 구별에 묶여있고, 관찰은 그 구별의 통일(혹은 전체성)을 관찰할 수 없다. 더 나아가 위에서 우리는 동일한 사태를 맹점 개념을 갖고 기술한 바 있다. 관찰을 이끄는 구별은 관찰의 맹점으로 기능한다. 관찰은 그 관찰을 이끄는 구별을 자기적용의 역설에 빠지지 않고는 관찰할 수 없다. 루만의 말에 따르면, "모든 관찰은 그 관찰 나름의 구별을 이용하며 그래서 구별된 것들의 동일성이라는 역설을 관찰의 맹점으로 이용하며, 그 맹점의 도움으로 관찰할 수 있다."(Luhmann 1990: 123).

모든 관찰은 역설로 구성된다. 역설은 결정할 수 없는 상황이란 특징을 갖고 있다. 역설은 관찰자를 진동시킨다. 즉 어떤 값과 그 반대값 사이를 왔다 갔다 하게 한다. 그런데 이는 역설의 등장이 "규정가능성의 상실, 즉 그 다음 작동을 위한 연결능력의 상실"(SoSy: 59)과 결부된다는 걸 뜻한다. 근저에 놓여있는 역설이 해소되거나 보이지 않게 될 때만 연결능력은 보장될 수 있다. 이것이 뜻하는 바가 바로 탈역설화 개념이다. 루만은 이런 식으로 규정 불가능한 복잡성(두 관찰값 사이에서의 탈출구가 없는 진동)이 규정 가능한 복잡성(연결능력의 보장)으로 옮겨진다고 말한다. 관찰자는 관찰의 근저에 놓여있는 역설을 점차 없어지게 함으로써 자신의 관찰 작동들을 진전시킨다. 다만 문제는 이것이 어떻게 일어나는가이다. 이에 대한 결정적인 답변은 없다. 탈역설화의 모든 형식은 우연적인 결정에 근거하며, 이런 결정은 다르게도 내려질 수 있는 것이다. 어떤 경우건 관찰자가 그의 관찰 작동을 진전시키고자 한다면, 관찰자는 반드시 근저에 놓여있는 자신의 역설을 다루어야 한다. 이러한 관찰자에 대한 관찰자, 즉 이차 등급 관찰자는 근저에 놓여있는 역설과 그에 대응하는 탈역설화 기법을 관찰할 수 있다. "이차 등급 관찰의 입장을 취한다면, 일차 등급 관찰자가 어떻게 처신하는지, 그가 어째서 자신의 역설을 볼 수 없는지, 그가 어떻게 구별을 통해 자신의 역설을 대체하고 바꿔놓을 수 있는지, 그가 어떻게 규정 불가능한 복잡성을 규정 가능한 복잡성으로 바꿔놓고 결국엔 정보에 대한 부담을 지게 되는지 관찰할 수 있다. 이차 등급 관찰자는 결코 이런 식의 관찰을 계속 해나갈 수는 없다. 하지만 그는 적어도 그런 관찰이 가능하다는 걸 알 수 있다. 그리고 그가 그 문제에 대해 기능적으로 등가적인 다른 해결책을 전망할 수 있기 위해서는 아마도 기능주의자가 되는 것으로 충분할 것이다."(Luhmann 1991b: 128).

일곱 번째 고찰을 통해 우리는 마지막 지점에 이르게 된다. 여덟째, 관찰 이론은 자기론적 함축을 갖는다. 이론이 관찰에 관해 진술하는 것은 이론 자신에게도 유효하다. 이 장의 첫 부분에서 우리는 보편성을 요청하는 이론에게는 이러한 자기지시적 형태가 전형적인 듯 보인다고 강조한 바 있다. 보편주의적 이론들은 그 대상의 편에서, 즉 그 이론이 기술하는 대상의 일부로 다시 나타난다. 이러한 자기관계적 특징은 관찰 개념에서도 확인될 수 있다. 사회적 체계 이론 또한 관찰한다. 즉 사회적 체계 이론은 구별을 이용해 어떤 것을 지칭하는 작업이다. 루만의 이론에 있어 가장 기본적인 것은 체계와 환경의 구별이다. 체계/환경-구별을 관찰의 근저에 놓는다면, 어떤 것은 체계[47] 아니면 환경이고, 결코 체계이자 동시에 환경

---

47. 우리는 이 장을 시작할 때, 루만의 발상과 파슨스의 구조기능주의 이론의 차별성을 부각시키고자 했다. 그런데 우리는 중심적인 차이 하나를 다루지 않았다. 파슨스가 체계 개념을 오직 분석적으로, 즉 관찰도구로만 이용하는 데 반해, 루만은 명백하게 실제의 체계들에 관해 이야기한다. "다음의 고찰은 체계들이 있다는 점으로부터 출발한다. 그래서 이 고찰들은 어떤 인식이론적 의심도 갖지 않고 시작한다. 이 고찰들은 체계이론의 '분석적일 뿐인 유관성'이라는 후퇴적 입장과는 상관이 없다."(SoSy: 30) 루만의 관찰이론과 연결해보면 뚜렷해지듯이, 이렇게 말

일 수 없다. 체계와 환경이라는 주도적 차이로부터 출발하여, 사회적 체계

이론은 더 나아간 구별들을 갖고, 예를 들어 작동과 관찰의 구별 혹은 일

차 등급 관찰과 이차 등급 관찰의 구별을 갖고서 작동한다. 그러므로 우리

는 루만의 발상을 차이이론이라고differenztheoretisch 특징지을 수도 있다. 그

이론은 구별들로부터 출발하지 통일, 총체성 혹은 주체, 정신, 법칙, 진보

등과 같은 (이성-)원리들로부터 출발하지 않는다.48

　　체계와 환경의 구별은 무엇보다도 이러한 구별을 사용하는 이론이 다

른 구별을 갖고도 관찰할 수 있다는 점을 분명히 인정하기 때문에 어떤

원리가 아니다.49 그래서 이 이론에서 관건이 되는 것은 이차 등급 관찰이

다. "하나의 구별로부터 출발하는 것, 즉 체계와 환경의 구별로부터 출발

하는 것만으로도 나의 목적을 위해서는 충분하다. 이는 매우 중요하며, 강

하게 제약을 가하는 출발점이다. 따라서 체계이론은 단순히 특정한 객체

한다고 해서 루만이 결코 존재론의 덫에 걸리는 것은 아니다. 그래서 체계들이 있다는 진술은
엄격하게 보자면 체계들의 존재에 관한 실체 형이상학적 진술이 아니라, 관찰하는 체계의 진
술이며 사회적 체계 이론 자신이 "진행되도록" 하는 진술이다. 따라서 그 진술이 뜻하는 바는,
누군가 자신의 관찰을 체계와 환경의 구별로 향하게 하자마자, 체계들을 관찰할 수 있다는 것
일 뿐이다. 체계와 환경의 구별을 사용하는 관찰자에게는 실제의 체계들이 있다. 우리는 분석
적 체계이론이 이것과 유사하게 성찰된 자기관계를 어느 정도나 이용할 수 있는가라는 문제에
대해서는 미정 상태로 둔다. 이와 관련해서는 Nassehi 1992를 참조하라.

48. 루만의 관찰이론이 자기론적 함축을 지니고 있다는 진술은 당연히 맹점, 역설, 탈역설화 개념
과도 관련이 있다. 체계/환경 구별을 갖고 작동하는 사회적 체계 이론은 특정한 맹점에 묶여있
다. 다르게 말하자면, 그 이론은 이러한 구별을 관찰할 때 자기적용의 역설에 빠지게 된다.
그래서 사회적 체계 이론은 이러한 역설을 비가시화하고 그래서 탈역설화할 수밖에 없다. 우
리가 볼 때 이는 역설/탈역설화의 구별의 도움으로 일어난다! 사회적 체계 이론은 "그 자신의
역설을 해소하기 위해, 즉 이 경우에는 문제(역설)와 문제 해결(탈역설화)의 순서에 따라 시간
화하기 위해" 역설/탈역설화 구별을 사용한다(WissG: 98).

49. 사회적 체계 이론이 또한 명백하게 인정하는 것은 "우리가 사회적 대상들을 다르게도 관찰하
고 기술할 수 있으며, 지금까지의 모든 전통은 그렇게 해왔다는" 점이다(SoSy: 593). 지금까지
관찰을 주도해온 몇 가지 구별들에 관해 한번 생각해보라. 맑스의 노동/자본, 베버의 이념/이해
관심, 뒤르켐의 기계적 연대/유기적 연대, 하버마스의 소통적 행위/전략적 행위 등등이 있다.

들, 즉 어떤 다른 객체들과 구별되는 체계들을 다루는 것이 아니다. 체계와 환경의 차이라는 특별한 차이의 도움으로 보자면, 체계이론은 세계를 다룬다. 그래서 일어나는 모든 것이 파악된다. 하지만 이는 파악되는 것이 매번 체계인지 환경인지 지정한다는 조건 아래서만 그러하다. [……] 우리는 당연히 다른 구별들로부터, 예를 들어 선과 악, 남자와 여자의 구별로부터 출발할 수 있다. 하지만 우리가 다른 구별들로부터 출발한다면, 우리는 다른 대상들을 구성하게 되며, 다른 사태에 관해 말하게 되며, 다른 현상들을 관찰하게 된다. 이에 관한 직접적인 논쟁은 쓸데없는 일이다. 어떤 구성이 더 높은 복잡성에 도달 가능하게 하는가라는 물음만이 가능하다."(Luhmann 1988: 292f.).

□ 중요한 기본 개념 요약

• 관찰은 구별과 지칭이라는 두 계기로 이루어지는 하나의 작동이다. 그래서 어떤 것을 관찰한다는 것은 그것을 어떤 구별의 틀에서 지칭한다는 말이다.
• 모든 관찰은 어떤 맹점에 묶여있다. 관찰자는 하나의 구별을 이용하지만, 이 구별의 도움으로는 이 구별 자체를 지칭할 수 없고 따라서 관찰할 수 없다.
• 관찰에 대한 관찰, 즉 이차 등급 관찰도 마찬가지로 관찰이며 마찬가지로 어떤 맹점에 묶여있다. 하지만 일차 등급 관찰자와는 다르게 이차 등급 관찰자는 그 자신의 관찰 작동이 가진 상대성을 관찰할 수 있다. 그는 그가 볼 수 없는 것을 볼 수 없다는 점을 볼 수 있다.

□ 참고문헌

• Niklas Luhmann : *Die Wissenschaft der Gesellschaft*, Frankfurt/M. 1990, S. 68 ~ 121.

4장

사회이론

지금까지 우리는 루만의 자기생산적인 사회적 체계 이론이 갖는 개념적 토대를 제시했다. 그 다음으로 다룰 문제는 사회적 체계들에 관한 일반 이론을 그 대상, 즉 사회적 체계들에게 적용하는 것이다. 우리는 이미 위에서 (3장 1절 참조) 루만이 세 가지 유형의 사회적 체계들을 구별한다고 지적한 바 있다. **상호작용**은 인격들이 함께 참석하는 것에 의존하는 사회적 체계이며, **조직**은 구성원에 대한 자격 조건과 결정을 내리는 기술技術적인 방식을 통해 재생산되는 사회적 체계이며, **사회**Gesellschaft는 가장 포괄적인 사회적 체계이다. 상호작용과 조직은 사회의 구성부분, 즉 루만이 "모든 기대 가능한 소통들의 총합"(SoSy: 535)이라 부르는 것의 구성부분이다. 상호작용과 조직은 항상 사회의 지평 안에서만, 즉 어떤 사회적 환경 안에서만 생겨날 수 있다. 그래서 우리는 이어지는 서술에서 상호작용 이론에 대한 루만의 성과나 조직사회학에 대한 그의 엄청난 기여를 다루는 것이 아니라, 사회적 체계 이론이 사회이론에 대해 갖는 함의를 조명해볼 것이다.

1. 체계분화와 사회의 주된 분화 형식

루만의 사회이론을 종합하는 저작은 아직 나오지 않았다.[1] 사회이론은 루만처럼 많은 글을 쓰는 이에게조차 "오래 걸리는 사업"이다(SozA 3: 7). 그럼에도 사회이론의 요소들은 여러 다양한 저술들에 제시되어 있으므로, 루만 사회학을 아직 사회이론의 잠재력으로 이용할 수 없다고 말할 수는 없다. 오히려 그와는 반대로 오늘날 사회에 관한 사회학 이론에 있어 자기생산적인 사회적 체계 이론보다 더 많은 자극을 준 사회이론가는 거의 없다.

　　루만 이론의 이론적 준비도구를 갖고 작업하는 사회이론은 두 개의 기본 개념으로부터 출발한다. 복잡성과 체계분화. 우리는 이미 복잡성 개념을 도입한 바 있고(3장 1절 참고), 그 개념은 한 체계가 하나 이상의 연결 가능성을 갖는 정황을 지칭한다. 이 개념에 따르면 어떤 사회적 체계 안에서 복잡한 상황은 하나 이상의 연결 가능성이 생각될 수 있다는 점과 그 체계가 그런 가능성을 선택적으로 골라내야 한다는 점으로부터 성립한다. 복잡성이 없는 사회적 상황은 생각할 수 없다. 여러 행위 가능성들 중 하나

---

1. [옮긴이 주] 앞에서도 밝힌 바 있듯이, 이 입문서가 나온(1993년) 이후인 1997년에 사회이론을 총괄하는 『사회의 사회』(*Gesellschaft der Gesellschaft*)가 출간된다.

를 선택할 가능성은 언제나 있다. 그럼에도 복잡성은 제약 가능한 사태이다. 즉 어떤 사회적 상황의 복잡성 정도에 있어 차이가 생길 수 있다. 두 번째 기본 개념인 체계분화는 하위체계를 형성하는 사회적 체계들의 능력을 지칭한다. 하위체계 형성 혹은 부분체계 형성이 지칭하는 것은 "체계들 안에서 체계 형성을 반복하는 것에 다름 아니다."(SoSy: 37). 하나의 체계는 부분체계들로 나누어지고 이를 통해 내부적 체계/환경 – 차이가 생긴다. 이것이 뜻하는 바는 한 체계의 내부에서는 각 부분체계의 환경 안에 전체 체계의 다른 부분체계들이 나타난다는 것과 이를 통해 전체체계는 "부분 체계들의 '내적 환경'의 기능을, 각 부분체계에 대해 각각 특화된 방식으로"(SoSy: 37) 획득한다는 것이다.[2]

체계이론적 사회이론이 이 두 가지 기본 개념을 사용해 답해야 할 물음은 사회가 그 복잡성을 어떻게 다루는가, 그리고 사회가 어떻게 내적으로 하위체계들과 부분체계들로 분화되는가이다. 복잡성과 체계분화는 결코 양적인 관점에서만 탐구되는 것이 아니다. 물론 양적인 관점에서도 관찰될 수는 있다. 전통 사회가 우리 시대의 현대 세계사회보다 더 적은 복잡성을 보인다는 것은 분명하다. 하지만 전통 사회가 실제로 더 적게 분화되어 있는지의 여부를 우리가 첫 눈에 결정내릴 만한 능력은 없다. 루만 사회이론의 결정적인 물음은 오히려 한 사회의 분화 형식에 관한 물음이며 이로부터 나오는 복잡성 상태에 관한 물음이다. "복잡성과 체계분화의 연관은 계속 단선적으로 서로 상승하는 관계로 파악되어서는 안 된다. 우

---

2. 이것이 자기생산적 체계들 안에서의 체계분화를 통해 더 우월하고 더 앞서가는 계획이 펼쳐진다 는 걸 뜻하지는 않는다. "사회적 체계들의 형성이 모두 그러하듯이 체계 내부의 체계 형성 또한 자기촉매적으로, 즉 자기선택적으로 이어져나간다. 그런 체계 형성은 전체체계의 '능동성'이나 행위능력을 전제로 하지 않으며, 그래서 전체 계획도 물론 전제로 하지 않는다."(SoSy: 260).

리의 내용적 가설은 오히려 한 사회체계가 도달할 수 있는 복잡성이 그 분화의 형식에 의존한다는 것이다. 어떤 주도적 관점 아래서 사회체계의 주된 분화가, 즉 부분체계의 첫 번째 층이 설비되는가에 따라서, 사회체계의 내부에는 상이한 종류의 행위를 유발하는 계기가 많기도 하고 적기도 하다. 그에 따라서 행위자들을 위한 행위 연관들은 더 선택적으로 나타나기도 하고 덜 선택적으로 나타나기도 하며, 더 우연적으로 나타나기도 하고 덜 우연적으로 나타나기도 한다."(GS 1: 22), 복잡성과 체계분화 사이에 어떤 단선적 관계도 없다는 점은 하나의 사례를 통해 뚜렷해질 수 있다. 어떤 인간 집단은 해결해야 할 문제를 갖고 있으며, 이 문제의 해결에 함께 기여하는 여러 상이한 고찰들과 활동들을 필요로 한다. 그 집단은 높은 수준의 복잡성을 다루어야 하고 감당할 수 있는 범위에서 복잡성을 유지해야 한다. 예를 들어 그 집단은 복잡성을 시간 속에서 처리하기로, 즉 서로 다른 요구들을 차례차례 해치우기로 결정할 수 있을 것이다. 이는 물론 충분한 시간을 가질 수 있을 때만 실행할 수 있는 절차이다. 그런데 시간은 언제나 부족하므로 이런 절차는 잘 진행되지 않는다. 그들은 이제 높은 복잡성을 다루어보고자 하며, 가능한 해결책을 논의하기 위해서는 각 개별 부분 문제에 대해 적은 역량밖에 둘 수 없다는 걸 확인하게 될 것이다. 그 집단이 상이한 문제 상황에 따라 내적으로 분화되는 길을 택해서 각각의 하위 집단이 전체 문제의 해결을 위해 자기 몫을 행한다면, 복잡성을 다루는 일은 결정적으로 변하게 될 것이다. 그렇게 되면 개별 하위 집단, 즉 개별 부분체계는 적은 양의 복잡성만 처리해도 될 것이다. 하지만 "복잡성을 나누면, 복잡성은 절반이 된다"는 규칙은 언뜻 보기에만 유효할 뿐이다. 왜냐하면 이제 각 부분 문제에 특화된 복잡성을 구축하는 역량들이 즉각 자유롭게 되기 때문이다. 이런 식으로 문제와 결부된 복잡성은 커질 수 있고 커질 것이다. 그들은 부분 문제들 각각에 대해 각자 광범한 가능성 토대로부터 선택하게 될 것이다.

이러한 사례는 복잡성과 체계분화가 연관되어 있는 메커니즘을 뚜렷하게 만드는 데 기여한다. 동시에 이 사례는 사회의 복잡성이 적합한 수단을 통해 극복될 수 있는 불변의 크기가 아니라는 점을 밝혀준다. 오히려 각각의 복잡성 수준과 각각의 복잡성 형식은 사회적 체계의 작동 방식으로부터 나오는 직접적 결과물이다. 이는 사회체계들에 대해서도 유효하다. 그렇다고 해서 체계분화가 항상 이런 식의 결과를 낳고 항상 **공동**의 문제 해결에 반응한다고 말하려는 것은 아니다. 그래서 사회체계들이 어떻게 분화하는가, 즉 사회체계들이 고유한 복잡성 처리를 위해 어떤 **형식**의 내적 분화를 이용하는가라는 물음이 결정적이다.

앞의 인용문에서는 사회체계의 주된primär, 일차적 분화에 관해 말한 바 있다. 이 개념은 각 사회 유형에 특징적인 형식의 주된 분화 외에도 이차적 분화 형식들이 있을 수밖에 없다는 점을 함축한다. 실제로는 이차적 분화 형식도 있지만, 다음에 논의할 분화 유형들의 경우에는 아주 지배적인 분화 유형들만 다루어질 것이다. 하지만 루만이 강조하는 것처럼 "모든 사회가 단 하나의 지배적인 분화 유형만 선택한다"고 추론할 수는 없다.(WissG: 608) 지배적인 혹은 주된 분화 유형이란 사회의 전체체계에 대해 특징적인 하나의 분화 형식이며, 이는—우리가 이를 발견적 방법3으로 표현해도 된다면—세부적인 것은 제쳐두고 한 사회의 전체 형상을 관찰할 때 눈에 들어오는 분화 형식이다. 그렇게 되면 다른 식의 분화들, 다른 식

---

3 [옮긴이 주] 어떤 문제를 풀 때 그 풀이를 구하기 위한 명확한 절차나 실마리가 없을 때, 다소 임의적인 가설이나 기준을 도입하여 차례로 풀이를 산출해 가는 방법.

의 하위체계 형성 등등은 사회체계의 분화로서는 전체인 것으로 간주되지 않으며, 말하자면 주된 분화 형식의 지평 안에 자리 잡게 된다.

어떤 사회체계가 분화되자마자, 사회 안에서 전체를 대표하는 것, 즉 repraesentatio identitatis[정체성을 대표하는 것]은 우연적이게 된다. 우연성이란 어떤 것이 지금과는 다른 식으로도 있을 수 있다는 것이다. "우연적인 것이란 필연적이지도 불가능하지도 않은 것이다. 따라서 지금 있는(있었던, 있게 될) 대로 있을 수도 있지만, 다르게도 가능한 것이다."(SoSy: 152). 어떤 사회체계가 여러 다른 관찰 입장들을 독립분화시켜 놓았다면, 전체로서의 그 체계는 동시에 여러 가지로 다르게 대표될 수 있다. 그래서 어떤 대표함도 필연적인 것으로 나타나지 않지만, 어떤 대표함도 원칙적으로 불가능하지는 않다. 대표함과 이를 통한 관찰의 상황들은 그래서 아주 우연적이게 된다.

체계분화라는 단순한 사실은 특정한 수단을 요구하는 바, 이 수단은 대표함이 도대체 성공할 수 있다면 전체체계의 어떤 입장으로부터 이러한 전체를 대표함이 나올 수 있는지를 규정하는 수단이다(Ökom: 48 참조). 한 사회는 부분체계들로 이루어져 있으므로, 그 사회는 최소한 잠재적으로라도 관찰 상황들 간의 차이를 만들어낸다. 관찰들이란 언제나 체계들의 관찰이기 때문이다. 사회이론의 대상은 사회의 부분체계들이 서로서로 관찰하는 관계들과 부분체계들이 서로 맺는 관계 및 관계 형성 가능성을 탐구하는 데 있다. "사회체계의 분화는 각 부분체계에 대해 세 가지 관계 형성 가능성을 창출한다. (1) 그 부분체계가 속하며 함께 실행하는 전체체계인 사회와의 관계, (2) 다른 부분체계들과의 관계, (3) 자기 자신과의 관계."(WissG: 635) 사회의 부분체계들의 분화 형식과 관계 형성 가능성으로부터 한 사회체계의 구조를 읽어낼 수 있다.

□ 중요한 기본 개념 요약

• 체계분화란 체계 안에서 체계 형성이 반복된다는 것을 뜻한다. 이런 식으로 생겨난 부분체계들은 서로에 대해 체계/환경 - 관계 속에 있으며, 여기서 '체계와 전체체계 내부의 환경'이라는 관계가 나온다.

• 체계분화와 복잡성은 단선적으로 서로를 상승시키는 관계가 아니다. 분화와 복잡성은 오히려 매번 전체체계와 그 부분들의 작동들로부터 나오는 것이다. 분화와 복잡성의 서로에 대한 관계는 우연적이며 그래서 그때그때 설명을 필요로 한다.

• 한 사회체계의 주된 분화 형식이란 전체체계의 부분체계들의 첫 번째 층의 형성을 가리키며, 그 밖에도 더 나아간 분화 형식들이 마련될 수 있다.

□ 참고문헌

• Niklas Luhmann : *Gesellschaftsstruktur und Semantik. Studien zur Wissensoziologie der modernen Gesellschaft, Bd. 1*, Frankfurt/M. 1980, S. 9 ~ 71.

2. 사회구조와 의미론

한 사회의 구조는 사회의 진행과정에 미리 자리 잡고 있는 비계와 같은 구조물이 아니다. 우리가 이미 지적한 바 있듯이, 자기생산적 체계 이론은 구조를 사회적 사건의 불변적 측면으로, 과정을 변화 가능한 측면으로 간주하는 전통적 사회학의 언어 사용을 따르지 않는다. 루만은 어떤 체계이론가도 "복잡한 체계들이 구조들을 형성하며 구조 없이는 존재할 수 없다는 점"(SoSy: 382)을 부인할 수 없다는 사실을 인정한다. 구조들은 원칙적으로는 무한한 수의 가능성들을 연결 행위를 위해 기대 가능한 특정 한도 안에 제약한다. 구조화된 체계에서는 모든 것이 임의적인 것은 아니다. 체계의 가능성 지평이 기대되는 것으로 제약되기 때문이다. 물론 루만이 체계 구조에 관해 논의하는 것은 가능성에 대한 제약을 이른바 선험적으로 apriori 포함하는 불변적 체계 속성에 관한 논의는 아니다. 그래서 루만은 경직된 구조 개념을 역동적 관점으로 대체하며, 자기생산적 체계들의 경우에 "역동적 안정성"(AdB: 403)이라고 말한다. 이는 사건들의 지속적인 해체 속에 내장되어 있는 우연성은 물론이고 선택을 통해 야기된 우연성에 대한 제약에도 들어맞는 말이다.

구조 개념이 이런 식으로 역동화되면, 사회이론은 사회구조를 불변적인 것으로 설정할 수 없고, 구조들의 형성을 사회의 과정이라는 측면에서 파악해야 한다. 그래서 자기생산적 체계 이론에 기초해 수립되는 사회이론은 진화이론의 관점을 취해야 한다. 즉 사회문화적 진화 이론의 맥락에서 논증해야 한다. "우리는 사회문화적 진화의 과정을 충분히 전망 가능한 소통을 위한 기회의 재구성과 확장으로 이해해야 하며, 사회가 그 사회적 체계들을 형성할 수 있도록 해주는 기대들의 공고화로 이해해야 한다. 그리고 이것은 단순한 성장 과정이 아니라, 어떤 종류의 사회적 체계들이 가능한지, 사회가 어떻게 단순한 상호작용과 분리되는지, 무엇이 매우 비개연적인 것으로 배제되는지를 규정하는 선택적 과정이다."(SoSy: 219). 비개연적인 것의 배제는 사회문화적 진화가 구조를 형성하는 측면을 가리킨다. 그에 반해 과정의 선택성이 가리키는 바는 사회의 고유한 역동성과 변이의 다양성이다. 이러한 역동성과 다양성은 상호작용들 속에서, 즉 상대적으로 덧없고 그래서 위험하지 않은 소통들 속에서 시험된다. 즉 사회의 소통에서 결국 형식들로 발전되어 확장되는 것은 무엇인지 그리고 사회가 그저 잊어버리는 것은 무엇인지 시험해보는 것이다. "이러한 가능성 과잉 상태에서는 한 순간의 의미지평 안에 고정되면서 개연적인 것으로 관찰될 수 있는 상이한 개연성들이 성립한다. 이러한 가능성들의 공간이 상이한 개연성들을 통해 구조화된다면 이 공간은 진화의 잠재력으로도 간주될 수 있다. 관찰의 근저에 놓여있는 가능성들과 시간의 양이 충분하기만 하면 그 안에서 다시 비개연적인 것이 선택될 수 있다."(SoSy: 590). 하나의 체계는 때때로 극히 기대하기 어려운 것도 실현할 수 있으며, 가능한 것의 세계와 이를 통해 기대 가능한 것의 세계가 확장되는 상황에 자신을 내맡겨두기도 한다. 하나의 과정은 구조가 기대했던 것과 다르게 진행될 수 있다.

사회문화적 진화는 연결 가능성의 잠재적 개방성의 추동력이자 동시에 그 개방성의 결과이기도 하다. 그리고 당연하게도 진화적 추동력은 예를 들어 소통 주제의 반복, 새로운 형식들의 반복이나 항상 다시 표명되는 기대들이나 실망들을 통해서 자극된다. 여기서 사회문화적 진화란 루만이 말하듯 순전히 "자기 자신에게 조건을 부여하는 선택"의 결과이며, "저작자 없이"(SoSy: 589) 진행된다는 점을 염두에 두어야 한다. 진화는 계획이나 의지나 의도에 의해 조절되지 않는 우연적 과정이다. 즉 그 과정은 다르게도 진행될 수 있었던 과정이며, 이런 다른 가능성의 지평에서도 지금 진행되고 있는 식으로, 즉 어떤 진화이론의 관점이 그것을 관찰하는 식으로 그렇게 진행되는 과정이다.[4] "전前유기체적 진화와 유기체의 진화에 관한 성공적으로 연구한 이론에 의지하여, 우리는 사회문화적 진화도 구조 변동을 위한 특수한 메커니즘으로 간주할 수 있으며, 더구나 구조들을 끌어내기 위해 '우발성Zufall'을 이용하는 하나의 메커니즘이라고 이해할 수 있다."(Luhmann 1978: 422). 우발적이지 않은, 계획된 진화라는 주장조차도 그 주장 스스로에 의해 다시 철회될 것이다. 왜냐하면 이러한 계획은 오직 소통을 통해서만 성과를 낳을 수 있을 것이고 그 계획의 진화를 전제로 하기 때문이다. 그래서 진화의 제안이 실현되는가의 여부는 그 제안의 소통이 지니는 세력범위에 달려있는 것이 아니라 진화 자체에 달려있다. 이런 입장으로부터 뚜렷이 읽어낼 수 있는 바는 진화 사상이 목표지향적 과정을 배제하며, 따라서 맹아 모델이라 부를 수 있는 것, 즉 맹아가 미래의 세계 전개를 위한 모든 본질적 초석을 이미 포함하고 있다는 생각을 배제한다.[5] 진화하는 사건들 또한 사건들일 뿐이며, 그래서 현재에 등장하고 기껏해야 미래를 위한 구조를 제시할 수 있지 결코 미래의 사건들에 단선적 영향력을 행사할 수 없다. 역사철학적이고 신학역사적인 사유에 완전

---

4. 이 텍스트나 사회적 체계 이론 또한 자신의 관찰을 통해 자신의 대상을 산출한다는 점을 한번 더 상기하기 위해 우리는 여기서 관찰 개념에 주목한다. 사회문화적 진화를 다르게도 관찰할 수 있다는 것은 충분히 알려져 있는 사실이다. 신성한 이념의 전개나 외화로 관찰하기도 하며, 신에 의해 창립된 역사로 관찰하기도 하며, 진보나 퇴보로 관찰하기도 한다.
5. 물론 진화 사상은 흔히 정확하게 이런 식으로 이해되곤 한다. 하지만 현재 사건의 지속적 해체로부터 출발하는 자기생산적 체계 이론은 계획된 진화라는 관념을 미리 배제한다. 연결의 선택은 항상 그 다음 생성을 우연적으로 진행되게 하는 현재에서 이어져나가기 때문이다.

히 상반되는 이러한 이해방식은 바로 진화이론의 원조인 찰스 다윈Charles Darwin이 비난받았던 지점이기도 하다. 우리가 원숭이로부터 유래한다는 점으로는 충분치 않으며, 원숭이로부터 인간으로의 이행은 결코 창조의 맹아 속에 부여되어 있던 계획된 이행이 아니라는 점이 중요하다.[6]

사회문화적 진화의 가장 중요한 세 가지 진화 단계를 서술하기 이전에, 우리는 잠깐 기본 개념 하나를 더 도입해야 한다. 그 개념은 의미론 Semantik이다. 사회구조와 사회적 분화에 관해 말할 때, 언제나 문제가 되었던 것은 체계이론적으로 말하자면 서로에 대해 환경으로 있으며 서로를 관찰하는 관계에 있는 작동상 닫힌 체계들의 상호관계이다. 이제 이러한 구조적 특징만으로는 사회적 사건을 기술하기에 불충분하다. 더 결정적인 지점은 사회가 형식들을 만들어내며 항상 새롭게 형식들을 만들어낸다는 것이다. 임의성을 제약하기 위해, 그리고 배제해놓을 것, 더 추구할 것, 새롭게 발견해야 할 것 등의 성질을 부여하기 위해, 사회는 항상 새로운 형식들을 만들어내야 한다. 의미적으로 작동하는 체계들, 즉 심리적 체계들과 사회적 체계들에게 있어 이는 당연히 의미의 형식 속에서만, 즉 "체험과 행위의 더 나아간 가능성들을 가리키는"(SoSy: 93) 형식 속에서만 생길 수 있다. 의미적으로 작동하는 체계들은 의미적으로, 즉 한 체계 안에서 무엇이 언제 누구로부터 기대될 수 있는지 혹은 기대될 수 없는지를 사태적, 시간적, 사회적으로 들추어낸다. 체계 형성은 말하자면 특정한 의미 지평의 곳곳에서 일어난다. 한 체계가 특정한 과제에 전문화되면, 어떤 작동이 체계에 속하고 어떤 것은 속하지 않는지의 문제는 그때그때 의미 선

---

6. 이는 우리가 그동안에 알게 된 다음과 같은 사실, 즉 원숭이로부터 유래하는 것이 아니라 인간과 원숭이가 공통된 생물학적 조상으로부터 나온 상이한 진화적 선택 경로라는 사실을 도외시할 때 유효하다.

택들에 대한 선택적 취급에서 인식될 수 있다.

사회가 가능한 것의 지평으로부터 선택적으로 골라내는 의미의 형식들을 기술하기 위해, 루만은 의미론 개념을 도입한다. "(의미를 현행화하는 체험 사건 및 행위 사건 전체와는 구별되는) 한 사회가 이용할 수 있는 형식들 [……] 전체를 우리는 한 사회의 의미론이라고 부르고자 한다. 의미론은 한 사회의 의미론적 장치 또는 준비된 의미처리규칙들의 저장고이다. 따라서 우리는 의미론을 높은 단계에서 일반화된, 상대적으로 상황과 무관하게 이용할 수 있는 의미라고 이해한다."(GS 1: 19). 여기서 언어라는 매체는 시간의 흐름 속에서도 상대적으로 고정적인 의미 저장고라는 특별한 의의를 갖는다(SoSy: 220f. 참조). 무엇보다도 언어적 형식들은 한 사회의 지배적인 의미론을 보존한다. 그래서 한 사회의 의미 자산과 관련한 많은 것을 언어 변동에서 읽어낼 수 있다.[7] 사회의 의미론은 개념들 속에서, 문화적 가치들과 상징들 속에서, 일반적 언어, 분과 언어, 특정분야 언어 속에서, 문화적 해석 가능성의 전체 토대 속에서 보존된다. 물론 가능한 의미론을 모두 형식화하는 것이 사회이론에게 중요한 일은 아니다. 현행화 가능한 지식 저장고 전체가 그 엄청난 양의 가능성 때문에 상대적으로 특화되지 않은unspezifisch 채로 있는 반면에, 이와 달리 일종의 " '육성된 gepflegt' 의미론"(GS 1: 19)이 발전된다. 즉 특수한 유형을 갖고 구조를 형성하는 의미적 형식들이 발전된다.

---

7. 하나의 사례만 들어보겠다. 이 책의 독자들은 독자(Leser)로 불릴 뿐 아니라, 여성독자(Leserinnen)와 남성독자(Leser)로도 불리거나 심지어는 문자 언어의 특수한 뜻에서 독자의 내면(LeserInnen)이라고도 불릴 수 있다. 이런 언어 형식은 이 소통의 관찰자(내면 혹은 여성 Innen)의 성별 속성을 가리키는 것만이 아니다. 이는 의미론적 형식으로서 남성이냐 여성이냐가 문제가 되지 않는 맥락에서 남성과 여성의 의미적–사회적 구별이 연결될 수 있다는 걸 가리키기도 한다.

사회구조Gesellschaftsstruktur와 의미론을 구별하는 것은 첫째, 사회문화적 진화에 대한 기술을 단순한 이념 진화에 고정시키지 않도록 만들 것이며, 둘째, 사회구조적으로 제약된 형식들을 의미적으로 구별할 수 있도록 해 줄 것이다. 우리가 사회구조적 진화로 방향을 돌리기 전에 마지막으로 덧붙여 강조해야 할 것은 사회구조와 의미론의 구별 자체도 하나의 의미론적 구별이라는 점이다. 즉 이 구별은 현대 학문의 의미론 내부에서 일어난다. 그리고 우리가 지금 미리 누설하고 싶은 바는 이러한 의미론적 배치Konstellation가 사회구조적으로 제도화된 현대성과 어떤 관련을 갖는다는 점이다. 여기서도 우리는 이론이 자기 자신 안에서 다시 나타난다는 점을 보게 된다. "그래서 분석은 자기 자신에 대해 그 대상의 특징인 현대성Modernität을 요구하게 된다."(BdM: 12). 우리는 뒤에서 다시 이 지점을 다룰 것이다.

□ 중요한 기본 개념 요약

- 구조와 과정은 서로를 배제하는 차원이 아니다. 오히려 구조들은 자기생산 과정 안에서만 재생산되며, 반면에 과정들은 항상 그때그때의 체계구조라는 제한 안에서 진행되어 나간다.
- 사회구조는 사회가 부분체계들로 분화되는 형식을 지칭한다. 즉 부분체계들이 서로 관계를 맺는 형식, 부분체계들이 전체체계와 관계를 맺는 형식, 부분체계가 자기 자신과 관계를 맺는 형식을 지칭한다.
- 진화란 선택과 변이를 자기지시적으로 다룸으로써 한 체계에서 일어나는 구조 변동을 지칭한다.
- 의미론은 한 사회의 의미적 형식들, 즉 사태적, 사회적, 시간적 형식들을 보존한다.

□ 참고문헌

• Niklas Luhmann : "Geschichte als Prozeß und die Theorie sozio-kultureller Evolution", in: Karl Georg Faber und Christian Meier (Hg.): *Historische Prozesse*, München 1978, S. 413~440.

• Niklas Luhmann : "Gesellschaftliche Struktur und semantische Tradition", in: ders.: *Gesellschaftsstruktur und Semantik, Studien zur Wissenssoziologie der modernen Gesellschaft, Bd.1*, Frankfurt/M. 1980, S. 9~71.

• Niklas Luhmann : *Soziale Systeme. Grundriß einer allgemeinen Theorie*, Frankfurt/M. 1984, S. 377~487.

3. 사회 진화, 즉 분화형식의 전환

루만은 사회의 주된 분화형식을 세 가지 진화 단계로 나눈다. 가장 단순한 분화 원리는 분절적 분화segmentäre Differenzierung이다. 분절적 분화는 단순한 사회체계들, 예를 들면 고대 사회들에 해당하는 것이다. 분절적 분화 원리는 하나의 사회체계를 동등한 부분들로, 예를 들어 가족들, 혈통들, 부락들 등으로 나눈다. "각 부분체계는 사회내부적 환경을 동등한 혹은 유사한 체계들의 집적으로만 본다. 이로 인해 전체체계는 행위 가능성의 미미한 복잡성 수준을 넘어설 수 없다."(GS 1: 25). 그래서 이러한 한계는 분절적으로 분화된 사회들이 지역과 구체적 행위 상황에서 그 경계를 갖는 부분체계들로 독립분화되는 결과를 낳는다. 그런 사회 안에서는 상호작용과 사회의 차이가 아직 체험될 수 없다. 왜냐하면 (부분)체계에 속하기 위한 본질적 기준이 인격들의 참석이기 때문이다(SozA 2: 22 참조).

한 부분체계 안에서의 행위와 행위 가능성이 참석에 기초해 구축된다면, 즉 대면과 공존에 기초해 구축된다면, 이로부터 나오는 결과는 첫째, 매우 적은 수준의 노동분업만 형성될 수 있다는 것이며, 둘째, 연결 소통의 복잡한 내적 조직을 위한 필요가 조금밖에 생기지 않는다는 것이다. 기대 가능한 것은 계속 고정되어 있고, 가능성 영역의 변화폭도 미리 제한된다. 대면과 공존으로 인해 상호작용의 창조적 힘도 생길 수 없다. 새로운 것을 시도하거나 포기할 수 있는 실험적인 상호작용은 없다. 모든 창조적 상호작용은 전체 사회의 구조적 틀을 위협하게 되기 때문이다.

미미한 복잡성, 즉 미미한 변이 가능성 및 선택 가능성, 그리고 미미한 선택 요구는 비개연적인 것으로부터의 진화를 극히 비개연적인 것으로 만든다. 이는 사회의 현실이 사회체계 내부의 각 입장으로부터 동일하고 대칭적인 것으로 표현되게 하며, 행위의 연결이 선택을 위한 특수한 활동공간에 의지하지 못하게 한다. "의미차원들(시간적, 사태적, 사회적)은 아직 분화되지 않으며 그 때문에 널리 펼쳐질 수 없다. 그래서 인격들은 최소한도의 의식만을, 즉 고유한 유기체와의 관계로 제한되어 자기생산되는 고유한 의식만을 갖는다. (……) 모든 사회적 형식들은 우연히 발견되고 구체적인 국지성에 묶인 채로 있으며 효과를 미칠 수 있으려면 눈앞에 나타나야 한다."(SoSy: 567). 현행성과 국지성으로의 제한은 일어나는 모든 것이 두루 볼 수 있는 투명한 공간 안에서 일어나게 하며, 이런 공간 안에는 어떤 체계 경계도 없다.

이러한 분화 유형이 우리에게 뚜렷하게 부각시켜주는 바는, 사회적인 것을 소통하는 인간의 합이 아니라 작동상 닫힌 연결 소통들의 체계로 관찰하는 기능주의적 이론 성향은 인간으로의 협소화를 피함으로써 단순한 사회들에 대한 이론이 흔히 제공하는 인간학적 편견으로 되돌아가선 안 된다는 점이다. 앞서 지적한 단순한 사회들이 가진 제한성을 낳는 것은 자연부족들Naturvölker이 가진 논리 이전의 원시적 정신상태(Levy-Bruhl 1959 참고)가 아니라, 오히려 가능성들을 제한하는 단순한 사회 조직의 기능적 요구이다. 원시적 정신상태는 소통의 부산물副産物과 같은 것, 즉 높은 수준의 의미 복잡성이 기능적으로 적게 요구된다는 점의 결과이다.[8]

단순한 사회들은 그 작동에서 생기는 복잡성을 내적 분화를 통해 조직하지 않고 시간 조정을 통해 조직한다. "여러 명의 인격들이 많은 수의 필요를 체험하며, 이런 필요들은 개별자에게 각 시간지점에 따라 차례로 절

---

8. 기능적 사유방식이 구조적 효과가 상이한 것들을 비교하게 해주며 래드클리프-브라운(Radcliff-Brown)과 말리노프스키(Malinowski)의 사례에서처럼 민속학 연구의 맥락에서 생겨났다는 점은 우연이 아니다(Steinbacher 1990: S. 205~211 참조).

박해진다. 문제는 시간 조정에 있으며, 시간 조정을 통해 내부에서 관계를 맺을 가능성이 높아지며 그 체계는 환경에 대해 유지능력을 갖고 구성될 수 있다."(SozA 2: 137). 이렇게 행위들이 순차적으로 일어나려면 많은 시간이 필요하다. 그리고 문제 상황을 동시에 극복하는 형식은 아주 적게 허용될 수밖에 없다. 이렇게 사회의 자기생산적 재생산 형식으로 인해 가능성이 제한되는 것은 복잡성을 감축하고 구축하는 새로운 형식이 발견될 때까지 극복될 수 없다. 사회체계는 우선 분화 원리의 일반적 전환을 통해 이 문제에 반응한다. 분절적 형식이 동등한 것을 동등한 것으로부터, 즉 어떤 가족을 다른 가족과 분화시킨다면, 계속되는 분화는 사회구성원의 수를 늘릴 수는 있지만 체계의 구조적 한계는 극복할 수 없다. 그래서 상이한 부분체계들로 체계를 분화시키고자 하는 기능적 필요가 생긴다.

새로운 분화 형식으로의 진화적 이행 과정을 상세하게 경험적으로 연구하기는 어렵다. 물론 이론적으로 추측해볼 수는 있다. 분절적으로 분화된 사회들은 가능성들이 너무 제한되어 있다는 체험을 통해 누적되는 기대의 좌절을 다루어 했을 것이며, 결국 새로운 형식들이 거의 강제로 떠오르게 되었을 것이다. 이미 고대 사회들의 내부에는 사회적 차원의 분화 형식들이 들어 있었다. 예를 들어 역할의 차이나 일정 수준의 노동분업이 형성되었다. 가장 초기에 뚜렷이 분화된 역할 모델 중 하나는 종교적 역할의 성립이었고(GS 3: 270 참조), 그 밖의 초기 형식들로는 성별 차이나 연장자 집단이 있다. 이러한 역할 분화는 당연히 사회의 복잡성을 높이지만, 그럼에도 그 복잡성은 대면과 공존의 모델 안에서만 생각될 수 있다. 어느 정도 불평등한 사태들(역할, 활동, 기능 등)을 동시에 감당하는 것이 쉽지 않게 될 때에야 비로소 사회는 복잡성 압력에 대처하기 위한 새로운 형식들을 발명하게 된다. 사회의 복잡성을 다시 줄이는 일은 그 실현가능성이

낮을 것이다. 사람들은 한번 새로운 형식으로 등장한 것을 쉽게 잊기 어려우며, 복잡성으로부터 벗어나기 위해 복잡성을 문제로 삼는다 해도 이를 통해 이미 복잡성이 더 상승된다는 걸 경험하기 마련이다. 복잡성에 대한 철회를 대신할 기능적 등가물은 복잡성을 여러 개의 부담으로 나누는 것, 즉 불평등할 수밖에 없는 부담으로 나누는 것, 그리고 그런 불평등 속에서 서로에 대한 관계를 맺는 것이다.9 더 이상 다룰 수 없는 복잡성 상승에 이런 식으로 반응한 것이 계층적 분화stratifikatorische Differenzierung로의 사회구조 전환이었다고 평가할 수 있다.

주된 분화 형식의 두 번째 단계, 즉 계층적 분화는 의심의 여지없이 역사상 가장 성공적인 것이다. 계층적 분화는 고대 혈통 사회들이 더 복잡한 사회적 결속체로 이행하면서 이미 시작되었으며, 고전적인 유럽, 아시아, 아메리카의 고도 문명에서부터 15, 16세기의 유럽적 전근대에 이르는 시기를 규정하는 사회 내부의 분화 원리였다. 계층적 사회들의 결정적인 분할 원리는 불평등한 계층들로의 분화이다. 이제 사회는 더 이상 유사하거나 동등한 체계들로 이루어지는 것이 아니라 상이한 종류의 부분체계들로 이루어진다. 이들 부분체계들은 물론 임의적인 불평등 속에서 서로 관계를 맺는 것이 아니라 서로에 대해 위계적인 관계를 맺는다. 계층화된 사회들은 자신과 자신 안에서 일어나는 일을 관찰할 때 하나의 주도적 차이, 즉 위/아래라는 구별을 이용한다. 이는 계층화된 사회들 안에서 일어나는 모든 것, 즉 모든 사회적 소통들, 모든 의미의 연결, 상호작용에서의 결정 상황이 이 사건의 결과와 부수적 결과가 사회의 위계적 질서에 어떤 영향을 미치는가에 따라서 규제된다는 것을 뜻한다. 이러한 사회 형식은 사회

---

9. 4장 1절에서 체계분화 개념을 도입할 때 제시한 가설적 사례를 상기해보라.

적 차원에서 분화되며 인격들을 다른 신분에 귀속시키기 때문에, 사태적 차원이나 시간적 차원은 사회의 자기생산의 전면에는 조금밖에 부각되지 못한다. 쉽게 표현해보면, 이런 사회 형식에서는 무엇을 말하는가가 아니라 누가 그것을 말하는가, 즉 위에서 말하는가 아래에서 말하는가의 여부가 결정적이다. 예를 들어 궁정사회에서는 한 인격에 대한 존중과 경시가 논증이나 공감에 근거하는 것이 아니라 그 인격의 사회적 지위에 근거한다. 또 다른 예로는 사랑의 소통이 전개되는 것을 떠올려볼 수 있다. 대체할 수 없는 한 개인을 향한 낭만적 사랑이 남녀를 결합시키는 것이 아니라 신분이 남녀를 결합시킨다. 신분에 맞게 혼인을 맺는 것은 개인화된 인격이 하는 일이 아니라 계층을 재생산하는 사회가 행하는 일이며, 이는 낮은 신분으로 인해 그 질서에서 벗어나 있는 인격들을 배제하는 일이다.

사회의 불평등한 부분체계들, 즉 계층들은 "위계와 직접적 상호관계성이라는 전체사회의 근본 상징구조Grundsymbolik를 통해"(GS 1: 29)[10], 즉 주로 종교에 근거한 위계적 세계의 존재 서열을 통해 결합된다. 존재 서열은 신의 결정Ratschluss에 따라 각자를 그의 자리에 놓는다. 이렇게 분명하게 수직적인 사회의 분화는 분절적으로 분화된 사회적 형식과 비교해보면 엄청난 복잡성 증가라는 특징을 갖지만, 체계 내부의 지위 규정은 아직 비교적 투명했다. 여기에는 여러 가지 이유가 있다. 첫째, 위/아래라는 분명한 주도적 차이가 이미 현상들을 분명하게 귀속시키도록 해준다. 왜냐하면 위계의 이런 도식은 어떤 관점에서 관찰하더라도 같은 것이 되기 때문이다. 우리가 위로부터 관찰하건 아래로부터 관찰하건 간에, 하층에 대해 상층

---

10. [옮긴이 주] Symbolik이나 symbolics는 한 사회에서 이용되는 종교적 상징이나 의례를 탐구하는 '상징학,' '신조론' 등으로 번역된다. 여기서는 상징들을 다루는 학이라는 뜻보다는 한 사회의 구조 유지를 위한 상징들이 하나로 묶여 있다는 뜻 정도로 쓰이므로 '상징구조'라고 옮긴다.

은 항상 위에 있다.

그래서 전체체계의 선택성, 즉 세계를 가장 내적으로 깊이 결속시키는 것은 관찰자의 시각과 무관하게 어느 정도 동질적인 것으로 묘사되었다. 구체적으로 보면, 신의 창조로 세계는 의미를 갖게 된다는 점과 반드시 신을 두려워하며 살아가야 한다는 점은 사회적 지위와 무관하게 모두에게 해당하는 것이었다. 물론 인격들은 사회의 어떤 자리에서 ― 성직자, 귀족, 혹은 농민으로서 ― 자신을 다시 발견했는가, 그리고 그들이 자신의 삶에서 **축복**Heil과 **저주**Verdammnis라는 양극 ― 구원 종교의 주된 코드 ― 사이에서 어떻게 움직였는가에 따라서 아주 큰 차이를 갖는다. 둘째, 이렇게 사회 내부의 지위를 투명하게 설정하는 것은 중심적인 의미론적 코드를 필요로 했다. 그런 의미론적 코드는 사회내부의 체계 경계를 넘어 체계 전체에 하나의 "의미"를 부여할 수 있어야 했고, 사회의 일상적 소통에 영향을 미칠 수 있어야 했다.[11] 이러한 기능은 도덕의 일반화, 특히 종교의 일반화를 통해 달성되었다. 그래서 체계의 복잡성은 한계를 갖게 되며, 이는 위계를 사회 내부에서 극복하는 것이 불가능하지만 동시에 보편적 의미부여를 통해 위계를 초월해야 한다는 점에서 그러하다. "이러한 분화 유형이 갖는 복잡성의 한계는 불평등을 위계화해야 한다는 점에 있다. 각각의 부분체계는 자신이 어떤 위계에 속한다는 점을 통해 전체체계와 관련을 맺을 수 있다. 각 부분체계는 전체 안에서 자신의 자리를 안다. 그런데 이 점에 있어 또한 각 부분체계는 자기 자신과 관계하는 사회내적 환경을 포괄적인 서열' 기준의 도움으로 불평등한 것으로 정의해야 한다."(GS 1: 26).

위계와 직접적 상호관계라는 전체사회의 근본 상징구조가 갖는 의미

---

11. 루만의 도덕 개념에 관해서는 5장 2절에서 다룰 것이다.

론은 사회의 중심이 되는 심급^{審級}을 요구한다. 그런 의미론은 미리 주어진 질서 속에서 개인들이 자기 자리를 찾게 해주는 선택적 의미를 사회와 개인들에게 공급한다. 이와 관련해 우리는 위에서 도덕과 종교의 일반화라고 이름붙인 바 있다. 어쨌거나 도덕은 전근대적인 계층 사회에서 사회구조를 통해 주어져 있는 각 계층으로의 귀속성을 안정화시키는 기능을 가졌다. 질서와 지위 할당은 사회체계 내부에서 혹은 계층 내부에서 거의 언제나 미리 규제되었다. "그렇게 되면 포함에 대한 나머지 규제는 도덕에 맡겨지게 되며, 도덕은 출신과 행동을 척도로 하여 누가 존중받을 만한지 어떤 행동이 멸시받는지를 규정할 뿐이다."(GS 3: 378). 그런데 도덕 자체 안에 계층 색인을 집어넣는 것은 어렵다. 왜냐하면 도덕은 정당화를 필요로 하는 질서 자체에 기능적으로만 반응할 수 있기 때문이다. 이러한 정당화는 종교적 코드화에서 찾을 수 있으며, 그 코드화의 기능은 "세계의 규정가능성"(FdR: 79)을 보장하는 데 있다. 계층을 지정해주는 안정된 정체성 형성을 위한 의미론적 "공급물"과 관련해 루만은 종교와 도덕의 관계를 다음과 같이 쓰고 있다. "도덕 혼자서 해결할 수 있는 것보다 종교는 더 많은 것을 수행한다. 종교는 신의 의지에 따라 질서 유지를 보장하며 행위 가능성들을 계층 체계 안에 자리 잡게 한다. 서열을 나누는 차이 자체는 행동반경과 의무 범위를 구체화하고 그 안에서 개별자가 신을 두려워하는 삶을 살 수 있기 때문에 종교적 의미를 갖는다."(GS 1: 132). 사회적 관점과 개인적 관점이 계속 합치된다는 것, 즉 부분체계에 속하는 것과 개인의 정체성이 나란히 간다는 것은 안정된 정체성에게 "의미"의 확실성을 제공했고, 이는 사회의 현대화 과정에서 서서히 변화하게 되었다. 아직 친숙하지 않은 이러한 논의는 한 사회구성체를 조화롭게 기술하는 것, 즉 모든 것이 하나의 질서에 맞춰져 있어서 모든 것이 질서 잡혀 있는 것으로 이해되어서는 안 된다. 조직된 종교와 종교에 의해 정당화된 사회적 불평등을 통해 독점화된 세계 및 사회에 대한 의미부여는 또한 훈육하고, 위로하고, 공공연하게 억압하는 기능들도 갖는다. 그럼에도 의미부여는 우주론적 확실성을 보장하며, 이런 확실성은 의식이 사회구조 안에서 자기 위치를 찾을 가능성을 세속 권력의 색인이라 부를 수 있는 우연적 의미토대에 의존하게 만들기보다는 위계적-신분적 전체 질서가 역사적 임의성에서 벗어나 영원성과 신의 의지라는 인장印章을 갖춘 유일무이한 의미토대에 의존하도록 만들었다. 이렇게 개인의 자기정체성이 희박한 것처럼 사회의 복잡성도 비교적 제한되어 있었다. 확실성을 부여했던 우주론적 세계상의 힘은 사회의 복잡성이 증가함에 따라 흔들리게 된다. 그런 세계상의 힘은 더 이상 다른 대안 없는 선택지라고 주장할 수 없게 되었기 때문이다.

그렇다면 여기서 사회의 복잡성 증가란 무엇인가? 우리는 위에서 복잡성 증가와 사회 분화 사이에는 단선적 연관이 없으며, 이러한 연관은 분화의 형식을 통해 규정된다고 서술한 바 있다. 우리는 여기서 사회의 계층적 분화로부터 현대적 사회 형식으로 이행하는 시대 전환 과정을 상세하게 다룰 수는 없다. 다만 분화이론이 이 문제를 어떻게 파악하는지 보여줄 것이다. 종교개혁과 유럽 종교전쟁의 결과로 종교적 행위 모델과 정치적 행위 모델이 어느 정도 괴리되었다는 점은 잘 알려져 있는 사실이다. 종교개혁에 의한 종교적 권위의 분할이 이미 신앙고백보다 정치적 권력을 선호하게 만들었다. 그 이후 각 지역 대주교가 그 지역 신민에게 신앙고백을 강요하는 것이 가능해지면서 새로운 의미론적 차이가 생겨났다. 종교와 정치는 서로 무관하지 않지만 이제 각자 구별되는 것으로서 서로 관련을 맺게 된다. 정치는 낡은 정당성 제공자로부터 적어도 차별성을 갖게 되었기 때문에 자기 자신을 되돌아볼 필요가 생겼다. 정치는 스스로를 자립적인 작동 영역으로 구성해야 하며, 이를 위해 다른 의미론과 경계를 긋게 해주는 고유한 의미론적 장치를 갖추었다. 국시國是, Staatsräson와 주권 Souveränität은 사회에 대한 국가의 자립적인 이해관계를 표현하고 정치가 황제와 교황으로부터 독립적임을 표현하는 개념이 되었다.[12] 이러한 전개를 하나의 공식으로 만들어보자면, 정치는 타자지시[외부에 준거함]에서 자기 지시[자기에 준거함]로 전환한다. 정치적 행위 외부에 있는 코드화인 세계 전체의 선택성이 본질적인 준거 지평이 아니라, 정치 자체가 준거 지평이 된다. 정치는 국가를, 즉 자기 자신을 그 작동과정의 최종 준거 지평으로 발견한다. 정치는 자기 자신으로부터 탈출할 수 없게 된다.

이렇게 약간 제시한 것만으로도 이미 뚜렷해지는 것은 계층화된 사회가 복잡성 증가를 단순히 극복해야 한다는 것이 아니라 사회의 복잡성을 말하자면 새롭게 다루도록 강제를 받는다는 것이다. 그런데 여기서 강제라는 말은 외부에서 사회를 강제한다는 것이 아니라 자기 자신에 의한 강제, 즉 사회 안에서 뚜렷이 분화되기 시작하는 행위 영역의 독립분화에 의한 강제라는 것이다. 자기지시적 소통 영역과 행위 영역의 분화 과정은 체계형성Systembildung을 가리킬 수밖에 없다. 그래서 우리는 정치의 독립분화를 하나의 부분체계 형성으로 다루어야 하며, 이는 16세기 이후 사회의 다른 영역에서도 관찰되는 일이다. 정치의 사례에서 제시된 것은 필요한 변경을 가하면 다른 사회 영역에 대해서도 유효하다. 예를 들자면, 교육과 교육학은 교육 고유의 의미론이 수립됨과 동시에 계층적 질서 모델로부터 떨어져 나와 세속화된다(GS 3: 191 참조). 학문만의 고유한 코드가 독립

---

12. 루돌프 슈티히베(Rudolf Stichweh)는 차이이론적 수단을 갖고 현대 국가의 성립 조건을 서술한 바 있다(Stichweh 1991 참조).

분화되고(WissG 참조), 가족이라는 사적 영역과 특화된 사랑의 코드가 형성된다(LP: 163ff. 그리고 183ff. 참조). 법이 정치로부터 떨어져나오고 (AdR 참조), 경제가 종교와 도덕으로부터 분리되어 경제적 관계의 완전한 화폐화가 이루어진다(WirtG: 43ff. 그리고 230ff. 참조). 사회의 상이한 영역들이 의미론적으로 자율화됨으로써 주된 사회 분화의 새로운 형식이 성립한다. 그 부분체계의 경계는 더 이상 분절적으로 분화된 사회처럼 함께 사는 지역을 기준으로 그어지거나 계층화된 사회처럼 상대적으로 넘어서기 어려운 계층을 기준으로 그어지지 않는다. 그 경계는 이제 배타적이며 다른 것으로 대체될 수 없는 사회적 기능들에 의해 그어진다. 사회의 기능적 분화가 바로 현대 사회의 주된 분화형식이다.

16세기 말부터 이미 드러나기 시작한 사회의 주된 분화인 서로 대체할 수 없는 기능들로의 분화는 늦어도 19세기 중반에 널리 관철되며, 20세기로 넘어오는 시기에 완성된다. 사회구조적으로 보자면, 사회는 더 이상 모든 체계들에 공통된 근본 상징구조에 의해 통합될 수 없는 부분체계들로 분화된다. 개별 기능적 부분체계들 — 경제, 정치, 법, 종교, 교육, 학문, 예술 등등 — 은 항상 각 체계의 기능상 특화된 관점을 갖고 작동하며, 각 체계는 이런 관점으로부터 벗어날 수 없다. 이들 부분체계들은 단순히 그 체계에게 귀속되는 기능상 특화된 의미론만 갖고 작동하지는 않는다. 부분체계들은 관찰을 이끌어주는 기본적 구별의 도움으로 작동한다. "기능 체계들이 적절함에 대한 고유한 기준을 통해 분화되는 것만도 아니고, 그 프로그램의 전체 공식을 (평화, 공동의 안녕, 복리, 교양, 정의 등등) 통해 분화되는 것만도 아니다. 이러한 분화는 주로 **이원적 코드**binäre Codes를 통해 일어난다."(GS 3: 430; 강조는 필자에 의한 것). 기능적 부분체계들의 특수성은 이원적 코드의 두 개의 값을 통해서 그 관찰도식을 생성한다는 점이다. 그래서 정치에 결정적인 것은 공직과 결정 권력을 잡고 있는가 아닌가, 경제에서는 지불하는가 지불하지 않는가, 법에서는 어떤 것이 합법으로 간주되는가 불법으로 간주되는가, 학문에서는 어떤 진술이 진리인가 아닌가, 종교에서는 어떤 것이 구원이나 도덕적 표준에 기여하는가 아닌가, 교육에서는 인생 이력에서의 기회들과 관련해 어떤 것을 배웠는가 아닌가이다. 첫 눈에 보기에 이러한 구별들은 매우 진부하게 보일 수도 있다. 당연히 경제적 행위는 지불하는지 지불하지 않는지에 관해 결정한다. 즉, 살지, 팔지, 투자할지, 출자할지, 저축할지, 주식을 살지, 대출을 받을지, 양도할지 말지, 여기서 생산할지 먼 곳에서 생산할지, 임금을 올릴지, 정치가에게 뇌물을 줄지 자본 흐름을 통해 압박할지 등등에 관해 결정한다. 정치도 마찬가지다. 특정한 결정을 내리려 하거나 저지하려 할 때 당연히 문제가 되는 것은 공직과 권력을 이용하는 것이다. 그런데 이렇게 당연한 것들을 넘어서 염두에 두어야 할 것은 이원적 코드화에 포함된 구별들이 경제 안에서, 정치 안에서, 법 안에서 다른 것들과 더불어 일어나는 우연적인 관찰 생성장치Beobachtungsgeneratoren가 아니라는 점이다. 그런 구별들은 체계들 안에서 일어나는 것이 아니라 각 부분체계들을 결국 사회적 체계로 구성하는 것 그 자체라는 것이다.

코드화라는 것은 모두 두 개의 값으로 구축된다. 우리가 위에서 보여준 것처럼, 두 값을 가진 구별 공간은 이러한 구별 아래 놓여있지 않은 모든 것을 제3자로 배제하는 맥락을 형성한다(3장 6절 참조). 따라서 현대 사회에서는 권력이 학문적 진리를 통해 보장될 수 없으며, 종교적 구원이 법을 통해 보장될 수 없으며 경제적 성공이 교육적 작동을 통해 보장될 수 없다. 다만 교양에의 접근이 경제적 지불 능력과 전혀 무관하지는 않으며 학문적 진리가 흔히 정치적 결정의 정당화에 기여한다는 점은 누구도 부인할 수 없다. 그럼에도 기능적 부분체계들 사이의 그러한 관계가 체계들 사이의 경계를 붕괴시키는 것은 아니다.

물론 이원적 코드는 맥락이 되는 틀만 형성할 뿐이며, 그 틀 안에서 각 부분체계는 여러 형식들을 양성할 수 있다. 이원적 코드는 특정한 형식의 개방성을 가능하게 하는 체계의 폐쇄성을 마련해준다. 이에 반해 체계의 개방성을 위해서는 프로그램들이 마련된다. 즉, 구별의 이 면을 택할지 저 면을 택할지에 관한 조건들이 마련된다. "코드와 관련해 체계는 닫힌 체계로 작동하며, 여기서 진리/비진리와 같은 각각의 가치평가는 언제나 동일한 코드의 매번 해당하는 값만을 가리키지 어떤 다른 외부의 값을 가리키지 않는다. 하지만 그와 동시에 체계의 프로그래밍은 외부에서 주어지는 것을 고려할 수 있게 해준다. 즉, 이 값인지 저 값인지를 정하는 조건들을 확정한다."(ÖKom: 83). 따라서 프로그램은 "작동들의 올바른 선택을 위해 미리 주어지는 조건들"이다(ÖKom: 91). 예를 들어 학문에서는 이론들이 진리와 비진리에 관해 결정하는 프로그램이며(WissG: 183 참조), 가격과 투자 프로그램이 지불할지 말지를 결정하며(WirtG: 226 참조), 법률, 명령, 업무규정, 계약 등은 합법과 불법에 관해 결정하며(ÖKom: 127 참조), 정치적 프로그램은 직접 여당과 야당을 결정하진 않지만 선거에서의 분화 기준과 할당 기준으로 쓰인다(ÖKom: 171 참조). 프로그래밍은 작동상 닫힌 부분체계들로 하여금 그 코드에 맞지 않는 외부인 환경을 체계 자신의 작동들 속에 내장하도록 해주면서도 고유한 이원적 코드화를 포기하지 않게 해준다. 예를 들어 전체주의 국가에서 특정한 학문적 성과가 국가로 인해 환영받으며 반대되는 성과에 대해서는 그걸 퍼뜨릴 수단, 평판, 인격적 자유가 협소해진다 하더라도, 학문은 그 코드인 진리/비진리를 벗어날 수 없다. 정치적 강요는 학문 프로그램에서, 즉 왜 그 정당이 항상 옳은지 기준을 마련하는 이론에서 표출되어야 한다. 그런 조건에서 학문을 하는 자는 결코 권력관계가 전체주의적이기 때문에 어떤 것이 진리가 된다고 소통할 수는 없을 것이다. 언제나 이런 일은 학문적 수단을 통해, 즉 이론에 의해 수행되어야 한다.

자기생산적 체계 이론은 체계들이 자기 내부에서만 작동할 수 있다는 점을 주장하며, 환경과의 접촉을 오직 체계상대적으로만, 즉 체계의 고유한 작동들에 의해 접촉한다는 점을 주장한다(SoSy: 242ff. 참조). 그래서 경제적 소통은 정치적 및 법적 환경 변화에 오직 경제적으로만, 즉 지불/비지불의 구별을 다루면서 반응할 수 있다. 정치와 법은 경제적 작동에 의해 경제에 영향을 미칠 수는 없다. 정치와 법은 지불에 대한 정치적 및 법적 환경 조건들을 수립하는 한에서만 지불을 조절할 수 있다. 어떤 체계의 개입은—예를 들어, 국가 환경 프로그램을 위한 생산관련 세금을 인상하는 정치적 결정은—다른 체계에서는 그 정치적 의도를 좌절시킬 수도 있는 체계고유의 작동을—예를 들어, 생산입지를 외국으로 옮기는 걸 통해—낳을 수도 있다. 체계/환경-패러다임은 이런 식의 전개를 정치적 체계가 아직 완벽하게 형성되지 못한 것이라고 설명하는 것이 아니라, 부분체계들 사이의 극복할 수 없는 작동적 차이라고 설명한다.[13]

작동적 차이operative Differenz라는 개념을 통해 비로소 이원적 코드화라는 정리定理의 충분한 의미가 드러난다. 우리는 현대 사회의 기능적 부분체계들이 그 주도적 구별을 두 개의 값을 갖고[二價性] 한다는 특징을 가지며, 이러한 구별은 하나의 세계를 이 구별의 두 개의 값 내부에서 펼친다고

---

13. 그럼에도 기능적 분화 이론의 주요 이론가들은 전체의 한 부분을 통해 전체를 조절할 수 있다고 보는 정식화들을 그간 선택해왔다. 예를 들어 군터 토이브너(Gunther Teubner)는 "성찰적 법을 통한 사회 조절"이라는 테제를 내놓았다(Teubner 1989: 81ff.).

이미 말한 바 있다. 두 개의 값을 가진 논리학은 단일맥락적 구조를 구성한다. 즉, 이 구별 안에서 자리를 차지하는 것 이외의 다른 것은 일어나지 않는 하나의 세계를 구성한다(Günther 1979: 189 참조). 이러한 구성주의적 사태는 사회의 기능적 부분체계들의 사례에서도 관찰된다. 경제체계에게 세계는—극단적으로 정식화하자면—지불능력의 생산과 재생산을 위한 투자 대상이다. 정치에게 세계는 매번 권력을 잡을 수 있는가 없는가라는 척도에 따라서 결정이 내려지는 공간이며, 법에게는 적법한 것을 위법한 것으로부터 구별할 수 있다는 것을 통해 구조화되는 하나의 세계이며, 종교에게는 구원 혹은 저주를 위해 결정을 내리고 그런 성격을 부여할 수 있는 하나의 세계이며[14], 학문에게는 진리인 진술과 비진리인 진술이 존재하는 타당성의 공간이다. 이러한 분화가 사회를 **존재영역**들로 나누는 것도 존재 장소들로 나누는 것도 아니라는 점을 우리는 구성주의 인식론으로부터 배울 수 있다. 오히려 여기서 문제가 되는 것은 서로 모사할 수 없는 **판이한 관찰 상황**이다. 세계의 존재가 나뉘는 것이 아니라, 상이한 관찰들이 일어난다. 즉 세계 전체를 관찰할 수 있게 하는 구별들[구별기준들]을 상이하게 다루는 것에 다름 아니다(SoSy: 63 참조). 각각의 관찰은 그 구별을 통해 볼 수 없는 것들을 배제하며, 관찰의 작동들을 통해 배제하는 것을 포괄한다고 말할 수도 있을 것이다. 쉽게 말하자면, 법적 소통은 법체계의 주도적 구별에 맞지 않는 모든 것을 배제한다. 동시에 법은 도대체 구별이라는 걸 생성시킬 수 있기 위해서는 그 이원적 코드의 반대항, 즉 불법을 분명하게 포괄한다. 법은 불법이 있는 곳에서만 존재한다. 지불은

---

14. 종교는 물론 스스로 정한 요구인 세계의 전체 선택성을 대표한다는 요구를 여전히 갖고 있지만, 현대 사회에서 실제로는 여러 부분체계들 중 하나로 격하되기 때문에 사회의 전체 소통에 있어 아주 주변적인 몫만을 갖게 된다.

지불을 중단할 수 있는 곳에서만 의미를 가지며, 권력은 권력 없음에 대립해서만 의미를 갖는다. 그 역도 마찬가지로 자명하다. 불법은 법의 지평 안에서만 있으며, 누군가 지불할 수 있을 때에만 지불하지 않을 수도 있으며, 다른 사람이 권력을 가질 때에만 누군가는 권력이 없다. "엄격하게 두 개의 값을 갖고 설계되어 있기 때문에, 체계는 반대값들^{Unwerte}과 함께 계속 나아간다. 반대값은 연결능력이 없으며, 그래서 비진리(불법, 권력 없음, 소유 없음 등)를 갖고는 체계 안에서 아무것도 시작할 수 없긴 하지만, 반대값을 채우는 실태를 특화시키는 것은 그럼에도 (혹은 바로 그 때문에) 가능한 것을 함께 유도한다. 다른 말로 하자면, 두 개의 값으로 되어 있다는 것은 모든 가능한 경우에 대해서 체계의 자기생산을 보장한다."(WissG: 191). 그래서 각 부분체계의 자기생산은 그 체계의 근저에 놓여있는 이원적 코드화 덕택에 자기 자신을 산출하며 따라서 그 세계를[그 체계 고유의 세계를] 산출하는 것에 다름 아니다.

결국 여기서 다루고 있는 사태는 형식적으로 볼 때 과거 고대 문명에도 해당하는 사태이다. 고대 문명에서 사회는 하나의 주도적 구별을 이용해 관찰되고 기술되었으며 이를 통해 전체로서 동일화될 수 있었다. 그렇게 형성된 존재론이나 우주론은 "전체 안에서 전체에 대한 기술"을 수행했다(WissG: 210). 사회구조적으로 볼 때 존재론과 우주론은 전체사회적이며 종교적인 근본 상징구조의 형식 속에서 사회의 거의 모든 사회적 접촉을 규제하는 하나의 의미를 전체에게 부여하는 지위도 가졌다. 이러한 근본 상징구조는 최종 개념, 대개는 신 개념의 도움으로 그 출발의 우연성을 보이지 않게 만듦을 통해 그 통일성을 획득했다.

앞서 말한 것처럼 기능적 부분체계들도 형식적으로는 같은 처지에 있다. 기능적 부분체계들은 그것들의 모든 작동을 하나의 주된 구별, 즉 이원적 코드를 갖고 시작하며 이러한 맥락에서 벗어날 수 없다. 여기서 시작의 우연성이 보이지 않게 되는 것은 그 코드가 불가피하게 되어 있다는 점을 통해서이다. 어떤 학문도 진리(그리고 비-진리) 없이는, 어떤 경제도 지불(그리고 비-지불) 없이는, 어떤 정치도 권력(그리고 비-권력) 없이는 있을 수 없다. 그래서 어떤 부분체계의 코드는 말하자면 그 체계의 "맹점"이며, 그 체계는 자기 적용의 역설에 빠지지 않고서는(3장 6절 참조) 그 맹점을 스스로 관찰할 수 없다(EaK: 17 참조). 사회의 기능적 부분체계들이 말하자면 제도들 속에서 주조되고 다듬어지는 실체로 이해되지 않고, 단순히 하나의 코드를 사용하는 것이 아니라 바로 그 코드의 사용을 통해 구성되는 소통 체계들로 이해된다면, 모든 자기관찰은 하나의 역설을 낳는다. 그래서 분명한 것은 코드가 세계 속에서 보는 것은 그 코드 자신이 창출한 것이라는 점이다. 예를 들어 학문체계는 그 환경에 있는 어떤 것과 관련해 진리인 진술과 비진리인 진술을 단지 보는 것뿐만 아니라 자신의 체계/환경-구별을 통해 비로소 자신의 대상인 세계를 창출한다. 법체계가 자기관찰에 있어 직면할 수밖에 없는 것은 합법과 불법이란 법체계 자신이 창출하는 것이지 단순히 발견하는 것이 아니라는 점이다. 그래서 "'체계/환경' 구별이 한 체계의 내부에서 나타나고, 이를 통해 환경 —정의상 체계의 '외부'에 놓이는—이 이제 그 체계의 '외부'와 '내부'에 동시에 나타난다면"(Esposito 1991: 37), 역설이 등장한다. 그렇게 되면 체계들은 코드를 자신에게 적용할 수밖에 없고, 합법과 불법을 구별하는 것이 합법적인지[올바른지rechtens], 진리와 비진리를 구별하는 것이 진리인지 결정할 수 없다. 그리고 모든 지불은 언제나 두 가지, 즉 "지불능력 그리고 지불무능력, 그래서 아무것도" 생산하지 않는다는 점에 직면하게 된다(WirtG: 134). 따라서 기능적 부분체계들은 그 역설의 탈역설화 또는 비가시화를 통해 자기 봉쇄를 풀어서 자신의 작동을 보장할 수밖에 없다. 코드의 통일성에 대한 반성을 감당할 수 없다면, 통일성은 차이로 대체된다. "그렇게 되면 그 체계는 이러한 차이로 자신의 작동 방향을 잡을 수 있으며, 이러한 차이 내부에서 진동할 수 있고, 작동들을 그 코드의 입장과 반대입장에만 귀속시키도록 규제하는 프로그램을 발전시킬 수 있다. 이는 그 코드의 통일성에 관해 묻지 않으면서도 이루어진다."(ÖKom: 77). 그 체계는 세계가 관찰되는 방식대로만 그렇게 있는 듯이 해나가게 된다고도 말할 수 있다.

진리, 지불, 권력은 말하자면 각 부분체계의 신神의 용어가 되며, 이것은 한 체계의 작동을 다른 것으로 대체할 수 없게 만든다. 하지만 이러한 자기확정의 형식적 유사성과 더불어 구조적 차이점도 있다. 차이점은 사회의 어떤 기능적 부분체계들도 예전의 우주론적 세계관이 가졌던 영향력을 더 이상 가질 수 없다는 점에 있다. 병존하는 우주론들이 양성된다고 말할 수 있으며, 물론 이런 우주론들 중 더 큰 것은 없으며 각 우주론의 준거문제는 완전히 다른 종류의 것이다. 그런 우주론들은 기능적으로 특화된 관점의 영사막 위에 떠오르는 것만 볼 수 있다. 다른 모든 것은 관찰을 이끄는 구별의 맥락에 맞지 않기 때문에 배제된다.

그런데 사회의 지평적 구축은 결코 사회의 부분체계들이 전체체계 전체를 기술하는 것을 배제하지 않는다. 물론 이러한 기술은 그 자신의 코드에 묶여 있기 때문에 모두에 대해 구속력 있는 기술을 제공할 수는 없다. 구성주의 인식론이 가르치는 바는 기능적으로 특화된 관찰들이 잠시 조금이라도 그 코드로부터 벗어날 수 없다는 것이다. 왜냐하면 첫째, 체계들은 그 자신의 외부에서 작동할 수 없으며, 둘째, 자기생산적 체계들의 형식은 세계의 결과물이 아니며, 형식을 부여하는 구별로부터 각각의 세계가 나오기 때문이다(Spencer Brown 1971: 105f. 참조). 부분체계 나름의 사회

기술은 반드시 부분체계 나름의 것일 뿐이다. 학자, 정치가, 목사, 교사 등 등은 이와 다르게 주장할 수도 있다. 그들이 자신의 지위를 유지하려면 아마도 다르게 주장해야 할 것이다.

우리가 기능적 분화 이론의 더 많은 사회이론적 귀결을 이야기하기 전에, 기능적 부분체계들의 성격에 관해 아직 조금 더 언급해야 할 필요가 있다. 기능적 분화 이론의 루만식 변형태가 흔히 비판받는 내용은 상이한 부분체계들의 자율성을 이론적으로 너무 엄격하게 주장한다는 것이다. 예를 들어 리차드 뮌히(Richard Münch)는 현대의 사회형식 안에서는 "하위체계들의 상호침투 영역에서 더 많은 이들이 활동하고 하위체계 고유 논리의 유보구역에서 더 적은 이들이 활동"(Münch 1991: 23)한다고 본다. 뮌히는 여기서 부분체계들 서로간의 조절 가능성이 보장된다고 본다(같은 책: 135ff. 참조). 이러한 구상의 마지막 결론은 상호침투를 통해 사회의 소통이 체계 자신의 요인과 환경의 요인에 자기조절적으로 반응하게 하는 공동의 규범적 거처를 열망하는 것이다.[15] 뮌히는 정치적, 문화적, 경제적, 종교적, 학문적 행위 담당자들과 조직들의 노력 속에서 그들이 서로 행위를 조율하며 최소한 잠재적인 공동의 관점을 요구한다고 보며, 이것이 기능체계들이 작동상 자율적이라고 주장하는 루만에 대한 반증이라고 본다. 이런 식으로 제기되는 반론은 우리로 하여금 루만의 분화이론이 갖는 귀결을 한번 더 뚜렷하게 지적하도록 만든다.

---

15. 이와 비슷하게 헬무트 빌케(Helmut Wilke)도 기능적으로 분화된 사회로부터 새로운 형식으로의 이행, 즉 상이한 영역들의 그물망을 형성하게 하는 형식에 관해 주장한다. "나는 이러한 형식을 '조직된 분화'라고 부르며, 이는 사회 전체에 대해 위험할 수 있는 기능 영역들의 분리가 어쨌거나 각 지점에서 부분적으로 조직된 그물망에 포섭된다는 점을 강조하기 위함이다."(Willke 1992: 183; Kneer 1993과도 비교해볼 것).

루만이 나누고 있는 것은 상이한 부분체계들을 형성하는 행위 담당자들이나 조직들이 아니다. 루만이 명백하게 나누고 있는 것은 소통들일 뿐이다. 즉 각각의 관찰을 이끄는 구별을 갖고 체계와 환경을 보고 있는 소통들이다. 경제적 소통과 정치적 소통의 경계는 경제와 정치 사이의 부분체계 경계를 표시하는 것이지, 감사위원장과 연방 수상 사이의 구분이나 기업과 정당 사이의 구분이 아니다. 기능적 부분체계들은 그 체계들에 상응하도록 양성되고 사회화된 인격들을 체계 자신의 재생산을 위해 이용하며, 특히 조직들을 양성하는 것에 의지하기는 한다. 이런 조직들이 없다면 현대 사회라는 것은 생각할 수조차 없다. 그럼에도 부분체계들은 그 체계들에 속하는 조직들로 상쇄되는 것이 아니다. "현대 사회의 대부분의 조직들은 특정한 기능체계들에 속해 있다"(WissG: 678)는 말도 유효하지만, 동시에 조직들은 "사회들이나 사회의 하위체계들, 즉 전체 소통이나 하위체계들의 소통을 독립분화시키는 체계들이 아니다"(WissG: 673f.)라는 말도 유효하다. 경제를 모든 기업을 합한 것과 혼동해서는 안 되며, 교육체계를 학교들과 혼동해서는 안 되며, 종교체계를 교회들과 혼동해서도 안 된다. 관건이 되는 것은 작동상의 경계가 성립하는 경제적 소통들, 교육적 소통들, 종교적 소통들이다. 이러한 경계가 대개 행위 담당자들이나 인격들에 의해 횡단될 수 있다는 점, 예를 들어 누군가 교육받으면서 동시에 교육을 위해 지불하고 더 나아가 교육을 통해 특정한 신앙에 참여할 수 있다는 점은 위에서 말한 작동상의 차이와 모순되는 것이 아니다. 우리는 사회를 가능한 모든 소통들의 합으로 간주하지 모든 행위 담당자들의 합으로 간주하지 않기 때문이다. 그래서 당연히 결정적으로 중요한 지점은 각 부분체계들이 어떤 방식으로 하나의 체계/환경 관계에 놓이게 되는가 그리고 부분체계들이 어떻게 다른 부분체계들에게 제약을 가하거나 영향을 미치는가이다. 제약을 가하거나 영향을 미친다고 해서 부분체계들 사이의 작동적 차이를 건드리지는 않는다. 물론 프로그래밍의 차원에서는 체계의 관점들 간에 어떤 조율이 이루어지는 것도 생각해볼 수 있다. 정치는 경제적 목표 제시와 규제를 정치적 프로그램에 넣어서 경제에 맞추어 나갈 수 있다. 교육은 종교로 해소되지 않고도 종교적 기준을 받아들일 수 있다. 경제는 경제 교류에 효과를 미치는 법적 규제에 맞추어나갈 수 있다. 그리고 모든 부분체계들은 학문적 인식을 그 프로그래밍에 받아들이는 것으로 보인다. 하지만 예를 들어 정치적 프로그램에 학문적 "진리"를 일방적으로 옮겨와 개입할 수 있게 하는 식으로 받아들이지는 않는다.

□ 중요한 기본 개념 요약

• **분절적 분화**는 사회가 동등한 부분체계들, 예를 들어 혈통, 부락, 가족 등으로 분화되는 것을 뜻한다.

• **계층적 분화**는 사회가 불평등한 층들로 독립분화하는 걸 뜻하며, 각 층들은 전체사회적으로 작용하는 주도적 차이를 통해 사회구조 내부에 자리 잡는다. 이러한 주도적 차이는 사회의 소통을 위/아래의 구별을 고려해 관찰한다.

• **기능적 분화**는 사회가 불평등한 부분체계들로 독립분화되는 걸 뜻하며, 부분체계들은 전체체계와의 기능 – 준거를 통해 구별된다. 경제, 정치, 법, 학문, 종교, 교육 등등이 있다.

• 현대 사회에서 기능체계에 특화된 소통들의 주된 구별은 이원적 코드화의 형식으로 구축된다. 이원적 코드화는 일차적 구별들이기 때문에 기능체계에게 불가피한 것이다. 지불/비지불, 여당/야당, 합법/불법 등이 있다.

• **코드화**가 부분체계의 작동적 폐쇄를 위한 것이라면, **프로그래밍**은 그 체계를 외부의 의미에 대해 열어놓는다. 프로그램을 갖고서 부분체계는 코드값의 할당에 관해 결정한다. 예를 들어 학문에서는 이론들이 진리 혹은 비진리에 관해 결정한다.

□ 참고문헌

• Niklas Luhmann : "Gesellschaftliche Struktur und semantische Tradition", in: ders.: *Gesellschaftsstruktur und Semantik. Studien zur Wissenssoziologie der modernen Gesellschaft, Band 1*, Frankfurt/M. 1980, S. 9~71.

• Niklas Luhmann : *Ökologische Kommunikation. Kann die moderne Gesellschaft sich auf ökologische Gefährdung einstellen?*, Opladen 1986, S. 75~217.

□ 옮긴이 추천 참고문헌

• 니클라스 루만 지음, 이남복 옮김, 『현대 사회는 생태학적 위협에 대처할 수 있는가』, 백의, 2002.

• 노진철 지음, 『환경과 사회』, 한울아카데미, 2001.

• Niklas Luhmann, *Gesellschaft der Gesellschaft*, Suhrkamp 1997, S. 595~775.

4. 통일과 차이

이러한 고찰로부터 끌어낼 수 있는 사회구조적 차원의 결론은 다음과 같다. 기능적으로 분화된 현대 사회에서는 부분체계들이 자기 자신에게 불가피한 이원적 코드의 독립분화에 근거하기 때문에 전체사회를 세력범위로 하는 중심 심급이 있을 수 없다. 모든 체계/환경-차이들을 초월해 의미적 구속력을 가질 수 있는 중심 심급이 없다. "그래서 각 부분체계에게는 환경과의 관계에서 전체를 가리키는 하나의 구조나 하나의 상징구조가 없다. 전체에 대한 지시는 전적으로 그 기능 자체에 있다. 즉 환경을 곧 자신의 것으로 만들 수 없다는 원리에 있다."(GS 1: 28). 따라서 체계와 환경의 차이의 통일인 "세계"는 관점에 따른 세계들로 해소된다. 기능적으로 분화된 현대 사회에서는 예전의 존재론적 세계들의 단일맥락성이 부분체계 나름의 세계들이라는 다맥락성으로 해소된다. 루만 사회이론의 중요한 결론 중 하나는 현대 사회가 다중심적으로 된다는 점에 있다. 현대는 모든 관점들에 대해 구속력 있는 하나의 세계 해석을 마련해주는 어떤 특권적 장소도 더 이상 제공하지 않는다. 세계 전체에 대한 설명이 없는 것은 아니지만, 현대 사회에서 우리가 항상 고려해야 하는 것은 자신의 관찰이 다른 관찰자들에 의해 수많은 관찰들 중 하나의 관찰로 관찰된다는 점이다.

루만은 하버마스와는 달리 **생활세계**Lebenswelt개념, 즉 친숙한 배후적 확신과 합의 이전의 지식이라는 영역을 사회이론 안에 설정하지 않는다. 잘 알려져 있듯이 하버마스는 생활세계를 실천적 규범들, 이론적 통찰들, 심지어 부분적으로는 취향에 대한 판단 등이 이미 공유된 세계의 지반과 지평에서 소통적으로 행위하는 주체들이 움직이는 공간이라고 이해한다. 이러한 지반이 바로 목적합리적으로 조직된 체계들의 명령에 맞서 상호이해

지향적 행위를 주장하는 지반이다(Habermas 1981; I : 106 참조). 루만에게 생활세계란 사회의 체계들에 대립하는 훼손되지 않는 사회화의 영역이 아니라, 어떤 관찰자가 관찰을 이끄는 어떤 구별을 적용하건 간에 세계 속에서 친숙한 것과 친숙하지 않은 것을 발견할 때 그에게 나타나는 지반과 지평일 뿐이다. 현대 사회에서 관찰의 입장이 상대적이라는 걸 고려한다면, 생활세계는 실존하는 사회 영역으로 이해되는 것이 아니라 매번 관찰의 결과에 따라 다맥락적으로 나타나는 것이다.(Luhmann 1986a: 182 참조) 쉽게 말하면, 나의 생활세계는 너의 생활세계가 아니다. 각자에게 유관한 구조들에 따라 우리 각자에게 친숙한 것은 서로 다르기 때문이다.[16] 하버마스도 생활세계가 행위자들에게 상황에 따라 상대적이라는 걸 알지만(Habermas 1981, II : 188 참조), 그에게 생활세계는 이미 이론 기법상의 이유로 통일성의 제공자 역할을 한다. 즉 사회적 생활형식과 문화적 기본 확신의 통일성을 확실히 제공하는 것은 아니지만, 최소한 소통적 행위의 비판적 잠재력을 펼칠 수 있는 사회 영역의 통일성을 제공하는 역할을 하는 것이다. 하버마스에게 생활세계는 "화자와 청자가 만나는 초월론적 transzendental 장소"이다(같은 책: 192). 그에 반해 루만은 경험적 장소인 생활세계에 관심을 가지며, 생활세계는 더 이상 통일적인 소통적 실천을 보장하는 것이 아니라 '친숙한/친숙하지 않은'이란 구별의 결과로만 간주한다. 이런 식으로 보면, 생활세계는 도처에서 나타난다. 사회의 기능적 부분체계들 내부에서는 물론이고 외부에서도 나타난다. "모든 구별들에서 응결

---

16. 그밖에도 알프레드 쉬츠(Alfred Schütz)의 사회현상학적 생활세계 이론은 생활세계의 "현실의 다면성"이 가진 다맥락성을 지적하고 있다. 이는 정치 체계와 경제 체계에 맞선 대항 영역인 생활세계에 대한 하버마스의 비판적 관심이 허락하는 것보다는 생활세계의 다맥락성을 더 분명히 지적하는 것이다(Schütz 1971 참조).

되는 것이 생활세계들이다."(Luhmann 1986a: 186). 즉, 소통이 이루어지는 도처에서 친숙한 공간과 친숙하지 않은 공간이 생겨난다. 이렇게 생활세계가 편재되어 나타나는 것은 "각 체계에게 세계는 그 체계 고유의 체계/환경 - 차이의 통일"이라는 점 때문이다(SoSy: 106). 친숙한 것이 친숙하고 낯설지 않은 것은 각자의 관점에 따라서라고 말할 수도 있을 것이다. 그런데 이차 등급 관찰은 친숙한 것의 친숙함이 그 자체로 주어지는 것이 아니라 각각의 관찰 관점에서 나오는 것이라는 점을 볼 수 있다. 그런 한에서 하버마스와 다른 루만의 생활세계 개념은 통일성을 생각할 수 있게 만들고자 하는 개념이 아니라 관점들의 불가피한 차이를 고려하는 개념이다.

루만이 이론의 시야를 통일에서 차이로 옮겨놓았다는 점은 사회적 체계들의 일반 이론보다는 현대 사회에 대한 이론으로부터 더 많이 읽어낼 수 있다. 그래서 루만에 의하면, 현대 사회의 통일성에 관한 물음은 "기능 체계들에서 밝혀질"(BdM: 41) 수 있을 뿐이며, 따라서 자기지시와 타자지시의 차이의 통일성을 서로 다르게(!) 다루는 관찰에 의해서만 밝혀질 수 있다. 사회의 각 기능적 부분체계는 자기 자신과 타자를 동시에 지시한다. 경제체계의 사례에서 루만은 이를 다음과 같이 설명한다. "자기지시는 화폐 지불을 통해 재생산된다. 지불 과정은 체계의 지불능력과 지불무능력을 운송한다. 지불 과정은 다음 순간에 다시금 지불능력과 화폐에 대한 필요가 생기도록 보장한다. 물론 매번 다른 사람에 의해서이지만. 그래서 지불은 체계의 자기생산을 수행한다. 즉 동일한 체계의 더 나아간 작동의 무한 가능성을 성취한다. 화폐라는 매체와 그에 맞춰져 있는 형식(가격)을 통해 그 체계는 자기 자신을 가리킨다. 거래의 다른 면은 물건과 서비스를 움직이게 한다. 여기서 문제가 되는 것은 욕구의 충족이다. 즉 타자지시인 것이다. 왜냐하면 욕구란 경제체계 바깥에 닻을 내릴 수밖에 없기 때문이다 [……]."(BdM: 39). 그래서 한 체계는 그 체계의 작동 속에서 언제나 자기 자신과 동시에 타자, 즉 환경을 함께 지시한다. 루만에게 결정적인 것은 거래의 한 면(자기지시)은 물론이고 다른 면(타자지시)도 하나의 체계 내적 작동이라는 점이다. "거래는 언제나 그 두 측면에서 완전히 경제내적인 진행과정이며 절반은 외부에서 절반은 내부에서 실행될 수 있는 것이 아니다. 하지만 거래가 환경을 구성하고 환경을 가리킬 수 없다면, 거래는 불가능할 것이다."(BdM: 39). 그런데 환경 자체는 작동하는 체계가 아니라 항상 체계상대적인 환경이며, 오직 체계의 작동을 통해서만 산출된다. 따라서 자기지시와 타자지시의 통일은 결국 사회의 통일을 실행하는 것이 되, 이러한 통일성 산출이 항상 각 체계의 작동에 묶여 있다는 제약을 갖고서 통일을 실행한다. 각 부분체계는 체계 자신의 관찰을 통해 사회에 대한 하나의 상을 창출하되, 그 체계만의 상을 창출한다. 이원적 코드화 자체는 관찰될 수 없으며 기능적 부분체계들은 그 작동에서 불가피하게 자신의 코드에 묶여 있다. 그래서 부분체계들은 일단은 자신을 사회의 **부분**으로 경험하지 않는다. 각자의 코드를 적용해 사회를 실행하기 때문에 볼 수 있는 것만 볼 수 있을 뿐이다. 경제의 경우에 관찰은 가격 형식으로 된 세계에 제한되어 있다. 경제 안에서는 경제적으로 유관한 것, 즉 화폐 매체와 가격 형식에 의해 계산 가능한 것만이 나타난다.

따라서 기능적으로 분화된 현대 사회에서 사회의 통일은 각 부분체계 나름의 관찰 상황들로 해체된다. 지불/비지불 코드를 적용하면서는 진리/비진리 혹은 여당/야당과 같은 다른 구별의 적용이 시야에 들어오지 않는다. 그래서 중심이 있다고 생각했던 예전의 세계 개념은 **다중심적 세계 개**념으로 해체되며, 이러한 세계 개념은 "세계 개념을 전통적으로 '중앙이나

'주체'로 집중시키는 것"(SoSy: 284)을 해소시킨다.[17] 세계 개념의 탈중심화라는 생각은 철학적 포스트모던의 구상에도 깔려 있다. 포스트모던 구상은 거대 서사에 담겨있는 사회의 통일이라는 은유가 갖는 헤게모니에 대한 비판이며(Lyotard 1986 참조), 상이한 문법-체계들 사이의 불가피하며 해소될 수 없는 충돌이며(Lyotard 1987 참조), 현대의 동일성 논리에 맞서 비공식적 카오스를 옹호하는 자유로운 차이이다(Deleuze 1968 참조). 이러한 철학적 의미론에서 표출되는 바는 현대 사회가 사회의 모든 작동을 조절할 수 있는 심급을 더 이상 이용할 수 없다는 점이다. 사회의 기능적 분화는 구조가 결정된 부분체계들의 안정성을 통해 하나의 공통된 관점 형성을 방해한다. 즉 사회에서 일어나는 모든 것을 상호관계적인, 즉 양측에 대해 동일한 종류의 관계 속에 정립하는 공통된 관점 형성을 방해한다. 계층 구조 내부에도 상이한 관점들이 있긴 했지만, 모든 측면에서 상황의 전체구조가 나타났다. 누가 위에 있고 누가 아래에 있는지 누구나 알고 있었다. 그에 반해 이원적으로 코드화된 기능준거를 갖는 불균등한 부분체계들에서는 이런 것이 불투명하다. 예를 들어 종교는 자연 환경 훼손 문제를 신의 창조물에 대한 개입으로 보거나 원죄를 가진 창조물에 대한 신의 개입으로 본다. 그에 반해 경제는 미래의 투자에 유리한지 불리한지만 본다. 정치는 투표에 관한 동기를 부여하는 결정적 요인으로 본다. 교육은 그 문제의 책임이 개인의 잘못된 행위에 있다고 보기 때문에 생태적 교양 프로그램을 주장한다. 예술은 세계를 예술적으로 그리기 위한 새로운 주제를 발견한다. 기능적 분화 이론이 사회의 통일성에 대한 생각을 누가 무엇을 사회의 통일성으로 관찰하는가라는 물음으로 대체한다는 점이 이제 분

---

17. 루만의 세계 개념이 가진 다중심성에 관해서는 Günter Thomas 1992를 참조.

명해졌을 것이다. 즉 어떤 관점에서 사회를 보는가에 따라서 달라진다. "그래서 무슨 일이 일어나는지 확인하려면, 관찰을 작동적으로 실행해야 한다는 가능성만 있다. 즉, 관찰자가 어떤 구별을 이용하고 그 구별의 어떤 면을 지칭하여 (다른 면이 아니라) 거기서 다음 작동에 착수하는지를 고려하여 관찰자를 관찰할 가능성만 남는다. 따라서 실재라고 구성되는 것은 결국 관찰들에 대한 관찰 가능성을 통해서만 보장된다."(BdM: 45). 자기생산적 체계 이론의 구성주의 인식론을 진지하게 받아들인다면, 사회의 실재[사회 현실]란 각각의 관점에 따른 실행의 외부에 실존하는 것이 아니라, 적용되면서도 적용자에게는 불투명할 수밖에 없는 주된 구별을 통해 작동적으로 성립한다는 점을 보게 될 것이다(Nassehi 1992 참조). 루만의 이론 설계는 어떤 것을 어떤 것으로 관찰하도록 되어 있는 것이 아니라, 이차 등급 관찰이라는 의미에서 어떤 것이 사회 안에서 어떻게 다르게 관찰되는지를 관찰하도록 되어 있다. 그래서 당연하게도 자신의 이론적 관찰을 특권적인 관찰자 입장이라고 입증할 수 없다. 체계이론은 전혀 다르게도 볼 수 있는 실재[현실]를 창출하는 많은 관찰들 중의 하나일 뿐이다.

이차 등급의 관찰은 하나의 역설을 가시화시키며, 항상 분화된 통일성에 노출된다. 사회의 기능적 분화는 기능들의 다원성만 낳는 것이 아니다. 즉 코드의 다양성을 낳을 뿐만 아니라, 동시에 다중심성도 낳는다. 각각의 기능적 코드는 그 자신이 세계의 중심이면서 동시에 자신을 이원적 코드와 함께 주어지는 고유한 지평으로부터 벗어날 수 없는 다른 관찰자들 중의 한 관찰자로―이차 등급 관찰!―본다. 그래서 각각의 코드는 불가피하면서도 동시에 우연적이라는 긴장을 유지해야 한다. 불가피하다는 것은, 그 코드가 부분체계의 시작 조건이라서 마음대로 바꿀 수 없기 때문이고, 우연적이라는 것은, 세계가 다르게도, 즉 다른 코드를 갖고서도 관찰될 수 있기 때문이다. "그래서 관건이 되는 것은 역설을 작동시키는 것이다. 체계와 환경의 차이로 간주될 때 기능체계는 사회이며, 동시에 기능체계는 사회가 아니다. 기능체계는 닫혀 있으면서 동시에 열린 채로 작동한다. 작동에 필요한 환상이라는 의미에서이긴 하지만 기능체계는 그 자신의 실재성 요구에 대해서는 예외적 지위를 부여한다."(ÖKom: 205). 이렇게 역설을 다루는 것은 자신의 작동들을 가능하게 하는 것과 사회의 통일성이 다른 대안을 갖고도 관찰될 수 있다는 통찰 사이에서 균형을 찾아야 한다. 쉽게 말해, 법체계는 그 작동상 닫혀있음으로 인해 합법/불법 구별을 다루면서 사회를 관찰할 수밖에 없다. 하지만 법체계는 동시에 여기서 자신의 제한성을 함께 관찰할 수 있다. 즉 법체계가 볼 수 있는 것만 볼 수 있고 볼 수 없는 것은 볼 수 없다는 걸 관찰할 수 있다. 다른 관찰자는 동일한 대상을 다르게 관찰한다는 것을 관찰할 수 있다. 하지만 대상 자체의 동일성이란 역설이다. 왜냐하면 동일성은 관찰을 통해 비로소 창출되며 따라서 동시에 상이하게 있을 수 있기 때문이다.[18]

분화된 통일성이라는 역설은 사회체계의 통일성 문제에 대한 중요한 결론을 끌어낸다. "체계 안에서 체계의 통일성을 작동 대상으로 만들고자 하는 모든 시도는 그 원리상 역설에 부딪치게 된다. 왜냐하면 이러한 작동은 여기서 자기 자신을 배제하면서 포함해야 하기 때문이다."(ÖKom: 216). 사회가 만약 그 통일성의 재생산을 여전히 하나의 중심에 집중시키

---

18. 앞 문장에서 이미 존재론이 어떻게 "소통의 부산물로"(SoSy: 205) 생겨나는지 알 수 있다. 언어는 우리에게 존재-도식으로부터 벗어날 수 있는 형식들을 제공해주지 않는다. 우리는 다음과 같이 말할 수 있을 뿐이다. 대상은 구별된 것일(sein) 수 있고, 여기서 대상은 오직 구별된 것으로 나타난다. [독일어 sein은 영어의 be에 해당.] 그러나 이러한 언어적 형식은 부적합하다. 왜냐하면 바로 여기에 대상으로 나타나고/맞서는 것은 맞서는 어떤 것이 아니라 체계상대적으로만 산출되는 것이기 때문이다.

고 그와 경합하는 다른 통일성 재생산들을 위계화를 통해 배제해 버린다면, 역설은 가시화되지 않을 것이다. 역설을 창조주나 그 대리자의 은총이라고 넘겨버릴 수 있다.[19] 기능적 분화는 이렇게 넘겨버리는 걸 더 이상 허락하지 않으며 역설을 가시화시킨다. 통일은 차이가 된다. 이는 "사회의 통일성이 기능체계들의 이러한 차이에 다름 아니"라는 것을 뜻한다.(ÖKom: 216).

분화이론으로부터 나오는 결정적인 사회이론적 물음은 어떻게 사회적 질서가 가능한가라는 것이다. 즉, 어떤 공동의 관점도, 어떤 "사회 공동체"Parsons도, 모든 사회 구성원의 어떤 공동의 행위 목표도, 부분체계들 상호간의 조율이라는 사고도 전제할 수 없다면, 어떻게 사회적 질서가 가능한가? 루만은 그러한 요청들에 대해 각각의 체계상대적 작동들은 우연적일 뿐이라고 주장한다. 즉, 모든 것을 다르게도 볼 수 있고 그래서 사회의 공동성이나 통일성은 누가 그걸 관찰하는지 묻지 않고서는 전제될 수 없다. 물론 부분체계에 특화된 소통들은 그것들이 제한되는 환경 속에서도 잘 일어난다. 이렇게 구조적으로 주어진 한계들은 가능성들을 제약해서 임의성이 무제한으로 확장되는 걸 막는다. 루만이 관찰자의 시선을 돌리는 방향은, 사회적 체계들이 그 각각의 경계 안에서 작동하는 것 말고 다른 것을 할 수 없다는 점, 그리고 이러한 작동들이 서로 나란히 일어나면서 결국 질서를 보장한다는 점이다. 자명하게도 정치적 체계는 정치적으로만

---

19. 이것이 역설이 일찍이 가시화될 수 있었다고 말하는 것은 아니다. 신에 대한 증명의 역사가 바로 이를 웅변하는 증거이다. 그리고 루만이 중세의 철학자 중 니콜라우스 쿠사누스(Nikolaus Cusanus)를 괜히 좋아하는 것이 아니다. 쿠사누스는 다음과 같이 coincidentia oppositorum[반대의 일치]을 신이라고 표현하기 때문이다. "신은 모든 구별들의 피안에 서 있고, 그래서 구별들에 대한 구별과 구별된 것과 구별되지 않은 것의 구별의 피안에 서 있다."(EaK: 27; GS3: 296과 SozA 5:87f.도 참조).

작동하며 여당/야당의 구별을 갖고 관찰하지만, 예를 들어 경제적 환경 조건을 그 가능성의 한계로 경험한다. 그리고 경제체계 역시 법적 소통에서 가능성을 구속하는 제약을 발견할 때 그 체계를 형성하는 코드인 지불과 비지불로부터 빠져나올 수 없다. 그래서 시간 순서에 따라 발생하는 작동들은 어느 정도 서로 맞추어나가며, 특히 열려있는 프로그래밍을 통해서 맞추어나가지만, 그렇다고 해서 이것이 공동의 관점이나 공동의 목표, 규범, 가치에 관한 **상호이해**Verständigung 20의 가능성을 함축하는 것은 아니다. 그 반대로 체계와 환경이 상호관계적으로 구성되어서 이렇게 서로 돌아가며 역동적으로 작용하는 것은 고유한 코드에 불가피하게 묶여서 등장할 수밖에 없는 작동들 사이의 차이를 첨예하게 한다. 지불이 이루어지는 경우, 이는 정치적 효과를 가질 수도 있지만, 지불하는 것이지 통치하거나 통치에 반대하는 것이 아니다. 교육에 관해 학문적으로 소통할 경우, 교육적 행위가 (교육-)학적 소통의 지평 속에서, 즉 (자기가 구성한!) 환경 속에서 일어난다 해도 교육학적 소통이 교육하는 것은 아니다.

상호 제한은 결국 어떤 사회 질서와 같은 것을 성립시키는 데 이르게 된다. 이 질서는 물론 질서 요인으로 미리 주어지는 것이 아니라 과정을 통해 항상 새롭게 확인되고 새롭게 생성되어야 한다. 우리는 위에서 구조와 과정이 대립하는 차원이 아니라 서로 돌아가며 가능하게 하는 것이라고 지적한 바 있다. 그렇다면 부분체계들의 동시 작동이 요구하는 것은 복잡한 환경 속에서 고유하게 가능한 활동 공간을 계속 저울질하는 것이다. 사건들의 지속적 해체를 통해 재생산되는 자기생산적 체계의 정리定理에 따

---

20. [옮긴이 주] 하버마스는 참여자들이 상호이해 지향적인가 성공 지향적인가에 따라서 소통적 행위와 전략적 행위를 구별한다. 그리고 소통적 행위의 합리성이 체계 합리성에 의한 식민지화로부터 상호주관적인 생활세계를 지켜낼 수 있다고 본다.

라서 보자면, 사회적인sozial, 더 정확하게는 사회의gesellschaftlich 질서는 그것
이 존재하는 대로 계속 존재하는 것이 아니다. 그 질서는 사건들 속에 있
으며 항상 새롭게 시간 속에서 형성되고 입증되어야 한다.21 지속적인 해
체에도 불구하고 매번의 사건을 통해 세계가 변하는 것은 아니며, 오히려
자기생산적인 사회적 체계는 입증된 것을 고정하고, 기능적인 것을 다시
붙잡으며, 이를 통해 기대들을 안정화하여 복잡성과 우연성에 대한 의식
을 제약한다. 루만은 이러한 사태의 기술을 위해 하인츠 폰 푀르스터Heinz
von Foerster로부터 유래하는 고유값Eigenwerte 22이라는 개념을 도입한다(v.
Foerster 1985: 210 참고). 시간을 통해 형성되는 고유값은 특정한 연결을
개연적으로 만드는 구조적 자기제약이다. 이런 의미에서 지크프리트 J. 슈
미트Siegfried J. Schmidt가 자기생산적 체계들은 귀납적induktiv이고 보수적
konservativ으로 작동한다고 말하는 것과 일치하며(Schmidt 1987: 25), 당연
하게도 이는 정치적 의미론의 의미에서 그런 것이 아니라 체계가 성공적
인 선택들을 다시 적용한다는 점에서 그러하다.

이런 식으로 생겨난 고유값들을 통해서 하나의 사회적 질서가 생겨나
며, 이 질서는 체계 자신에 대한 지시 속에서 뿐만 아니라 타자에 대한
지시 속에서도 시간을 통해 작동상 이질적인 부분체계들이 병존할 수 있
는 기대가능성을 낳는다. "남는 문제는 '부-엔트로피적negentropisch, [무질서도
가 낮은]' 질서의 최소치, 즉 묶여있는 대안들을 가진 질서이다. 우리는 그런

---

21. 자기생산적 재생산의 시간적 면모, 특히 과정 속에서의 구조 형성에 관해서는 Nassehi 1993a:
184ff. 참조.
22. [옮긴이 주] Eigenwert는 영어로는 eigen value로, 한국어로는 '고유값' 또는 '고유치'로 번역되
는 수학 용어이다. 행렬, 함수 등이 처음 설정된 값과 상관없이 재귀적 연산을 통해 특정한
값에 이르는 것을 뜻한다. 간단한 사례는 '제곱근($\sqrt{\ }$) 구하기의 끝없는 되풀이'다. 처음의 수가
4이건 100이건 제곱근 구하기를 되풀이하면 이 연산 과정의 고유값인 1에 이른다.

질서의 고유값을 언제나 다르게도 가질 수 있지만, 임의적으로 다르게 가질 수 없는 '자리들'이나 '기능들'에서 발견한다. 그렇게 되면 우리가 발견하는 모든 것에 대해 제한된 대체 가능성만 고려된다는 점을 통해 안정성이 보장된다."(BdM: 47). 루만에게 현대성Modernität이란 결국 모든 것이 다르게도 될 수 있지만(우연성), 그럼에도 우리가 관찰하는 저 경험적 작동들(관찰들)과 소통들(행위들)이 서로 맞추어 나간다는 경험을 다루는 것이다. 현대성의 기본 작동은 이차 등급 관찰이며, 이는 여러 기능체계들의 작동적 자율성을 가능하게 한다. 학문체계에서 이차 등급 관찰은 학문이 어떻게 관찰하는지 학문적으로 관찰가능하게 만드는 출판을 통해 이루어지며, 학문에 관한 이론Wissenschaftstheorie 23을 통해서도 이루어진다. 정치체계에서는 그 공중에 의한 정치에 대한 관찰에 다름 아닌 공론에 대한 관찰을 통해서, 경제체계에서는 가격의 관찰을 관찰함을 통해서, 법체계에서는 법에 대한 (헌법의) 법적 관찰을 통해서, 교육에서는 학생의 관찰에 대한 관찰을 통해서, 그리고 마지막으로 가족에서는 가족의 소통을 통해 가족 구성원들을 관찰함을 통해서 이차 등급 관찰이 이루어진다.24 이러한 이차 등급 관찰들이 비로소 신이나 그 밖의 통일 지도자와 같은 외부로 향하지 않는 자기지시적 질서의 성립을 가능하게 한다. 순환과 역설의 위험, 기반 없는 곳으로의 추락, 철학적으로 말하자면 위협적인 **무한퇴행**regressus ad infinitum의 대가가 우연성의 체험이라면, 그 성과는 잠재적 형식의 다양성

---

23. [옮긴이 주] 독어의 Wissenschaft는 '학문'과 '과학' 두 가지 뜻을 모두 갖는다. 그래서 학문에 관한 이론이란 과학에 관한 이론이기도 하다. 우리가 보통 과학철학, 과학학 등으로 부르는 이론이 이런 이론이며 지식사회학도 여기에 해당될 수 있을 것이다.

24. 이렇게 간략하게 소개한 기능체계들 안에서의 이차 등급 관찰에 관한 루만의 서술은 BdM: 119ff., 특히 가족에 대해서는 SozA5: 170ff., 경제는 SozA5: 190f., 학문은 WissG: 297f., 의료는 SozA5: 190f., 종교는 GS3: 330ff., 예술은 Luhmann 1986b: 6ff.에 있다.

과 유연성, 변화에 대한 반응에 있어서의 엄청난 시간 획득, 스스로를 보강하는 질서의 생성 능력 등등이다. "이런 의미에서 방법론적으로 말하자면, 이차 등급 관찰은 그 의미론과 우연성이라는 그 고유값을 통해 사회가 기능 지향의 분화 형식으로 이행한다는 점을 설명하는 매개 변수이다."(BdM: 119).

이차 등급 관찰은 루만의 사회이론에서 학문적 관찰 방법으로 기능하는 것은 물론이고 이차 등급 관찰들의 재귀적 그물망으로 기술될 수 있는 현대 사회 자체의 본질적 징표로도 기능한다. 그래서 사회에 대한 모든 관찰은 항상 사회 내부에서 이루어지며, 관찰하면서 그 관찰이 소통되자마자, 사회는 그런 실행 속에 있는 자신을 발견한다. 사회에 대한 사회학적 관찰이 그렇게 관찰된 것 안에 포함된다는 역설을 루만이 그의 분석 대상 안에 내장시키고 있다는 점을 우리는 앞서 지적한 바 있다. 우리는 이제 이러한 작동적 사회 개념의 그 다음 결론, 즉 루만의 이론에서 세계사회 Weltgesellschaft 개념에 깔려있는 결론을 주목하고자 한다.

이미 1971년의 한 논문에서 루만은 세계사회 개념을 염두에 두었다 (SozA 2: 51ff. 참조). 그는 현대 사회가 특히 전지구적으로 작용하는 기능 코드의 특화로 인해 더 이상 영토적 경계를 갖지 않는다는 점을 겨냥했다. 현대 사회는 지구에 제한되어 있긴 하지만, 그 환경에서 어떤 다른 사회도 찾지 못하므로 세계사회이다. 세계는 루만에게 "체계/환경-차이의 의미 통일체"를 뜻한다(SoSy: 283). 모든 체계는 자신과 자신의 환경을 구별하므로, 세계는 각 체계에게 그 고유한 체계/환경-차이의 상관체Korrelat로 나타난다. 그렇다면 전체로서의 세계는 체계/환경-차이의 통일이라고 말할 수 있다. 이러한 이론적 구성은 세계 전체를 존재하는 단위라고, 즉 특수한 것을 넘어서 특수한 많은 것들을 묶어내는 어떤 것이라고 생각하는 세계 개념을 붕괴시킨다. 루만은 세계를 체계상대적인 것이라고 생각한다. 각각의 체계/환경-차이는 체계와 (체계상대적) 환경의 고유한 차이를 갖기 때문에 그 고유의 세계를 갖는다. 이러한 다중심적인 세계 개념(SoSy: 284 참조)은 관점에 따라 다르게 구축될 수 있다는 체계이론적 사유의 결과이다. 이렇게 철저한 관점주의Perspektivismus에 입각해 각각의 체계상대적 관찰자 입장을 고려하면서도 어떻게 통일적인 세계사회에 관해 이야기할 수 있을까?

일단 루만은 이론적으로는, 세계사회 개념이 개념 구성 자체로부터 나온다고 강조한다. 사회를 "모든 소통들을 자신 안에 포괄하고 다른 어떤 것도 포괄하지 않으며 이를 통해 아주 뚜렷한 경계를 갖는" 통일체로 이해한다면(SoSy: 557), 사회는 반드시 세계사회이다. (사회-)체계와 환경의 차이의 의미 통일체는 세계 전체이기 때문이다. 동시에 루만은 사회적 교통이 실제로 전지구적으로 전개된다는 경험적 논거를 제시한다(WissG: 619 참조). 그럼에도 결정적인 지점은 통일적인 세계사회 개념이 현대 사회의 철저한 분화상태를 흡수해버리지 않는다는 점이다. 이는 기능체계들의 주된 분화는 물론이고 이른바 제1세계와 제3세계로의 분화나 국민국가들로의 분화 등 이차적 분화들에 대해서도 유효하다. 최근에 비판가들은 루만이 생각하는 세계사회라는 통일체의 분화된 성격을 보지 못하고 있는 듯하다. 예를 들어 발터 레제-섀퍼Walter Reese-Shäfer는 "이제 세계사회는 경험적으로 확인가능한 것도 아니고 그런 것이 있다 해도 이론적 사실이 아니다. 우리는 오히려 여러 개별 국가들을 다루어야 한다."(Reese-Shäfer 1992: 89)고 비판한다. 국가 경계를 사회의 경계로 생각해선 안 된다는 점을 제쳐둔다 해도, 레제-섀퍼의 논변은 기능적 분화 이론의 정점에 대해 주목하지 않는 것으로 보인다. 세계가 국민국가들로 분화되어 있다고 보는 것은 세계에 대한 정치적 관찰일 뿐이다. 지역 국가의 경제정책이 외국으로의 자본 이동을 낳았을 때 이미 경제는 이러한 관찰로부터 벗어났다. 이것을 자본이 하나의 경제에서 다른 경제로 이동했다는 식으로 기술하는 것은 사회학적으로 별 의미가 없다. 모든 기능적 부분체계들은 이런식으로 국제화된다. 그럼에도 그 안에서는 국가 경계나 국가연합의 경계를 따라 그어지는 분절적 분화도 발견된다. 이는 국제 과학단체에 대해서도, (국제)법에 대해서도, 국가 경계를 넘는 종교"urbi et orbi"25에 대해서도, 스포츠의 국제화에 대해서도 유효하며, 레제-섀퍼가 사회들의 영토적 경계를 보증하는 것으로 끌어들이는 정치도 예외가 아니다. 레제-섀퍼가 보는 것과는 달리(같은 책: 90 참조) 우리는 세계사회의 지역화에 대한 이해가 저 전체 개념에 의해 가로막히지 않는다고 본다. 지역 경계 속에 있는 이론적 사유 전통을 극복하기 위해 우리는 세계사회 개념을 필요로 하며, 이를 위한 경험적 증거는 어쨌거나 풍부하게 있는 듯 보인다. "사회 분화의 주된 구조는 오늘날 기능체계들 사이의 차이와 관련을 맺는다. 오늘날의 세계사회가 아직 계층에 따라 혹은 중심/주변에 따라 분화되어 있는 외연外延은 기능체계들이 기능함에 따라 나오는 것이다. 영구적인 전쟁 위협에도 불구하고 세계사회의 정치체계가 지역적 국가로 분절되어 있는 것은 정치적인 근거에서 나온 것이다. 중심과 주변으로의 분화, 고도 발전 지역과 발전을 필요로 하는 지역으로의 분화를 강요하는 것은 경제적 근거이다."(ÖKom: 168). 우리의 견해는 소통 개념을 통해 이론적으로 기술되는 세계사회의 분화된 통일성 문제가 바로 현대 사회이론의 결정적 확장을

---

25. [옮긴이 주] 라틴어로 '도시와 전세계'라는 뜻이다. 여기서 도시는 로마 또는 바티칸을 뜻한다. 전세계에 복음을 전파하려는 교황청의 의지를 드러낼 때 쓰는 말이다.

기대할 수 있게 한다는 것이다. 사회이론의 주제인 바로 이 지점에서 분명히 해둘 것은 분과보편적 사회학 이론이라는 루만의 프로젝트가 풍부한 재료를 갖고 있음에도 아직 종결된 것이 아니라는 점이다.

□ 중요한 기본 개념 요약
• 생활세계는 루만에게 사회의 통일을 보장하는 것이 아니라, 한 관찰자가 친숙한 것과 친숙하지 않은 것을 발견할 때 그에게 나타나는 친숙한 영역을 뜻한다. 그 때그때 친숙한 것 또는 친숙하지 않은 것으로 나타나는 것은 관찰자의 관점에 달려있다.
• 분화된 통일성들이라는 역설은 사회체계의 각각의 관찰이 사회체계 전체를 보면서 동시에 볼 수 없다는 점에 있다. 관찰은 그것이 볼 수 있는 것만 보기 때문에 하나의 통일성을 본다. 하지만 관찰은 다른 관찰이 다르게 본다는 점을 볼 수 있기 때문에 또한 차이를 본다.
• 기능적으로 분화된 사회에서 사회체계의 통일성은 사회의 어떤 장소가 유일무이한 타당성 요청 또는 범사회적 타당성 요청을 대표하도록 허락하지 않는다.
• 세계사회는 현대의 사회 유형을 지칭하며, 세계사회에서 사회라는 단위는 이제 모든 가능한 소통들의 전지구적 전체로 이해된다.

□ 참고문헌
• Niklas Luhmann : *Beobachtung der Moderne*, Opladen 1992, S. 11~49.
• Niklas Luhmann : "Tautologie und Paradoxie in den Selbstbeschreibungen der modernen Gesellschaft", in: *Zeitschrift für Soziologie 16* (1987), S. 161~174.

□ 옮긴이 추천 참고문헌
• 위르겐 하버마스 지음, 장춘익 옮김, 『의사소통 행위이론 2권』, 나남, 2006, 187~309쪽.
• 노르베르트 볼츠 지음, 윤종석 옮김, 『구텐베르크-은하계의 끝에서』, 문학과

지성사, 2000, 81~104쪽.

5. 인격, 포함, 개인

우리가 위에서 이미 설명했듯이, 루만은 인간Mensch 개념을 위한 이론적 장소를 허락하지 않는다. 루만에게 인간은 그 작동 단위가 없기 때문에 자기생산적 체계가 아니다. 인간은 구조적으로 서로 접속되어 있는 여러 자기생산적 체계들, 즉 유기체, 면역체계, 신경체계/뇌, 의식 등으로 이루어진다. 하지만 루만은 물론이고 누구도 인간이 없다면 사회가 없으리라는 점을 인정하며, 이는 의식 없이는 어떤 소통도 있을 수 없지만, 소통과 의식은 서로 겹쳐지지 않는다는 명제에서 이미 읽어낼 수 있다. 그렇다면 루만의 사회이론에서 인간은 어떻게 나타나는가? 이 물음에 답하기 위해 우리는 인격, 포함, 개인이라는 세 가지 개념을 도입해야 한다.

— 인격Person은 루만의 이론 언어에서 사회적 체계들의 수신자를 대표한다(WissG: 33 참조).

— 포함Inklusion은 특정한 소통들에 인격이 참여함을 뜻한다(WissG: 346 참조).

— 개인Individuum은 두 가지를 뜻한다. 하나는 심리적 작동의 불가분성으로 인해 나오는 "심리적 체계들의 개체성"(SoSy: 346ff.)을 뜻하며, 다른 하나는 개인의 자기기술의 현대적 모델로서의 개체성을 뜻한다(GS 3: 216ff.).[26]

우리가 이미 설명했던 것처럼, 인격 개념을 통해 루만은 전체로서의

---

26. 여기서 확실하게 더 읽어낼 수 있는 지점은 다음과 같다. 동어반복적 정식화와 역설적 정식화는 우리가 되돌려야 할 잘못이 아니다!

인간에 대한 통일성 표상을 없애버리고 그런 표상에 대한 요구를 소통을 통해 기술할 가능성을 획득한다. "따라서 인격들은 사회적 체계의 자기생산의 구조들이지, 결코 심리적 체계들이나 완전한 인간이 아니다. 그래서 인격들은 생명의 자기생산과 인간의 사유에서 창출되는 단위들과 구별되어야 한다."(WissG: 33). 인간의 어떤 면모가 소통을 통해 수신자로 될지를 결정하는 것은 소통의 구조이다. 그래서 학문적 소통은 대학 교수를 학자로서만 수신자로 삼지, 특정한 성적 취향의 대표자나 종교적 거장 또는 고혈압 환자 등으로 삼는 것이 아니다. 이 교수가 어떤 동료와 성적 취향에 관해 이야기를 나눈다면, 이것이 대학 공간 안에서 일어난다고 해서 학문적 소통이라고 말할 수는 없다. 오히려 이런 만남은 인격들을 다시금 특정한 방식에서 선택적으로 포착하는 상호작용체계라고 볼 수 있다.[27]

인격 개념이 사회이론적으로 중요한 이유는 역할 기대들을 구체적 인격들에게 분배하는 것이 사회의 분화 정도와 분화 형식을 직접 표출하기 때문이다. 한 인간이 그의 서로 다른 용무 속에서 항상 **동일한** 인격인가, 아니면 그가 그의 인격 속에서 서로 다른 인격들을 하나로 만드는가에 따라 큰 차이가 있다. 이는 이미 **포함** 개념을 가리킨다. 즉 사회적 소통에의 참여 조건을 가리킨다. "포함은 누가 소통할 수 있는지, 그가 무엇을 소통할 수 있는지를 정한다 [……]"(WissG: 346)고 루만은 간략하게 말한다. 무엇을 소통할 수 있는지는 사회적 체계 각각의 기대 구조들에 달려 있고, 누가 그것을 소통할 수 있는지는 특정한 사회적 관계들로의 접근 조건을

---

27. 루만의 인격 개념은 사회학의 역할 개념과 함께 사용되며, 물론 역할 개념과는 구별된다. 역할은 이미 하나의 일반적인 행동에 대한 기대이며, 역할의 담당자로부터 떨어져 나온다는 것을 뜻하지만, 인격은 행동에 대한 귀속이나 기대가 한 명의 구체적인 인간을 겨냥하는 것이다 (SoSy: 430 참조).

가리킨다.

이미 지적했듯이 포함의 조건들은 직접적으로 사회의 분화 형식에 달려있다. 불평등한 계층으로 된 전근대적 사회 분화는 사회의 부분체계들의 경계를 인간들 사이의 경계와 나란히 긋는다. 어떤 사람은 이 계층에 속하거나 아니면 저 계층에 속한다. 각각의 부분체계가 위/아래라는 뚜렷한 주된 차이를 통해 전체 속에서 자신의 자리를 알고 있다면, 이는 곧 인격들에게도 해당된다. 인격들은 사회적 환경과 경계를 긋는다는 뜻에서의 개체적 유일성을 요구하지 않는다. 왜냐하면 이는 곧 "질서로부터 탈락하는 것이며, 사적인 것Privatus은 질서에 위반됨inordinatus을 뜻하기 때문이다."(GS1: 72). 분절적 사회와의 본질적인 차이점은 인격이 집단에 속하는 것, 즉 하나의 사회적 체계에 속하는 것이 더 이상 다른 대안이 없는 집단, 즉 그 경계가 곧 사회의 경계인 집단에 속하는 것은 아니라는 것이다. 준거집단은 이제 더 이상 사회 전체가 아니라 마찬가지로 대안 없이 속하게 되는 위계화된 해당 부분체계이다. "분절적 분화와 계층적 분화는 인격들이 각자 부분체계들 중 하나에 속하는 것에 의지한다. 그에 따라 분절적 사회들에서는 세대를 잇기 위한 족외혼의 조건을 통해서 단선적 원리가 관철된다. 계층화된 사회에서는 계층 내부에서 결혼하며, 그래서 계층들은 [……] 그 충원에 있어 자율적이다. 계층 이동이 일어나는 경우에도, 인격은 원칙상 하나의, 오직 하나의 계층에만 속한다. 인격의 정체성은 이런 의미에서 그의 '신분'에 근거하며, 따라서 사회적 분화 원리에 직접 근거한다."(GS1: 30; 강조는 필자). 따라서 사회와 그 사회내적 경계들 자체가 구체적 역할과 필요에 따라 수립되는 안정적 정체성을 위한 지반을 가능하게 하는 것이었다. 농부는 그의 신분에 관해 성찰하지 않으며 다른 대안 없이 그 정체성을 갖게 되며, 시민도, 귀족도, 성직자도 그러하다. 여기서 개인의 지위는 본질적으로 귀속 지위이며, 안정된 계층 목록에 따라 코드화되었다. 인격이 사회적 구조에 속하는 것, 즉 인격의 포함은 전체 실존에 해당하는 것, 즉 사회의 소통에 참여할 모든 다양한 가능성을 가진 개인에 해당하는 것이었다. 가족이나 가문 혹은 그 기능적 등가물인 수도원이나 쭌프트[동업자조합]와 같은 여러 기능을 가진 단위들은 인간에게 사회 안에서의 확고한 자리를 제공했다.

기능적으로 분화된 사회로 이행하면서, 포함의 조건들이 급격하게 변한다. 인격들은 이제 더 이상 다기능적 단위의 형식 안에서 안정성과 확실성을 제공하는 하나의 부분체계에만 속할 수 없게 되었다. 현대 사회는 인격들에게 상이한 부분체계들에 동시에 속할 것을 요구한다. 전근대적 사회에서는 사회내적 경계가 자기정체성과 나란하게 그어졌기 때문에 이러한 혼합실존Mischexistenzen이 거의 불가능했다. 내가 농부라는 것, 이것만으로도 사회구조 안에 닻을 내리는 정체성 상징은 충분했고, 나를 사회 안에 위치지을 수 있었다. 나와 동등한 사람들과의 관계에 있어서건 위계 속에서 내 위에 있는 사람들에 대한 관계에 있어서건 그러했다. 정체성을 외부로부터 부여하는 하나의 부분체계에 다른 대안 없이 속해야 했다. 따라서 정체성을 사회에서 할당해주었다고 말할 수도 있을 것이다. 혼합실존이 된다는 것, 예를 들어 귀족이자 동시에 시민인 것은 아주 예외적인 경우만 빼고는 불가능했고, 계층화의 수단을 통해서는 다루어질 수 없는 것이었다. 그런데 바로 이 혼합실존으로 "기능적 분화는 인격적 실존을 환원시킨다. 혼합실존은 한 인격이 단 하나의 부분체계에 속하게끔 그렇게 부분체계들에게 인격들을 귀속시킬 수는 없다. 예를 들어 한 인격은 순수한 법적 실존이 되고, 다른 인격은 오직 교육만 받고 하는 식으로 귀속시킬 수 없다."(GS1: 30). 이 목록은 더 길다. 누구도 오직 경제적이기만 한 실존이

되지 않으며, 누구도 학자로만 등장하지는 않는다. 현대 사회의 극한적인 경우, 예를 들어 사실상 거의 종교체계에만 닻을 내리고 있는 수도사들의 경우에도 경제체계에 참여하기도 하고 정치체계에서는 투표권자이다. 인격이 사회의 한 부분체계에만 속한다면 더 이상 그 인격은 사회의 소통에 참여하지 못한다. 오히려 이제 유효한 것은, 적어도 명목상으로는 "모든 기능체계들 안에 모두를 포함하는 원리이다. 그에 따라 모든 인격은 모든 기능 영역들에 대한 접근권을 필요에 따라, 상황에 따라 확보할 수 있되, 이는 각 기능과 유관한 능력이나 그 밖의 유관한 관점에 따라 확보할 수 있다. 모두가 법적 자격을 가져야 하며, 가족을 꾸릴 수 있으며, 정치적 권력을 함께 행사하거나 권력을 함께 통제할 수 있다. 모두가 학교에서 교육받아야 하며, 필요한 경우 치료받을 수 있고, 경제 교류에 참여할 수 있다. 포함의 원칙은 단 하나의 집단 소속에 근거했던 저 연대連帶 원칙을 대체한다. 보편적 포함은 자유와 평등 같은 가치기준을 통해 이념화된다. 물론 실제로는 당연히 자유롭게 되지도 평등하게 분배되지도 않지만, 보편적 포함은 더 이상 사회의 분화형식에 의해 사전에 규제되지는 않는다."(GS1: 31). 이렇게 사전 규제가 없다는 것은 사회의 부분체계 안에서 포함 징표와 귀속 징표의 우연한 조합, 즉 다르게 발생하는 각각의 조합에 영향을 미친다. 또한 이는 인격이 자기 자신의 정체성을 확인하는 방식과 그의 개체성에 정체성을 부여하는 방식에도 영향을 미치며, 이것이 우리에게는 매우 중요한 것으로 보인다.

일단 눈에 띄는 것은 사회내부의 부분체계 경계가 더 이상 인격적 삶의 상황과 나란히 그어지지 않는다는 점이다. 계층들 사이의 전근대적 경계 긋기는 또한 전체 인격들 사이의 경계 긋기였고, 유형화된 개인의 상황들 사이의 경계 긋기였고, 다소 고착된 생활형식들 사이의 경계 긋기였다.

현대 사회에서 이는 더 이상 유효하지 않다. 울리히 벡Ulrich Beck은 기능적 사회 분화를 인격의 관점에서 아주 적합하게 묘사한 바 있다. "체계이론적 관점에서 분리되어 나타나는 모든 것은 개인 일대기의 통합적 구성부분으로 된다. 가족 그리고 돈벌이, 양육 그리고 직업, 행정과 교통체계, 소비, 의료, 교육 등등의 부분체계 경계는 부분체계들에게는 유효하지만 그 제도들에 의존하는 개인 상태의 인간들에게는 유효하지 않다. [……] 부분체계의 경계는 개인의 상태를 관통하는 것이 아니다."(Beck 1986: 218). 그래서 기능적 부분체계들의 경계는 개인의 생활 처지 속에서 다시 묶이게 될 수밖에 없다. 그 결과 인격의 자아 – 정체성은 점점 더 개인 나름의 고유한 수행의 결과가 된다. 그래서 어떤 의미에서는 우리가 위에서 사회의 부분체계들에 대해 제시했던 인식이 반영된다. 즉, 주된 체계준거가 자기Selbst로 교체된다. 인격적 혹은 심리적 체계들, 단순하게 말하자면 인격들은 자기지시적으로, 즉 자기 자신에 관한 반성으로 되돌아감으로써 자신의 정체성을 얻을 수 있다. 루만은 이러한 사태를 강조하면서, "개별자 안에서의 종합"(GS1: 219)이라고 말한다. 그리고 이러한 종합을 통해 개인은 다양한 부분체계들의 규정 영역 속에서 교체되는 다양한 요구들에 대처해나간다. 쉽게 말하자면, 사회는 개별자에게 항상 정의定義 징표, 의미론적 기술記述의 포장, 미리 구조화된 현실 영역 등을 제공하긴 하지만, 인간의 자아– 정체성을 더 이상 외부로부터 규정할 수 없다. 개인은 점점 더 자기 자신을 향해 되던져지며 '내가 누구인가?'라는 물음에 답하기 위해서는 자신의 자원들을 모아보아야 한다. 그래서 개인은 자신 또한 이차 등급의 관찰에 노출시켜야 한다. 이는 우리 시대의 특징이기도 하다. 개인은 그가 어떻게 관찰되는지, 그리고 타자를 어떻게 관찰하는지 관찰해야 한다.[28]

인격의 자기정체성 상황의 구조, 특히 인격의 사회구조적 변동이 시작되는 것과 관련해 좀 더 풍부하게 설명해야 할 필요가 있다. 개인Individuum 혹은 개체성Individualität 개념은 다면적이며, 이 절에서 도입하고자 하는 세 번째 개념 또한 다면적 성격을 갖는다. 위에서 제시한 작동적인 "심리적 체계들의 개체성"이 뜻하는 바는 의식이 그 자체로 개체적 체계라는 것이다. 의식은 그 불가분의 작동 단위를 각각의 고유한 의식 흐름을 통해 유지하며, 이 흐름으로부터 벗어날 수 없기 때문이다.[29] 그런데 이러한 사태는 체계이론적이고 이론기술技術적으로만 중요하지 사회이론적으로는 중요하지 않기 때문에 여기서는 그냥 넘어가겠다. 물론 사회이론적으로 볼 때 이 개념은 우리가 그 의미론적 잠재력을 현대 속에서 인간의 자기기술을 위해 생생하게 드러낼 때는 중요하긴 하다.

루만은 개체성과 개인에 대한 이해가 의미론적으로 볼 때 사회구조와 나란히 발전해왔다는 점을 보여준다. 17세기까지도 개체성을 규정하기 위해 그 인격에 전적으로 외적인 준거지점이 선택되었다. 외적 준거지점은 출생 지위와 출신 지역, 계층과 지리적 중심/주변 안에서의 분화였다(GS3: 178 참조). 문학의 영웅 숭배와 개인의 보편성에 대한 낭만주의적 미화를 통해서야 비로소 이러한 차이가 중요해지고 특수성과 보편성의 관계가 중

---

28. 루만은 개체성의 사회적 발생에 대한 이러한 이론을 사회학의 고전 사상가들의 모티브에 연결시켜본다. 노르베르트 엘리아스(Norbert Elias)의 타자 강제에서 자기 강제로의 변형 이론, 게오르그 짐멜(Georg Simmel)의 문화이론, 막스 베버의 인성 윤리 등이 그것이다. 우리는 이렇게 간단히 ─불충분하게! ─열거하고 말겠다. 한편으로는 루만이 사회이론의 고전적 모티브와의 연속성에 스스로 별 가치를 두지 않기 때문이며, 다른 한편으로는 그러한 비교에 대한 상세한 평가가 간단하게 될 수 없기 때문이다. 그럼에도 짐멜의 경우와 관련해서는 Nassehi 1993b를 참조하라.
29. 이러한 정식화가 후썰의 『내적 시간의식의 현상학』을 떠올리게 하는 것은 우연이 아니다. 루만은 심리적 체계들을 기술할 때 이 책에 근거한다고 분명히 지적한다(SoSy: 201 그리고 356 참조).

요해지기 시작한다. 여기서 의미론적으로 두드러지는 것은 칸트 이래의 의식철학에서 초월적 주체transzendentales Subjekt의 구성이 이루어졌다는 점이다. 개인이 주체로, 즉 모든 존재자의 토대로 고양되었기 때문에, 프랑스 혁명을 통해 개인의 욕구, 이해관심, 요청은— 철학적 표어로는 자기규정과 자율성—그 자체로 가치 있는 것이라고 설명된다(GS3: 211f.). 마지막으로 기능적 분화가 관철되면서 나와 세계 사이, 즉 개인과 사회 사이의 경계가 날카롭게 그어져서, 자아-정체성으로의 회귀와 '나는 누구인가?'라는 물음이 세계를 규정하는 본질적인 문제가 되었다. "따라서 발견가능한 정체성이란 모든 것이 그리로 소급되는 지점이나 출발점이 아니라, 요청이다. 즉 개인이고자 하며 개인으로 받아들여지기 위한 요청."(GS3: 244) 정체성[동일성]과 개체성은 함께 생긴다.

한번 더 다른 방향으로 돌려서 보자면, 현대적 개인은 그의 정체성을 보증하는 일반적 해석 체계, 전통적 생활 형식, 확실한 역할 기준과 행동 기준 등을 상실했기 때문에 자기 자신을 모든 사물의 척도로 만든다. 그래서 개체성은 더 이상 포함 Inklusion을 통해서가 아니라 배제Exklusion를 통해서 규정된다(GS3: 160).[30] 의미론 상에서 이는 무엇보다 자기실현과 자기

---

30. [옮긴이 주] 1990년대 초반까지 루만은 포함과 배제의 구별 문제를 사회이론 상에서 본격적으로 다루지 않았다. 그래서 현대 사회를 원리상 모든 인격을 포함하는 사회로 보고 배제를 개인의 문제로 보는 데 머물렀다. 하지만 90년대 중반 브라질의 빈민가를 방문해 어떤 기능체계들에도 접근하지 못하는 총체적 배제 상태에 있는 인격들을 목격한 후, 포함/배제-차이라는 형식을 본격적인 연구 주제로 삼게 된다. 그래서 배제는 이제 개인화의 문제에 머무는 것이 아니라 사회구조적 설명을 필요로 하는 주제가 된다. 하지만 서너 편의 짧은 논문과 『사회의 사회』 (Gesellschaft der Gesellschaft)의 한 절에서 전개된 포함/배제에 관한 루만의 논의는 많은 논란의 소지를 갖고 있다. 루만 사후에 여러 체계이론적 사회학자들은 이 주제를 기존의 불평등 문제, 빈곤 문제 등과 관련지어 계속 발전시키고 있다. 옮긴이는 배제에 관한 탐구가 기능적 부분체계들의 차원에서 사회를 분석하는 루만 사회이론 자체의 맹점에 관한 중요한 반성이라고 보며, 체계이론을 사회비판과 연결시킬 수 있는 중요한 고리라고 판단한다.

규정이라는 소망으로 계속 회귀하는 것 속에 들어있다. 자기실현과 자기규정을 계속 원한다는 것은 결핍에 대한 체험의 필연적 결과이며, 다음을 확인하는 것이다. "나는 지금의 나로 있는 것이 아니다(man nicht das ist, was man ist). [……] 그런 결핍이 없다면 도대체 자신의 정체성을 반성할 계기도 없을 것이며, 그 역의 방향에서도 반성은 지금 나로 있는 것과 지금 내가 아닌 것의 차이로 결핍을 생산한다. 개체성이란 만족할 수 없음이다."(GS3: 243). 그래서 개인은 결국 역설적 상황에 처하게 된다. 개인은 자신을 유일하고 자율적인 것으로 기술하긴 하지만, 모델을 모방하는 것을 금지하는 하나의 모델을 모방한다(AdB: 440; GS3: 221 참조). 이제 왜 개체성이 결국 동어반복과 역설로만 묘사되는지, 우리가 위에서 지적한 것처럼 개체성이 개체적 자기기술의 현대적 모델인지가 분명해졌을 것이다. 개체성이 동어반복이라는 것은, 개체적 자기기술이 항상 개체성을 자기기술로서 생산하기 때문이다. 이는 기능적 사회 분화로부터 나온 하나의 귀결이다. 개체성이 역설적이라는 것은 어떤 모델도 따르지 않는다는 모델의 모순적 성격으로부터 벗어날 수 없기 때문이다. 그 결과는 사회가 개인이라고 기술하는 것이며, 대개의 경우는 심리적으로도 개인이라고 기술하며, 개인은 다양한 사회적 요청들의 규정 영역 속에서 발견된다.

그래서 개체성은 심리적 현상으로만 이해되어서는 안 된다. 현대 사회의 분화 상태와 복잡성이 요구하는 바는 사회의 자기생산이 인격들을 개인들로 관찰되게끔 한다는 것이며, 그럼에도 사회는 그 기능적 부분체계들을 통해서 저 불가분의 것으로 추정되는 개인의 일부분과만 관련을 맺는다는 점이다. 이렇게도 말할 수 있을 것이다. 사회는 각각의 국부적인 인격 징표만을 관찰하며 전체 인격을 시야에 넣지 않는다. 그러나 사회는 끊임없이 전체 인격의 개체성Individualität [불가분성]을 상정할 수밖에 없다.

그리고 우리는 어떤 인격으로부터 지각할 수 있는 일부분으로부터 끊임없이 그 인격이 다른 측면도 가질 것이라고 추론한다. 그래야만 우리는 그 인격을 도대체 인격으로 다룰 수 있기 때문이다.

여기서 루만을 통해 이야기한 바는 완전히 새로운 사태가 아니라 다른 이론적 수단과 의도를 가진 사회학 이론을 통해서도 다시 쓸 수 있는 사태이다. 현대의 개체화된 주체가 겪을 수밖에 없는 의미상실이라는 의미론(베버, 하버마스)을 떠올려보라. 형이상학적 고향상실이라는 테제(베르거)나 개인화의 두 얼굴이라는 격언(울리히 벡)을 떠올려보라. 루만은 저 상실의 몸짓에 동의하지 않으며, 우선 그런 사태를 이론적으로 일관되게 기술하고자 한다. 루만의 관점은 순전히 사회학적이며, 그 이론에 불가피한 구별인 심리적 체계들과 사회적 체계들의 구별을 통해 더 이상 세계와 사회에 대한 인간학적 의미규정이라는 인본주의적 전통을 따라가지 않는다. "인본주의가 사회를 포함한 모든 것을 인간의 통일성과 완벽함에 관련짓는 의미론으로 이해된다면, 나의 관점은 철저히 반인본주의적이다. 동시에 나의 관점은 인본주의 전통과 다르게 개인을 진지하게 받아들이는 이론이다."(Luhmann 1992: 131). 그럼에도 루만은 현대가 개인의 자기기술에 있어 저 철저한 자기지시[자기준거]를 어느 정도 감당할 수 있는지 의구심을 갖는다. 통일성을 재생산하려는 모든 시도가 새로운 차이들만 낳는다는 걸 잘 알기 때문이다. 루만은 다음과 같이 정식화한다. "오늘날 현대 사회의 매우 중심적인 문제들은 사회가 야기한 환경의 변화가 사회 자신에게 미치는 역작용에 있다. 이는 물리적-화학적-유기체적 환경에만 해당되는 것이 아니다. 이는 사회체계의 심리적 환경에 더더욱 해당되는 것이다. 이전의 어느 시기에도 우리 사회체계가 지구상의 삶의 조건들을 이토록 변화시킨 적은 없었다. 우리는 사회가 그것이 창출한 환경과 함께 계속 존재할 수 있다고 전제할 수 없다. 마찬가지로 의문스러운 것은 사회가 심리적 정신상태, 특히 사회를 사회로 존재할 수 있게 하는 동기를 만들어낼 수 있는가, 혹은 여기서도 역사적으로 어떤 비교대상도 없는 괴리가 있는 것이 아닌가 하는 것이다."(WirtG: 169). 이를 통해 우리는 이미 시대진단의 한가운데로 들어가게 된다.

□ 중요한 기본 개념 요약
• 인격은 사회적 소통의 체계특수적이고 상황특수적인 수신자를 뜻한다.
• 포함은 인격들이 특정한 소통에 참여함을 말한다.
• 개인은 두 가지 뜻을 갖는다. 첫째, 심리적 작동의 불가분성으로부터 나오는 "심리적 체계들의 개체성"을 뜻하고, 둘째, 특별히 현대적인 자기기술 모델로서의 개체성을 뜻한다.

□ 참고문헌
• Niklas Luhmann : "Die Form "Person" ", in: *Soziale Welt 42* (1991), S. 166~175.
• Niklas Luhmann : "Individuum, Individualität, Individualismus", in: ders.: *Gesellschaftsstruktur und Semantik. Studien zur Wissenssoziologie der modernen Gesellschaft, Band 3*, Frankfurt/M. 1989, S. 149~258.

□ 옮긴이 추천 참고문헌
• Niklas Luhmann : "Jenseits von Barbarei", in: *Gesellschaftsstruktur und Semantik. Studien zur Wissenssoziologie der modernen Gesellschaft, Band 4*, Frankfurt/M. 1995, S. 138~150.
• Sina Farzin : *Inklusion/Exklusion*, transcript Verlag, Bielefeld, 2006

5장

사회 진단

관찰자에게 그의 입지점이 상대적이라는 점과 자기관찰이란 역설에 빠질 수밖에 없다는 점을 보여주는 루만의 이차 등급 관찰 이론은 사회가 본래 어떠하며 심지어 어떠해야 하는지에 관해 가르쳐주는 시대 진단에 대한 정식화를 배제한다. 더구나 이차 등급 관찰 이론을 일관되게 적용할 경우 또 다른 물음이 제기된다. 그 물음은 사회가 자기 자신을 어떻게 관찰하는가 그리고 자기관찰에서 무엇을 보게 되는가이다. 우리는 루만이 사회체계가 자기를 주제로 삼는 것과 관련해 탐구했던 세 가지 사례를 통해 이런 기법의 적용 사례를 보여줄 것이다. 위험부담Risiko 1 소통에 대한 관찰, 도

---

1. [옮긴이 주] 독어의 Gefahr나 영어의 danger가 의지와 무관하게 위험에 처하게 되는 것, 그리고 그 위험이 실제적이고 필연적이라는 느낌을 갖는 말이라면, Risiko나 risk는 '모험'에 가까운 느

덕 소통에 대한 관찰, 그리고 비판에 대한 관찰과 비판의 가능성이라는 세 가지 사례를 살펴볼 것이다.

1. 위험부담

현대 사회가 스스로를 주제로 삼기 위한 아주 유력한 주제들 중 하나는 분명 기술-산업 영역, 정치와 군사 영역, 건강 영역 등에서의 재해를 예견하게 하는 위험부담의 의미론이다. 대재앙에 대한 수많은 예고와 위험 천만한 행동에 대한 지속적 경고를 접할 때 우리가 이 의미론을 언제나 다시 듣게 된다는 점에서 이는 유력한 주제라 할 만하다. 위험부담이 주제가 될 때 사회체계가 위협적으로 이어지는 자기손상의 극복을 주제로 삼는다는 점에서, 루만은 사회의 자기주제화가 뚜렷해지는 유력한 대상을 보게 된다. 여기서 그는 관찰에 대한 관찰이라는 방법을 시대 진단을 위해 사용한다.

일어난 손상이나 위협하는 손상이 결정, 즉 어떤 것을 하거나 하지 않는 것과 직접 관련되어 있다는 점이 뚜렷할 때, 우리는 위험부담이라고 말한다. 예상치 않은 재해가 일어나는 것은 위험부담 논의의 주제가 아니다. 거기서 일어난 손상에 대한 관찰이 인간 행위의 직접적 결과로 관찰될 때 위험부담 논의의 주제가 된다. "그래서 재해가 어떻게 설명되고 다루어지

껌을 주는 말이다. 스스로 위험에 뛰어든다는 면에서는 '위험감수'가 적절하고 그 위험이 실제적이거나 필연적이지 않다는 면에서는 '위험부담'이 적절하다. '모험'이 재미삼아 해본다는 어감이 강한데다가 그간 한국에 위험사회학이 하나의 주제로 자리 잡아 가고 있기 때문에 이 책에서는 문맥에 따라 '위험감수,' '위험부담,' '위험' 등의 번역어를 택하며, 이와 대비해 Gefahr는 '위해'라고 옮긴다.

는가라는 물음 속에는 중요한 비판적 잠재력이 들어있다. 이는 그런 재해에 노출되어 있는 사회에 대한 거부를 호소한다는 의미에서 비판적인 것이 아니다. 여기서 비판적이라는 것은 첨예한 구별 능력, 쉽게 이해하기 힘든 구별 능력이라는 의미에서이다."(SdR: 1f.).

결정이 만들어낸 원하지 않았던 결과인 재해를 잘못된 결정으로 소급하려 하는 시도가 우선 떠오를 것이다. 그러나 이렇게 아주 단순하게 현상을 환원하는 것은 거대 기술공학의 위험부담 문제가 보여주듯이 피해 발생을 실제로 막기 위해서는 충분치 않은 것으로 보인다. 우리가 기술공학의 영역에서 뚜렷한 '~라면 ~이다 [if-than]'-인과성을 갖고 현재의 결정이 미래에 낳는 결과를 고려하기 위한 계산법을 얻고자 한다 해도, 언제나 다시 손상은 일어난다. 이러한 계산법은 사실상 거의 오류가 없지만, 손상이 일어난 이후에야 현실적으로 만족스럽게 계산해낸다는 무시할 수 없는 단점을 갖고 있다. 미국의 조직사회학자 찰스 페로우Charles Perrow는 연구위원회가 "이런 상황에서 무엇이 틀렸고 그 대신에 무엇을 해야 하는지 규정하며 진술하는 것은 사후에야" 할 수 있다고 말한다(Perrow 1989: 24). 일어난 손상은 계산법을 적용할 때 실제로 잘못된 결정으로 소급될 수 있고, 그래서 연구위원회의 진단은 대개 인간의 잘못이라고 말하곤 한다. 그런데 페로우의 위험부담 연구가 보여주는 바는, 단순한 책임귀속이 너무 선형적이라는 점, 즉 우리가 결과와 원인을 명백하게 귀속시킬 수 있거나 최선의 경우 심지어 예측하여 귀속시킬 수 있는 선형적 시간상에서의 인과 귀속을 상정하고 있다는 점이다(같은 책 125f. 참조). 그런데 위험부담을 내포한 기술공학적 설계들이 선형적linear 체계, 즉 분명한 '~라면 ~이다'-인과성 고려가 적용될 수 있는 체계인 경우는 매우 드물다는 점이다. 이에 관해 페로우가 갖고 있는 발전된 위험사회에 대한 신조Credo는 다음과 같다. "기대하지 않았던 상호작용이라는 관념이 우리 모두에게는 언제나 더 친숙하다. 이런 관념은 기술과 산업은 물론이고 우리의 사회 세계와 정치 세계의 특징이기도 하다."(같은 책: 107). 그런데 꿰뚫어볼 수 없고 예견할 수 없다는 점으로 인해 손상의 책임을 귀속시켜야 할 것은 사회 자체라는 의식이 성장한다. 즉, 행위, 결정, 중단 등에 대한 책임을 사회에 물어야 한다는 의식이 성장한다. 손상을 운명, 신의 형벌, 죗값 등으로 보는 종교적 해석을 통해 우연성을 사전에 고려할 수 있게 했던 초세계적 입지점이 사라졌기 때문에, 문제의 내재성이 더욱 뚜렷해진다. 현대 사회는 사회 자신이 반응해야 하는 손상을 생산하며, 사회는 이를 현재의 행위가 갖는 미래의 위험부담으로 간주하는 것을 학습할 수 있다.

그래서 위험부담은 시간의 문제이며, 미래의 문제이다. 현재의 결정을 통해 미래에 대한 구속이 이루어지며, 이러한 구속은 미래의 가능성을 제약하지만 이는 미래에서야 비로소, 즉 결정을 되돌릴 수 없게 되어버린 현재에서야 관찰될 수 있다(Nassehi 1993a: 370ff. 참조). 결정의 순간에 미래는 위험부담을 안게 된다. "우리는 미래를 충분히 알 수 없음에도" 시간을 구속시켜버린다(SdR: 21). 결과의 책임을 결정에게 귀속시키는 것은 과거와 미래의 차이를 가시화시킨다. 그래서 재해와 손상을 결정보다는 운명에 귀속시킬 수 있었고 운명적인 재해 속에서 숨겨진 구원의 잠재력을 추측하곤 했던 "이전 시대보다 연속성은 더 적게, 불연속성은 더 크게 보일 수밖에 없다."(SdR: 56).[2]

미래의 잠재적 손상을 줄이기 위해 현재의 결정 자체가 미래를 선취하

---

2. 모든 기독교 전통에서 예수의 수난과의 유비를 통해 수난에 구원 기능과 정화 기능이 부여되었던 것은 괜히 그런 것이 아니다.

는 것은 불가능하다는 통찰을 통해 위험부담 연구는 위험부담이란 피할 수 없다는 인식에 이르게 된다. 언제 결정하건 간에, 그리고 결정하지 않기로 결정할 때조차도 피할 수 없다는 인식에 이르게 되는 것이다. 간단히 정식화하자면, 절대적 확실성Sicherheit이 없다는 점만이 확실하다.[3] 그래서 기술공학적 설계의 개선과 같은 것을 통해 위험부담을 피한다는 의미에서의 확실성 달성은 기대할 수 없다. 원자력발전소, 비행기, 기름 탱크 등은 물론 안전하게 건설되고 유지되긴 한다. 하지만 추가적인 안전보장 기술의 투입도 새로운 위험부담을 내포하게 된다. 그것도 결정된 것이기 때문이다. 따라서 결정 그 자체가 위험감수라면, 안전을 위한 결정도 위험부담을 내포한다.[4] 이러한 딜레마에서 빠져나올 길이 없기 때문에, 위험부담에 대한 연구나 실천적으로 위험부담을 다루는 것은 최상급에서 비교급으로 바꾸는 것에 만족해야 한다. 가장 확실한 것이 불가능하기 때문에, 더 확실하게 위험에 대비하는 것에 만족해야 하는 것이다. 쉽게 말하자면, 여러 위험부담들을 저울질해보거나 기피 전략을 통해 배제하거나(Perrow 1989: 22 그리고 355ff.) 위험부담이 큰 체계들을 열거하는 등등의 방식에 만족하는 것이다(Weiszäcker 1984: 167ff.).

위험부담 연구의 상황을 이렇게 상세하게 서술했으므로, 이제 루만과의 연결지점 및 그의 사회학적 관찰방식을 뚜렷하게 제시할 수 있다. 이차 등급 관찰 이론을 따라 루만은 현대 사회가 위험부담 문제에 대한 관찰을

---

3. [옮긴이 주] 이 문맥에서는 앞의 '확실성'은 '안전보장'으로, 뒤의 '확실하다'는 명확하다는 뜻에서의 '확실하다'로 번역하는 것이 자연스러울 수도 있다. 하지만 번역 용어의 일관성을 위해 앞의 것도 '확실성'이라고 옮긴다. 하지만 조금 뒤에 나오는 문장의 '안전보장 기술'처럼 '확실성 기술'이라고 하기에는 너무나 어색한 경우에는 '안전보장'으로 옮긴다.

4. 이와 관련해 루만은 횔덜린(Hölderlin)의 방랑에서 다음과 같이 인용하고 있다. "그러나 통제가 있는 곳에서는 위험부담 또한 커진다."(SdR: 103).

어떻게 관찰하는지 관찰한다. 우리가 이미 여러 측면에서 지적한 것처럼 모든 관찰은 하나의 구별을 다루면서 작업한다. 우리가 서술한 여러 위험부담 연구는 물론이고 대중매체나 정치적 공론장에서 위험부담을 다루는 관찰을 이끌어주는 구별은 대개 위험부담/확실성[안전]의 구별이다. "이런 구별은 정치적 수사법에서는 장점을 갖는다. 즉, 아주 위험부담이 큰 사업에 반대를 표명하는 사람이 일반적으로 평가된 안전의 가치를 가슴에 품고 있는 자로 등장하는 경우에 장점을 갖는다. [……] 이를 통해 위험부담의 형식은 '달가운/달갑지 않은'의 구별로 변형된다."(SdR: 28). 이런 구별을 통해 두 가지가 은폐된다. 첫째, 시간 차원에서는 아직 알 수 없는 미래의 문제가 은폐되며, 사회적 차원에서는 결정자의 문제가 은폐된다. 쉽게 말해, 위험부담/확실성 구별은 사태 차원에서 그에 상응하는 적절한 결정에 의한 안전보장 조치를 통해 위험부담을 피할 수 있다고 제안하는 것이다. 그러나 미래를 아직 알 수 없다는 점은 결국 안전보장 가능성을 훼손하고, 그래서 구별의 한 측면인 위험부담을 다른 측면인 확실성으로 확장해버린다. 이러한 동어반복[확실성=위험부담]은 우리가 아직 알 수 없는 미래에 근거해 수행할 수 있는 것보다는 기술공학이나 올바른 정보 같은 사태 차원을 더 많이 기대할 때만 은폐될 수 있다. 더 나아가 그 구별은 모든 결정자가 위험부담을 생산하며, 위험부담에 맞서 확실성을 옹호하며 결정했던 결정자 또한 위험부담을 생산한다는 점을 은폐한다.

루만은 여기에 이차 등급 관찰이라는 방법을 적용해서, 이로부터 나오는 결론인 사회가 자기 자신을 어떻게 관찰하는지를 관찰하고자 한다. 사회의 관찰을 다른 관찰들에 직면하게 하는 것, 즉 다르게도 볼 수 있게 하는 다른 구별을 사용하는 것도 이러한 방법에 속하며, 이는 루만 사회학 고유의 학적 성과이다. 그래서 루만은 위험부담/확실성이라는 구별을 위험부담Risiko/위해Gefahr라는 구별로 대체할 것을 제안한다. 이러한 이차 등급 관찰은 손상과 손상 예측이 누구에 의해 어떻게 관찰되는지를 겨냥하는 것이다. "어떤 손상이 결정의 결과라고 보인다면, 즉 결정에 책임이 귀속된다면, 우리는 위험감수라고, 결정에 의한 위험감수라고 부른다. 그렇지 않고 어떤 손상이 외부에서 유발된 것으로 보인다면, 즉 환경에 책임이 귀속된다면, 우리는 위해라고 부른다."(SdR: 30f.). 손상이 있거나 예상된다고 단순하게 관찰하는 것이 아니라 손상이 누구에 의해 어떻게 관찰되는지를 관찰한다면, 사회적 귀속 과정, 즉 "결정에 대한 '책임 있음/책임 없음'"이라는 구성과 마주치게 된다. 이차 등급 관찰은 관찰의 우연성을 이른바 관찰된 대상 안에 집어넣는 것이며, 이를 통해 동일한 손상을 다른 식으로 귀속시킬 수 있다. 밖으로부터의 위해에 귀속시키거나 아니면 결정에 따른 위험감수에 귀속시킬 수 있다.

손상을 관찰하기 위해 제안된 루만의 이러한 구별은 이미 위험부담에 관한 경험적 연구, 예를 들면 AIDS–소통에 대한 연구에 적용되고 있다.[5] 우리는 그동안 "위험사회Risikogesellschaft"(Beck 1986)의 소속원으로서 우리 앞에 놓여있는 죽음에 대한 책임을 우리 자신에게 귀속시켜야 한다는 점을 배웠다. 우리는 니코틴이나 알콜을 즐기고 너무 기름진 음식을 먹으면서, 도로에서의 교통사고와 전쟁에서 죽어가고 있고, 대량살육, 환경오염, 의료사고와 약의 남용을 통해 죽어가고 있다. "우리는 즐기면서 죽어간다."Postman. 요약해보자면, 우리는 개별 결정자들이나 (그래서 자기 자신 또한) 서구 문명, 서양 문화나 누구건 골라서 책임을 귀속시킬 수 있는 위

---

5. AIDS에 관한 사회학적 관찰은 면역결핍증 자체를 관찰하는 것이 아니라 그 질병이 소통에서 어떻게 주제로 되는지 관찰한다는 점을 염두에 두어야 한다.

험한 삶의 방식을 통해 죽는다.[6] 그럼에도 결정과 손상 사이의 연관이 그릇된 성생활을 통해 HIV에 감염되는 위험부담만큼 뚜렷한 위험부담은 별로 없다. 알로이스 한, 윌리 H. 에어름프터, 뤼디거 야콥 등은 AIDS-소통의 문제도 위험감수/위해의 구별을 고려해 탐구했으며 다음과 같은 성과를 얻었다. 유형화해서 보자면, 전통적 가치를 지향하며 그 삶의 방식이 감염의 위해에 거의 노출되지 않는 집단에게 AIDS는 영원한 위해의 주제가 되며, 그 위해에 맞서서 책임 있는 자들을 (즉, 감염된 자와 특히 해로운 집단들을) 집단 통제 아래 두는 것 외에는 어떤 것도 해볼 수 없다고 여긴다. 반면에 특정한 성행위에 찬성하거나 반대하는 그 자신의 결정을 통해 손상의 책임을 자기 자신에게 귀속시키는 이들에게 AIDS는 위험부담으로 나타난다(Hahn/Eirmbter/Jacob 1992: 418f.).

루만에게 현대 사회는 손상, 고통, 파괴, 재난을 낳는다는 이유로 위험사회인 것은 아니다. 이런 일은 이전의 모든 사회들에서도 일어났다. 운명이나 불행이라는 이름의 어떤 자비로운 외피도 더 이상 손상을 덮어줄 수 없다는 점을 통해서야 현대 사회는 위험사회가 된다. 과거와 미래의 불연속성이 거의 모든 현재 속에서 어떤 결정을 요구하는 현대에는, 일어나는 모든 일에 대한 책임을 결정에 귀속시키게 된다. 지진이 집을 붕괴시켰다면, 그 원인은 지진이 아니라 적절한 안전보장 규정을 소홀하게 여긴 건축담당 관청의 잘못된 결정이나 집의 하중능력을 잘못 계산한 역학전문기사의 잘못된 결정이다. 이전에는 거의 자연적인 것이라고 믿었던 세계의 진행에 대한 개입은 의심의 여지없이 세계를 만들어내고 변화시키고 조절할

---

6. 이런 위험부담이 없더라도 우리가 죽는다는 것에 관한 의식이 사라질 수는 없다. 그래서 삶/죽음은 여기서 적절한 관찰을 이끄는 구별이 아니며, 오히려 오랜 삶/짧은 삶이라는 구별이 적절하다 (SdR: 37, 각주 58 참조).

수 있다는 의식을 생산한다. 그럼에도 이는 잘못된 결정이나 잘못된 중단이라는 위험부담을 대가로 치러야 한다.

AIDS-위험부담의 사례에서 우리가 이미 분명히 보여주었듯이, 사회는 기술공학적 대재앙의 형식에서만 위험을 감수하는 것이 아니다. 예를 들어 형법도 다음과 같은 경우에 위험을 감수한다. 형법이 임신중절을 철저히 금지한다면 적지 않은 수가 의료적으로 위험부담이 큰 낙태를 하는 것을 확인해야 한다. 그리고 형법이 마약 복용자들에 대해 경직된 처벌을 추구할 경우 그 처벌을 피하기 위해 다시 범죄를 시도하는 현상을 함께 만들어내게 된다. 시장은 매우 역동적이고 가격은 예견할 수 없기 때문에 투자란 항상 위험감수이다. 의료 수술은 많은 경우에 기대했던 효용보다 더 많은 손상을 무릅쓰고 감행된다. 그리고 아마도 학교 교육은 정해진 교과과정에서 주제들을 끄집어내는 것을 통해 이미 학생들이 흥미와 의의를 잃게 만드는 위험부담을 갖는다. 유사한 사례들을 더 열거할 수 있다(SdR: 53 참조). 그럼에도 여기서 결정적인 문제는 어떤 행위가 실제로 위험한가의 여부가 아니라, 그 행위가 어떻게 관찰되느냐이다. 누가 정치적, 법적, 친밀관계적, 의료적, 경제적으로 결정하건, 어떤 식으로 결정하건, 그 결정들은 관찰될 수 있다. 사람들은 그에게 그의 결정이 낳은 결과에 대한 책임을 귀속시키고 그의 위험한 행동이 다른 사람에게 위해를 가했다고 본다. 위험부담/위해의 구별이 특히 겨냥하는 것은 위험감수 행동의 사회적 측면이다. 누가 결정자Entscheider이고 누가 해당자Betroffenen[당하는 사람]인가, 즉 결정이 누구에게 위험감수이고 누구에게 위해인가?

루만은 위험부담과 위해에 관한 소통이 갖는 사회적 역동성은 손상 자체에 있는 것이 아니라 오히려 그런 손상의 위험부담에 대한 소통에 있다고 말한다. 그런 손상이 사회에 의해 기록되어 알려지는 것이 역동적이라는 것이다. 그리고 결정은 이차 질서 관찰에 의해 관찰될 때, 즉 어떤 결정자가 구별할 때에야 비로소 위험부담으로 나타난다. 이럴 때 결정자는 그가 원하지 않았던 행위 결과로부터 원했던 행위 결과를 구별하게 되며, 그래서 자신의 결정이 갖는 위험부담에 스스로를 노출시키게 된다. "위험하게 처신하는 모든 사람, 예를 들어 도로에서 위험하게 추월하거나 사격도구를 갖고 노는 사람은 일차 등급 관찰자로서 이런 짓을 할 것이다. 그러나 그가 자신이 어떤 위험부담을 받아들여야 할 것인지 숙고하자마자, 그는 자기 자신을 이차 등급 관찰자의 입장에서 관찰한다. 그런 후에야 비로소 그는 위험부담에 관한 의식과 소통에 관해 말할 수 있게 된다. 왜냐하면 그래야만 위험부담에 전형적인 구별들이 그의 작동에 대한 근거가 되어서 그가 그런 구별들이 다른 측면도 가지며 단순히 객체들만 지시하지 않는다는 점을 함께 고려하게 될 것이기 때문이다."(SdR: 235). 현대 사회에서 관찰되지 않는다는 것은 거의 불가능하다. 그래서 결정은 항상 위험 감수 또는 위해로 관찰될 수 있는 위험부담에 노출된다. 이는 사회의 소통에서, 특히 저항이나 저항운동의 소통에서 표출된다. 『생태학적 소통』에서 루만은 아직 저항운동에 대해 경멸과 비웃음 외의 다른 어떤 것도 보이지 않았지만 ― 이 책에서는 "거만한 자기정당성", 이론의 결여 등등이라고 말했다(ÖKom: 234ff.) ―, 이제 그는 저항운동에서 사회체계의 자기기술을 위한 촉매를 보는 듯하다. 위험사회의 저항운동은 더 이상 경제적 분배정의에 초점을 맞추지 않으며 저항의 새로운 유형, 즉 "어떤 사람이 다른 사람의 위험한 행동의 희생양이 될 수 있는 상황에 대한 거부"에 초점을 맞춘다(SdR: 146). 사회 운동은 결국 위험부담/위해 형식을 위해의 측면으로부터 보고 이를 통해 결정의 책임귀속 문제를 가시화시키는 사회의 관찰자이다. 운동의 성공 혹은 최소한 관찰의 성공을 보장하기 위해 여기서도 매우 단순한 책임귀속과 단순한 설명 모델을 감수할 수밖에 없긴 하지만, 루만은 "이를 통해 만들어진 민감성, 즉 현대 사회의 구조적 결정이 낳는 후과에 대한 민감성과 모든 시간적 구속의 사회적 비용에 대한 민감성은 무조건 부정적으로만 평가해서는 안 될 성과"(SdR: 154)라고 말한다. 그럼에도 루만은 이러한 민감성이 결코 사회가 결정의 위험부담과 알 수 없는 미래로부터 벗어날 수 있게 하는 형식을 발전시켜주지는 않는다고 본다. 오히려 민감성은 양측이 위험부담/위해라는 형식이 두 측면으로 된 형식임을 배우는 것에서 성립할 수 있을 것이다. 그렇게 되면 결정자는 자신에게 위해의 원인이 귀속된다는 점을 볼 수 있을 것이며, 해당자는 결정이 이루어지는 곳에서는 위험감수가 불가피하다는 점을 볼 수 있을 것이다. 루만의 위험 사회학은 관찰자들이 어떻게 서로 돌아가며 관찰하는지, 그리고 어떻게 이러한 관찰들이 상호이해나 더 나은 통찰에 의해서도 끝내 화해될 수 없는 것인지 등등에 대해 어떤 의미를 던져줄 수 있다.

도움이 되는 해결책을 발전시키는 일은 결국 루만이 하려는 일이 아님이 여기서 뚜렷해진다. 그는 관찰자를 관찰하는 관찰자, 거리를 두는 관찰자이며 그 자신의 관찰을 그 다음 관찰에 추가할 뿐이다. 분석적인 사회학의 잠재력이 매우 크긴 하지만, 이러한 관찰의 실천적 전환 가능성은 제한되어 있다. 비웃기 좋아하는 자들만이 이를 실제로 비판할 수 있을 터인데, 그렇다면 우리는 그들에게 학적 관찰이 학적으로 관찰하는 것 말고 다른 무엇을 관찰해야 하는지 묻고 싶다. 그런데 루만은 그가 큰 도움을 줄 수 있는 지점에서도 이른바 차선의 해결책들만 제시할 수 있다. 그가 정치에 대해 "이 경로를 결정하는 위험부담과 저 경로를 결정하는 위험부담을 저울질해볼 것을"(SdR: 185) 충고할 때, 이는 우리가 위험감수라는 위험부담에 만족할 수밖에 없다는 것 이상을 말해주지 않는다. 그리고 루만이 이러한 충고에 덧붙여 정치가 이런 결정을 할 때 "그 결정의 이차적 후과가 저항을 일으키기 쉽다는 점을 고려해야 하며 당사자들의 투표력을 고려해야 한다"(SdR: 185)고 말할 때, 우리는 스스로 묻게 된다. 정치가 그것 말고 무엇을 해야 하냐고?

우리는 루만의 시대진단 잠재력이란 이차 등급 관찰 상황들의 수립을 통해 현대 사회가 그 통일성을 잃게 된다는 점을 뚜렷이 한 것에 있다고 본다. 누가 관찰하건 간에, 그가 원하건 원하지 않건 그는 관찰될 수 있으며, 그래서 스스로 자신과 세계를 보는 것과는 다른 식으로 보이게 되는 위험부담에 노출된다. 루만은 세계를 서로 돌아가며 공-진화 Co-evolution 관계 속에 있는 이질적인 관찰자들에 의해 분화된 단위로 보게 한다. 어디에도 조절의 중심은 없으며 유일무이한 관찰지점은 형성될 수 없다. 아직도 많은 사람들이 그 자신에게 필연적으로 나타나는 것처럼 다른 사람도 그렇게 세계를 관찰한다는 점을 신뢰하지 않는다. 이는 여전히 좋은 의지를 갖고 있으며 한스 요나스Hans Jonas처럼 아직도 인격적 책임감을 매우 믿고 싶어 하는 사람들의 경우에조차 그러하다(Jonas 1979 참조). 우리는 그들이 이런 점을 볼 수 있을 만큼의 합리성은 불러일으킬 수 있다는 점에 만족해야 한다. 그래서 루만은 위험부담을 다룬 그의 책 말미에서 상이한 관찰들을 화해시키는 것이 아니라 최소한 병존할 수 있게 하는 상호이해의 형식을 육성하고자 했다. 위험부담 문제와 관련해 보자면, 결정자와 해당자가 서로 다른 것을 보긴 하지만 적어도 그들이 서로 다른 것으로 본다는 점을 배워야 한다. 그렇게 해서 서로 상대방의 관찰을 관찰하기 위한 길을 개방해야 할 것이다. 이는 차이를 넘어서는 것이 아니지만, 가능하다면 차이를 다룰 수 있게 만든다. 어쨌거나 루만은 오래전부터 합의에 의한 상호이해라는 꿈과는 거리를 두었다. "그래서 그것 말고 그것과는 뚜렷이 구별되는 상호이해의 길을 육성하는 것이 현명할지도 모른다. 그 길은 관여자들이 그들이 관찰하는 세계들을 서로 돌아가며 재구성할 수 있는지와 무관하게, 그리고 어느 정도 재구성할 수 있는지와 무관하게 기능할 수 있는 상호이해의 길을 육성하는 것이다."(SdR: 247).

현대 사회를 둘러싼 공론장의 논쟁에서 전통적인 투쟁 장소였던 경제적 분배정의를 두 번째 자리로 밀어낸 듯 보이는 위험부담 문제의 동역학은 우리가 볼 때 루만 자신이 거의 주목하지 않았던 위험부담/위해 구별의 역설에도 있는 듯 보인다. 우리가 결정하기 때문에 위험부담에 노출된다는 점은 점점 더 위해의 성격을 수용하는 듯 보인다. 왜냐하면 결국 우리는 [어떤 내용의 결정이 아닌] 결정하는 것 자체에 대한 찬성과 반대는 스스로 결정할 수 없기 때문이다. 결정을 강제한 것에 대한 책임은 누구에게도 귀속되지 않으며 어떤 결정으로도 소급되지 않는다. 결국 우리는 결정자로서 또한 해당자이기도 하며, 이는 위험부담/위해 구별을 받아들이도록 협박한다.[7] 이러한 구별이 파열될 위험을 막기 위해 (sic!), 결정자는 대개 사안별 능력과 기술공학적 엄격함으로 물러나서 위험부담이 요구할만한 성질의 것이라고 규정한다. 반면에 해당자는 근본적 비판과 도덕적 엄격함이라는 반응 형식과 반향 지반에 머물러 있을 뿐이다.

---

7. [옮긴이 주] 위험부담/위해-구별은 개발 사업의 결정 여부를 제기하지 않은 반대자들도 결정자로 되게 한다. 즉 개발하지 않음으로 인해 생기는 위험부담을 감수하는 결정자로 만든다. 그래서 찬성자(결정자)도 해당자가 되게 하고, 반대자(해당자)도 결정자가 되게 한다. 하지만 이러한 대칭성은 결정 여부를 제기한 결정에 의해 생긴 것이다. 필자들은 이것 역시 대칭적인 것으로 은폐되어서는 안 됨을 지적하는 것이다. 위험부담/위해-구별 자체가 다른 결정, 즉 결정에 대한 결정에 의해 강요된 것이다.

□ 중요한 기본 개념 요약

• 아직 알려져 있지 않은 미래를 고려해 결정을 관찰한다면, 결정은 위험부담으로 나타난다.

• 위험부담/위해 구별이 겨냥하는 것은 결정이 낳을 수 있는 결과가 결정자에게는 위험감수로, 스스로 결정하지 않은 해당자에게는 위해로 나타난다는 점이다.

□ 참고문헌

• Niklas Luhmann : "Risiko und Gefahr", in: ders.: *Soziologische Aufklärung 5. Konstruktivistische Perspektiven*, Opladen 1990, S. 131~169.

□ 옮긴이 추천 참고문헌

• 울리히 벡 지음, 홍성태 옮김, 『위험사회』, 새물결, 2006.

• 노진철, 「위험사회학」, 『경제와사회 제63호』, 한울, 2004.

2. 도덕

최근 공론장 논의에서는 도덕 문제와 윤리 문제에 대한 관심이 커지고 있다. 이러한 관심이 우리가 앞 절에서 논의했던 주제, 즉 생태학적 위해와 위험부담이라는 문제와 상당한 관련을 갖는다는 주장은 분명 틀린 것이 아니다. 공론장 논의 내부에서는 생태학적 위험부담에 대해 규범적 호소와 도덕적 요청기준을 갖고 반응하자는 목소리가 적지 않게 발견된다. 많은 이들이 자연을 다르게 다루기 위한 철저한 사고 전환 과정을 요구한다. "위해와 위험부담, 그리고 극복해야 할 평가의 불확실성에 직면하여, 많은 이들이 그가 무엇을 도덕적으로 기대하는지 깃발을 내세워 말하고자 하는 동기를 느끼게 된다. [······] 그래서 현대 기술공학 영역에서 위험부담이 정점에 이르면서 공적 소통의 도덕 수위계가 상승한다는 점은 놀라운 일이 아니다."(Luhmann 1993: 332). 현대 사회의 생태학적 자기위협이라는 주제 범위에서는, 새로운 윤리, 즉 환경윤리의 가능성이 논의된다. 윤리위원회들은 새로운 도덕을 담당할 수 있는 안정된 토대를 찾는 일에 착수한다. 도덕 문제와 윤리 문제에 대한 관심의 증가는 그 관심이 반영되어 있는 침전물을 일련의 사회철학적 기획들 속에서 발견해내었다. 예를 들어 요나스는 책임이라는 도덕 원칙을 이야기한다. 하버마스와 아펠Karl-Otto Apel은 이른바 담론윤리의 토대를 스케치한다. 미국 철학자 존 롤즈John Rawls는 도덕적 정의 이론을 발전시킨다. 다른 철학자들이 전제로 삼는 것들과 종종 격렬하게 맞섰던 프랑스 사상가 미셸 푸코Michel Foucault조차도 삶의 지혜라는 고대의 개념으로 되돌아가서 현재의 윤리에 대한 통찰을 얻기를 희망한다. 윤리에 대한 새로운 정식화 및 새로운 정초 시도는 현대 철학과 포스트모던 철학의 은밀한 합의 지점이라고 말할 수도 있을 것이다.

　루만은 이러한 철학적 정초 시도를 도덕 및 윤리의 영역과 연결하려 하지 않으며, 오히려 도덕 현상의 사회학적 관찰을 위해 노력한다. 루만은 도덕의 사회학적 이론을 정식화하고자 하며, 이 이론 자체가 다시 도덕적 요청을 갖고 등장하지는 않는다. 이는 결코 자명한 것은 아니다. "도덕이라는 주제를 다루는 모든 학문은 오늘날 다음과 같은 물음 앞에 서 있다. 학문 자신이 도덕적 규범에 굴복해야 하는 것인가, 학문이 좋음을 인준하고 나쁨을 벌하는 합창 속에서 화성법이건 대위법이건 함께 불러야 하는 것은 아닌가, 아니면 학문이 자신을 도덕으로부터 자유로운 인식의 수행으로 간주하여 다른 모든 것들처럼 도덕도 하나의 대상으로 삼을 것인가 등과 같은 물음 앞에 서게 된다."(SdM: 8). 루만은 분명히 후자의 가능성을 택한다. 그래서 도덕에 대한 사회학적 이론은 도덕적 가치평가와 거리를 두면서 도덕 및 윤리 문제에 대해 외부의 관점을 취한다. 이 이론은 자신을 이차 등급 관찰자의 입장에 놓는다.

　도덕 현상들을 관찰하는 관점과는 무관하게, 모든 도덕이론은 우선 자신의 개념들을 신중하게 정의해놓아야 했다. 루만은 도덕을 특수한 종류의 소통이라고 이해하며, 좋은gut/나쁜schlecht 혹은 선gut/악böse의 구별을 갖고 작동하며 여기서 인간적 존중이나 멸시가 표출되는 소통이라고 규정한다. 도덕 개념과 달리 윤리 개념에 관해서는 "도덕 문제에 관여하며 도덕을 반성하려고 시도하는"(GS3: 371) 세련되고 요구사항이 많은 모든 기술記述이라고 부른다. 짧게 말하자면, 윤리는 도덕에 대한 반성이론Reflexionstheorie으로 정의된다. 이러한 두 가지 정의에 대한 제안은 더 설명될 필요가 있다.

　도덕 소통은 좋음과 나쁨(혹은 선과 악)을 구별하는 이원적 코드에 의해 그 성격이 규정된다. 좋음과 나쁨이라는 코드값들은 여기서 특화된 속성이나 부분적 수행실적과 관련되는 것이 아니다. 즉 좋은 축구선수라고 말하거나 너무 짠 식사를 한 후 나쁜 요리사라고 말하는 것과는 무관하다. 도덕 소통이 일어나는 것은, 좋음과 나쁨이라는 코드값을 통해 존중과 멸시에 대한 지적이 동시에 이루어지고 여기서 존중과 멸시가 그 인격 전체와 관련될 때이다. 어떤 소통은 한 인격이 그 견해나 행위에 있어 존중 혹은 멸시를 얻게 된다고 알릴 때에만 도덕적 성질을 갖게 된다. 이는 명백하게 일어날 수 있지만, 대개는 암시되기만 한다. 사람들은 환경운동 집단에서 현대적 재활용 과정에 관해 환담을 나누면서 폐지를 지정된 함에 넣지 않는 인격들을 도덕적으로 멸시한다는 신호를 보낸다.

좋은/나쁜이라는 도덕적 코드는 보편적 유관성을 갖는다. 즉 도덕은 모든 것에 대해 판정을 내린다. 이는 학문체계의 코드(참/거짓)나 법체계의 코드(합법/불법)도 마찬가지이다. 그래서 우리는 모든 주제, 모든 행위, 모든 견해가 학문적 또는 법적으로 관찰될 수 있으며 도덕적으로도 관찰될 수 있다고 말할 수 있다. 따라서 관찰을 이끄는 구별의 보편적 유관성이라는 개념이 뜻하는 바는 그 코드의 도움으로 계속 관찰이 이루어진다는 것이 아니라 모든 것이 그런 식으로도 관찰될 수 있다는 것을 뜻할 뿐이다. "존중과 멸시는 특수한 조건들 아래에서만 승인된다. 도덕이란 그때그때 사용가능한 그런 조건들의 총합이다. 도덕은 결코 계속 개입되는 것이 아니라, 오히려 그 자체로는 약간 병리적인 성격을 갖는다. 예사롭지 않을 때에만, 우리는 다른 사람이나 자기 자신을 존중하거나 존중하지 않고자 하는 조건들을 암시하거나 명시할 동기를 갖게 된다."(PI: 18).

소통은 특정한 경우에만 도덕적인 부담을 지게 된다. 그런데 그런 일이 생기면, 도덕적 가치평가가 특히 격앙되거나 완고하게 되는 경우가 드물지 않게 관찰된다. 도덕적 개입이 다시 철회되는 일은 쉽지 않다. 이는 도덕적 코드가 인격의 오직 특정한 단면과만 관련을 맺는 것이 아니라는 점, 즉 도덕적 물음에서는 인격 전체가 시험대에 오른다는 점과 관련이 있다. 그리고 무엇보다 도덕 소통은 존중뿐만 아니라 멸시도 할당한다. 그래서 특정한 행위나 견해를 근거로 한 인격이 도덕적으로 불신을 받는 경우에는 소통이 공격적인 대립으로 치닫곤 한다. 완고하게 고집할 경우에 도덕은 투쟁, 폭력, 테러로 마무리된다. "도덕은 위험을 감수하는 사업이다. 도덕화하는 사람은 위험부담을 받아들여야 하며, 반대할 때 더 강한 수단을 찾아야 하거나 자기존중을 잃게 되는 상황에 쉽게 처하게 된다. 따라서 도덕이 자명한 것에 제한되어 불필요해지지 않는 한, 투쟁을 산출하거나 투쟁으로부터 생겨나 투쟁을 첨예하게 하는 경향을 갖는다."(GS3: 370).

루만은 철학적 윤리 구상들이 지금까지 눈감아왔던 문제인 도덕의 주요한 문제점 중 하나가 도덕적 소통이 매우 자주 갈등을 만들어 내거나 갈등을 첨예하게 한다는 사실에 있다고 본다. 철학 전통에서 윤리는 대개의 경우 도덕적 판단에 기초를 놓는 과업이라고 이해되어 왔다. 아펠, 하버마스, 롤즈 등을 떠올려본다면, 이러한 전통은 오늘날까지도 살아남아 있다. 그에 반해 루만은 윤리를 도덕에 대한 반성이론으로 정의한다. 따라서 윤리의 과제는 더 이상 도덕의 기초놓기Begründung [정초, 근거지움]이 아니라 도덕에 대한 반성Reflexion이다. 윤리는 도덕 소통을 도덕 내부의 관점으로부터 반성하는 모든 인지적 도덕 기술記述로 이해된다. 그래서 도덕을 외부로부터 관찰하는 사회학과는 달리, 윤리적 반성은 도덕 코드인 선/악으로 관찰의 방향을 잡는다. 그런데 이 대목에서 한번 더 상세하게 지적할 필요가 있는 지점은 루만이 관심을 갖는 것은 새로운 윤리 — 도덕에 대한 반성이론으로 이해되는 — 를 설계하는 것이 아니라는 점이다. 루만의 관심은 오히려 사회학적 사회이론의 관점으로부터 그러한 윤리에 대해 자극을 제공하는 것이다. 그런데 이런 자극을 받아들이는 모든 윤리적 구상은 어쩔 수 없이 윤리의 전통적 개념들과 대립하게 된다. 그러므로 기초놓기로서의 윤리와 반성으로서의 윤리 사이에는 핵심적인 차이가 생긴다. 다음에서는 이들 사이의 네 가지 차이를 간략하게 언급하도록 하겠다.

도덕에 기초를 놓는 이론으로 정의되는 윤리는 첫째, 도덕적 판단을 옳거나 이성적인 것으로 부각시켜야 한다는 요청을 고양시킨다. 전통적 윤리 구상들이 아무리 서로 다르다 해도 이런 요청이 일어나는 방식은 대개 최종 근거 혹은 원리가 제시되고 그 근거나 원리 자체는 다시 정당화될 필요가 없다는 식이다. 그런 원리는 예를 들어 칸트의 정언 명령, 아펠의 수행적 모순을 피해야 한다는 원리 등에서 드러난다. 이런 이해방식에 맞서 루만은 모든 (최종-)기초놓기란 그 실행을 통해 다른 가능성과의 비교에 노출되며 그래서 좌초된다는 것을 보여준다.[8] 기초놓기의 사다리를 타고 올라가보면 그 끝에는 최상의 원리가 있는 것이 아니라 오히려 다른 가능한 대안이 있다는 것이다. 그래서 기초놓기란 어떤 통일과 필연적 조건으로 이끄는 것이 아니라 더 많은 차이들과 우연성으로 이끌 뿐이다. 모든 기초놓기는 "그것이 폐쇄하고자 했던 다른 가능성으로의 접근 경로를 열어놓음으로써 스스로를 계속 사보타주한다[방해한다]. 우리가 이를 관찰한다면, 기초놓기란 어떤 식으로건 일종의 기만을 갖고서 길을 인도해야 하는 역설적 과업이라는 결론을 내리게 된다."(GS3: 360)[9] 그래서 루만은

---

8. 그래서 이러한 (최종-)기초놓기의 좌초는 윤리들이 서로 다르다는 점에서도 밝혀진다. 이런 의미에서 예를 들어 리차드 게바우어(Richard Gebauer)는 하버마스의 담론 윤리를 해체한다 (Gebauer 1993 참조).
9. [옮긴이 주] 이러한 루만의 도덕관은 도덕적 언어의 기원을 거슬러 올라가 추적하면서 그 정당성 근거를 무너뜨리는 니체의 계보학적 도덕 비판을 떠올리게 한다. 맑스, 니체, 루만 등의 도덕관을 비교한 논문으로는 서영조, 「루만의 '사회학적 도덕 이론'과 그 도덕 철학적 의미」가 있다.

도덕적 판단의 기초놓기를 포기하고 그 대신 도덕적 사태의 인지적 기술로 스스로를 제한하는 윤리를 제안한다.

윤리의 과제가 도덕적 판단의 기초놓기에 있다고 보는 이해방식은 둘째, 윤리적 원리의 기초놓기의 도움으로 보편적이고 통일적인 따라서 합의된 도덕 표상을 생산하고 제도화하는 걸 수용하면서 출발한다. 이런 이유에서 칸트적 전통에서 성립한 아펠과 하버마스의 윤리 구상은 담론 원리를 보편화 원칙으로도 지칭한다. 이런 구상들은 현대 사회가 합의된 가치와 규범의 존속에 의해 그 성격이 규정된다는 전제를 갖고서 자신들의 주장을 뒷받침하려 한다. 그에 반해 사회적 체계 이론으로부터의 자극을 받아들이는 윤리는 그런 견해에 반대한다. 그렇다고 해서 좋은/나쁜이란 도덕 코드가 보편적 유관성을 갖는다는 점을 부인하는 것은 아니다. 하지만 좋은/나쁜이란 도덕 코드가 통일적으로, 즉 동일한 결정 프로그램을 갖고 적용될 수 있다는 전제는 부인한다. 모든 도덕적 확정은 그것이 다른 도덕 프로그램의 관점에서 관찰되고 비판된다는 점을 고려해야 한다. 루만에 의하면, 현대 사회에서는 더 이상 사회의 통일적인 도덕 프로그램이 완성될 수 없다. "우리 사회의 도덕 사용에 있어 특징적인 것은, 이원적 코드가 계속 사용되긴 하지만 프로그램의 차원에서는 어떤 합의도 더 이상 가정할 수 없다는 점이다. 소통 형식으로서 도덕을 명시적으로 사용하는 것이 쓸모가 있는 비판적인 경우에도 어쨌거나 그러하다."(Luhmann 1991c: 498).

다음 지점은 이것과 밀접히 관련되어 있다. 도덕 소통의 사회학적 관찰은 셋째, 현대 사회가 도덕에 근거하지 않는다는 점을 가르쳐준다. 이 진술은 이미 주제화된 테제인 사회의 도덕 표상들이 갈라져 있다는 테제를 넘어서는 것이다. 이 진술은 기능적으로 분화된 현대 사회가 도덕 소통을 통해 통합될 수 없다는 점을 가리킨다. 기능체계들은 이원적 코드들에 의해 일차적으로 독립분화된다. 정치체계는 여당/야당의 구별로 방향을 잡고, 학문체계는 참/거짓의 구별로 방향을 잡고 등등. "이러한 경우들 중 어떤 경우에도 그 코드의 두 개의 값은 도덕 코드의 두 개의 값과 합치되지 않는다. 여당을 구조상 좋은 것으로, 야당을 구조상 나쁜 것이나 심지어 악으로 설명해서는 안 될 것이다. 그런 설명은 민주주의가 죽었다는 설명이다. 동일한 것이 진리/비진리의 경우에도 쉽게 검증될 수 있으며, 좋은 성적과 나쁜 성적에 있어서도, 화폐 지불과 그 중단에 있어서도, 저 상대가 아닌 이 상대를 사랑하기로 결정하는 것에 있어서도 검증된다. 기능 코드들은 더 높은 탈도덕성의 차원에서 설비되어야 한다. 왜냐하면 그 코드들은 그 두 개의 값을 체계의 모든 작동들에 대해 접근가능하게 해야 하기 때문이다."(Pl: 23f.) 기능 코드들은 도덕과 무관하게 구조화되며, 그래서 좋은/나쁜 - 구별에서 정돈되지 않는다. 그렇다고 해서 기능체계들 내부에서 도덕 소통들이 다시 일어나는 것이 배제되는 것은 아니다. 하지만 이런 일이 일어나는 종류와 방식은 "사회의 통일적인 메타코드에 따라서가 아니라, 각 기능체계들의 구조적 조건들에 따라서이다."(GS3: 431) 루만에 의하면 현대 사회는 다맥락적으로 구조화되어 있다. 이는 관찰가능성이 환원불가능하게 다양하다는 것을 뜻하며, 이런 다양한 가능성은 어떤 아르키메데스적 입지점에 의해 서로의 내부로 옮겨질 수 없다. 그래서 도덕적 통합의 가능성은 없어진다. 마찬가지로 정치적, 경제적 등등의 통합 가능성도 없어지며, 따라서 사회의 통합 가능성은 없어진다. 이와는 반대로 고전적 윤리와 사회학적 전통은 여전히 도덕에 의한 전체사회의 통합을 신뢰해왔다.

그런데 다른 구별들과 비슷한 도덕 코드의 보편적 적용가능성이 뜻하는 바가 도덕이 경제, 법, 정치, 학문 등등과 더불어 자립적인 기능체계로 독립분화된다는 것은 아니다. 도덕 문제는 어느 정도 권한이 있는 하나의 자리를 지정받는 것이 아니라, 사회 전반에, 거의 언제나 도처에서 다루어 지거나 다루어지지 않거나 한다(GS3: 434 참조).

관찰 개념과 관련해 우리는 자기 자신을 관찰하는 모든 관찰이 역설에 빠진다는 점을 강조해왔다. 이는 넷째, 도덕 소통에 대해서도, 즉 그 관찰 을 좋은/나쁜-구별로 정돈하는 소통에 대해서도 유효하다. "모든 이원적 코드, 따라서 도덕의 코드 또한 자기 자신에게 적용할 경우 역설에 이르게 된다. 좋음과 나쁨의 구별은 그 편에서 볼 때 좋은지 아니면 오히려 나쁘 지 않은지에 관해 결정할 수 없다."(PI 27) 이에 대한 사례, 즉 비난받아 마땅한 행위가 좋은 결과를 유발할 수 있고 유덕한 행위가 좋지 않은 결과 를 유발할 수 있다는 것은 오래전부터 잘 알려져 있다. 그래서 윤리적 반 성이 좋은 행위를 위해 충고하는 것인지 나쁜 행위를 위해 충고하는 것인 지 결정할 수 없다. 그런데 루만에 의하면, 전통적 윤리는 도덕 코드의 역 설에 대해 너무 빨리 눈감아버린다. "도덕의 역설은 중립화되고 기초놓기 의 문제로 전환된다. 도덕화의 미심쩍은 실제 결과들은 그것들이 생긴다 해도 그 책임이 도덕에게 귀속되지 않는다."(GS3: 434) 전통적 윤리 구상 들에서 도덕은 항상 좋은 것으로 간주되었던 것이다. 그에 반해 사회학적 관찰과 결합되는 윤리는 도덕 코드의 두 측면, 즉 도덕 소통의 긍정적 결 과와 부정적 결과를 반성하는 과제를 갖게 될 것이다. 무엇보다 그러한 윤 리는 인격에 대한 멸시를 갖고 협박하는 도덕 소통이 투쟁, 폭력, 전쟁과 같은 대립을 유발하기 쉽다는 점을 강조하며 작업해야 할 것이다. 이런 이 유에서 루만은 윤리에 대해 도덕 소통의 위해와 위험부담을 보여주라고 충고한다. "이런 상황에 직면하여 윤리의 가장 긴급한 과제는 아마도 도덕에 대해 경고하는 것이리라."(Pl: 41).

　루만이 행한 도덕에 대한 사회학적 관찰은 몇 가지 의문을 불러일으킨다. 루만이 윤리에게 던진 제안, 즉 도덕에 대해 경고하라는 제안은 철학적 전통을 보충하는 관계에 있다. 그런데 이러한 제안이 차이이론적 발상과 맞아떨어지는 것인가라는 의문이 생긴다. 그러한 발상은 도덕 소통의 부정적 결과 그리고 긍정적 결과를 반성해야 하며 한 측면으로 제한되어서는 안 된다. 그래서 두 측면의 사회적 조건들을 보여주는 것이 바로 기능적 분석의 과제일 것이다. 루만 자신이 도덕은 철저히 "각 기능체계들의 구조적 조건에 따라서"(GS3: 431) 그 프로그램 안에서 생길 수 있다고 강조한다면, 그렇다고 해서 이러한 "도덕에 의한 감염"(GS3: 431)이 경고를 받아야 하는 부정적 결과만 갖는다는 결론을 내릴 수는 없다. 윤리가 통제된 도덕 사용을 추천할 수 있는 경우도 가능할 것이다. 이와 관련된 두 번째 의문은 사회학 자신이 도덕적 충동 또는 비판적 충동Impetus을 갖고 등장해야 하는가 혹은 등장할 수 있는가이다.

□ 중요한 기본 개념 요약
・ 도덕은 소통의 특수한 형식이며, 좋음/나쁨 구별에 의거해 존중과 멸시에 대한 지적을 포함한다.
・ 윤리는 도덕에 대한 모든 인지적 기술記述, 도덕 소통을 내적으로, 즉 좋음/나쁨 코드의 도움으로 반성하고자 시도하는 인지적 도덕 기술이다.

□ 참고문헌
・ Niklas Luhmann : "Ethik als Reflexionstheorie der Moral", in: ders.: *Gesellschaftsstruktur und Semantik. Studien zur Wissenssoziologie der modernen Gesellschaft, Band 3*, Frankfurt/M. 1989, S. 358~447.

□ 옮긴이 추천 참고문헌

• 서영조, 「루만의 '사회학적 도덕 이론'과 그 도덕 철학적 의미」, 『한국사회학
36권 5호』, 2002.

3. 비판(Kritik)

체계이론의 비판적 잠재력에 관한 물음을 통해 우리는 루만의 사회적 체계 이론에 대한 논쟁에서 항상 유력한 자리를 차지했던 한 지점을 다루게 된다. 계속 여러 새로운 방향에서 루만은 무비판적 기술이라고, 즉 사회적 상황을 변호하면서 미리 정당화한다고 비난받아왔다. 우리가 이미 보여준 바 있듯이 이러한 비판 방향을 제시한 것은 1970년대 초반에 하버마스가 정식화한 반론이다. 하버마스는 게다가 그의 비판을 10여년 후에—따라서 그 사이 사회적 체계 이론의 자기생산적 전환이 이루어진 후에—다시 반복했다. 하버마스는 루만의 체계이론적 기능주의가 사회공학적이며 보수적인 인식관심을 갖고 있다고 진단을 내렸다. 그래서 하버마스는 자기생산 개념을 통해 확장된 사회적 체계 이론이 "현대 사회의 복잡성 상승을 순순히 받아들이는affirmativ 태도를 취한다는 점에서 전혀 벗어나지 않는다."(Habermas 1985; 426)고 본다. 아주 다양한 방식으로 되풀이되는 이러한 비난은 오늘날까지도 루만의 사회학 이론에 맞선 대결의 성격을 규정하고 있다.[10] 루만의 이론이 결코 비판적 잠재력을 이용할 수 없다는 테제는 현재의 사회학 경향에 있어 되물을 필요가 없는 기본 합의에 속하는 것처럼 보인다. 루만 자신이 한 논문에서 '비판적 사회학의 종말'이라고 말했던 것을 염두에 둔다면 이러한 인상은 더욱 강화된다. 그렇다면 자기지시적 체계 이론의 비판적 잠재력에 관한 물음이란 과연 무엇이어야 하

---

10. 이러한 대결은 많은 경우 루만 체계이론의 이론 구상을 조금도 알지 못하는 얄팍한 비판의 성격을 갖는다. 리제-새퍼는 이와 관련해 이차 문헌들 중 상당수가 "아무 것도 이해하지 못했지만, 모든 것을 반박한다"고 적절하게 지적한다(Reese-Schäfer 1992: 16). 이런 양상은 심지어 어떤 학문적 기준에도 기대지 않는 신앙고백의 형식을 띠기도 한다. 그 사례로는 Sigrist 1989만 들어도 될 것이다.

는가?

다른 구별들의 도움을 통해 관찰한다면 우리는 다른 답변에 이를 수도 있을 것이다. 관찰이 항상 특정한 구별들에 묶여있다는 점은 사회적 체계 이론의 중심 진술이다. 마지막에 가서 우리는 이 이론의 기본 전제를 이 이론이 가진 비판적 가능성을 내재적으로 찾아내는 데 적합하게 만들고자 한다.

더구나 비판이라는 단어는 구별함을 지칭할 뿐이다. 그래서 비판이라는 과업에 있어 우선 문제가 되는 것은 구별들을 도입하는 것, 경계들을 긋는 것, 차이들을 제시하는 것, 그리고 이를 통해 관찰들을 생성하는 것이다. 우리가 이미 종종 주목한 바 있듯이, 루만의 이론은 이차 등급 관찰자의 입장을 취한다. 이러한 이차 등급 관찰과 기술이 아무리 상세하게 이루어진다 해도, 여기서 사회의 관계들을 측정하고 비판할 수 있는 규범적 이상理想을 정식화할 수는 없다.[11] 이상의 정식화로 나아가는 방식은 일차 등급 관찰의 수준, 즉 사회를 관찰에 대해 독립적인 객체로 외부에서 고찰하고자 하는 관찰 수준으로 후퇴할 것이다. 사회학의 이론 형성이 일차 등급 관찰로부터 이차 등급 관찰로 변형되면서, 사회학적 비판의 전통적 형식들은 진부한 것이 된다. 하지만 이차 등급 관찰이 비판의 요구를 완전히 포기해야 하는 것은 아니다. 그럼에도 이차 등급 관찰로의 이행과 더불어

---

11. 규범적 이상의 척도에 따라 사회를 진단하려는 시도가 맑스에서 하버마스에 이르는 비판적 사회학을 규정해왔다. 맑스는 자본주의적 가치증식 논리에 대한 내재적 비판에 착수한다. 여기서 비판의 척도로 기능하는 것은 평등의 이상과 자유의 이상이며, 이는 시민(부르주아)이 자기를 이해하는 방식으로부터 끄집어낸 것이다. 그에 반해 하버마스는 자신의 구상한 보편적 화용론의 도움으로 소통적 이성의 이상을 설명하고자 한다. 이런 이상은 규범적 척도가 되어 생활세계에 대한 경제와 정치의 체계적 간섭을 현대의 사회적 병리현상의 원인이라고 비판한다. 이런 식으로 제시된 하버마스의 시대진단에 대한 반론은 Kneer 1990을 참조하라.

비판의 형식은 달라진다.

사회학에서 비판이나 비판적 관심사라고 말할 때, 이는 최소한 다음의 세 가지 지점을 염두에 두었다:

―비판은 들여다볼 수 없는 잠재적 구조들을 드러내는 것으로 이해되며,

―비판은 사회의 발전을 위한 대안들을 펼치는 것으로 이해되며,

―비판은 사회가 위협받는 상황이나 사회적 병리현상에 대한 계몽으로 이해된다.

사회적 체계 이론 안에서 이 세 가지 비판 지점 모두가 다시 받아들여지고 재구성될 수 있다는 것이 우리의 테제이다. 그런데 사회학의 전통과 비교해 이 지점 각각에서 중심이동이 일어난다.

관찰들을 관찰하고 기술들을 기술하는 데 집중하는 사회적 체계 이론은 **잠재적 구조들**latente Strukturen과 **기능들**을 제시하는 일을 포기하지 않는다. 이차 등급 관찰은 다른 관찰자들이 무엇을 볼 수 없으며, 그들이 어디에서 맹점을 가지며, 그들이 어떤 역설을 비가시화하는지 등등을 관찰한다. 이와 유사한 인식 관심을 대표하는 것이 고전적 이데올로기 비판이었으며, 이데올로기 비판은 당연하게도 항상 사회의 현실을 있는 그대로 기술하고자 하는 요구를 갖고 등장했다. 예를 들자면, 맑스는 이데올로기와 과학을 구별하고 진리인 과학의 관점에서 이데올로기를 허위 입장이라고 비판한다. "어떤 출처를 갖고 있건 어떤 이론적 장비를 갖고 있건, '비판적 합리주의,' '비판 이론' 등은 언제나 더 나은 앎이라는 태도를 취해왔다. 그 이론들은 흠잡을 데 없는 도덕적 충동과 더 나은 통찰을 갖고 경합하고 있는 기술자記述者라고 자신을 내세운다. 아무리 신중하게 정식화하고 아무리 과학성에 대한 요청을 충족시킨다 해도, 그러한 관점은 일차 등급 세계관

찰자의 관점이었다."(EkS: 148). 고전적 이데올로기 비판에서는 자신의 관찰 또한 어떤 맹점에 묶여있고, 잠재적 구조들을 지니고 있고, 역설들을 비가시화시키고 있다는 점에 대해 눈을 감는다. 간단히 말해 자신의 관찰 역시 볼 수 없는 것을 볼 수 없다는 점을 보지 않는다. 그에 반해 이차 등급 관찰의 차원에서는 이러한 관찰로부터 자기론적[자기에게도 해당하는] 결론을 이끌어내는 것이 타당하다. 즉, 이차 등급 관찰자는 다른 관찰자들에 비해 어떤 특권적인 입장에 있지 않으며, 그는 오히려 그 자신이 역으로 관찰되며 그의 맹점에 관해 계몽되는 것을 감수해야 한다. 이데올로기 비판가는 언제나 동시에 또한 이데올로그이다. 그래서 이데올로기 비판이라는 개념은 그 의미를 상실한다. 그 대신 이차 등급 관찰자는 언제나 일차 등급 관찰자이기도 하다고 말할 수 있다. "이차 등급 관찰자는 보통 일차 등급 관찰자에 대해 '비판적' 태도를 취하며, 그에 대해 거부하거나 깨우쳐주려는 태도를 취할 수 있다. 그리고 그런 걸 받아들이라고 제시할 수 있지만 (우리 또한 바로 그렇게 하고 있다), 그는 그 자신의 관찰 속에서 자신을 관찰해야 하며 관찰되도록 해야 한다. 그는 그의 도구들을 명료하게 해야 하며 '어떻게'라는 물음을 스스로 던져야 한다."(EkS: 149f.).

둘째, 사회적 체계 이론은 대안적 가능성들을 밝히려는 시도도 포기할 필요가 없다. 다른 가능성을 찾아내고 가능한 대안들을 서로 비교하는 것, 즉 기능적으로 등가적인 문제해결 가능성들을 대립시키는 것이 루만이 구상한 등가적 기능주의Äquivalenzfunktionalismus의 방법론적 토대를 이루고 있다. 이 지점에서도 비판적 사회학과 사회적 체계 이론이 나란히 갈 수 있는 지점이 보인다. 그런데 여기서 대립지점이 간과되어서는 안 된다. 이차 등급 관찰자의 입장을 취하면서 비판적 태도를 갖고 기능적으로 등가적인 가능성들을 설명하는 것은 이 설명으로부터 곧 바로 다른 사회 영역에 대한 제안을 끄집어낼 수 있다고 생각하지 않는다. 사회체계의 부분체계인 학문체계의 부분체계인 사회학은 "오직" 학적인 텍스트만 생산한다. 학적 텍스트가 정치적, 경제적, 종교적, 교육적, 법적, 예술적 맥락에서 어떤 효과를 갖는가의 문제는 학문 내부의 기준에 의존하지 않는다. 정치, 경제, 교육, 법 그리고 예술은 현대 사회의 자율적이며 자기지시적인, 즉 작동상 닫힌 하위체계로 독립분화되어 있고, 이들은 학문에 의해 인과적으로 조절될 수 없다. "사회학적 비판"이 이차 등급 관찰 차원에서 뜻하는 바는 사회학적 이론 형성의 과도한 자기평가에 대한 비판이기도 하다. 이러한 비판을 통해 사회학적 지식이 사회와 관련되어 있다는 점이 부인되는 것은 아니다. 이는 사회학적 소통에서 사회 내부의 작동들이 다루어지기 때문에 사회학적 지식과 사회와 관련된다고 말하는 것만은 아니다. 사회학 이론이 다른 사회의 부분영역에 미치는 영향력은 배제되지 않는다. "그럼에도 이론적 논의 안에서는, 기능체계들의 의미론이 지금까지 이용되지 않은 자신의 가능성들을 주목할 수 있게 하기에는 충분한 '도취Rauschen'와 충분한 자극이 산출될 수 있다."(SBR: 46f.).

셋째, 사회적 체계 이론은 사회의 위해와 위험부담을 확인하는 것도 포기하지 않는다. 사회학 전통과는 반대로 여기서는 규범적인 사회의 이상을 정식화하여 실재 사회를 이 이상에 비추어 측정하는 것이 문제가 되지 않는다. 오히려 루만은 대안적인 비판의 형식을 지적한다. "상황을 만족시킬 수 없는 이상을 설정하는 것은 진부하고 무책임하며, 그래서 아직 이루지 못한 시민 혁명의 약속에 관한 한탄으로 이끌 뿐이다. 나는 이런 태도 속에서는 어떤 이론도 볼 수 없으며 물론 비판이론도 볼 수 없다. 그 대신 정상적으로 잘 기능하는 것의 비개연성으로부터 출발한다면, 그 체계가 자신의 구조적 필요와 관련해 어디에서 비일관되며 그리고 어디에서 스스로를 위협하며 작동하는지 뚜렷이 밝힐 수 있고 무엇보다 더 정확하게 인식할 수 있다."(SozA 4: 132) 이러한 고찰을 배경으로 해서야 비로소, 이미 위에서 본 바 있는 현대 사회의 생태학적 자기위협에 대한 루만의 고찰을 더 잘 이해할 수 있다. 사회적 체계 이론은 현대 사회가 유발하는 일련의 결과들을 그 자신의 구조적 필요들과 직면시킴으로써 사회적 문제 상황에 대한 해명에 착수한다. 이런 근거들로부터 보자면 루만이 현대 사회의 긍정적인 측면만 부각시킨다는 주장은 틀린 것이다. 현대 사회를 전체적으로 기술한다는 보편주의적 요청을 고양시키는 사회학 이론은 어떤 측면에 대해서도 눈감아버리지 않는다. 차이이론적 발상으로부터 배울 수 있는 것은 두 측면 중의 하나, 즉 긍정적 면모나 부정적 면모 중 어느 하나도 현대 사회의 관찰에서 빠져서는 안 된다는 점이다. 그래서 우리는 현대화 과정의 진행에서 긍정적 그리고 부정적 면모, 기회 그리고 위험부담이 같은 정도로 증가해왔다는 점을 볼 수 있다. "역사적으로 볼 때 무엇보다 사실적 상황이 변해왔고 이를 통해 사회를 관찰하기 위한 경험의 상황이 변해왔다. 긍정적 면모와 부정적 면모가 떨어질 수 없는 방식으로 결합되고 하나의 동일한 구조적 조건들을 통해 재생산된다는 점이 이전에는 그리 뚜렷하지 않았다. 기술적인 진보는 환경 훼손을 낳고, 이 훼손은 사회가 더욱더 강하게 기술공학에 의존하면서 기술적 진보를 더 이루어냄을 통해서만 약화될 수 있다. 기능체계들을 합리적으로 기능하게 하는 것, 그리고 아주 작은 차이들, 우연들, 기회들을 합리적으로 이용하는 것이 '편차의 강화'를 통해 거대한 불평등을, 이에 대해 어떤 기능도 제시될 수 없는 거대한 불평등을 만들어낸다. 이는 경제에 대해, 즉 부와 빈곤의 분배에 대해 타당하지만, 교육에 대해서나 연구 기회에 대해서도 타당하다. 기능

체계들이 가진 조직에 대한 높은 의존성은 조직들의 '관료주의적' 자기재생산 논리에 의존하도록 이끌며, 이는 기능체계들의 개방성과 우연성을 심하게 제약해버려서 여러 다른 기회들을 충분히 이용하지 못하게 한다. 결정적인 지점은, 기대와 현실 사이의 괴리, 즉 사람들이 가능한 것으로 보는 것과 사실적으로 일어나는 것 사이의 괴리가 커진다는 것이다."(SozA 4: 36).

루만에 의하면 여기서 언급된 사회의 문제 상황은 단기간의 변혁의 도움으로 해소될 수 있는 위기 현상들이 아니다. 위기라는 개념은 잘못된 상을 제공한다. 오히려 문제가 되는 것은 현대 사회 자체의 구조적 효과이며, 이는 바로 현대 사회의 현대성을 통해, 즉 기능적 분화의 원리를 통해 유발된다. "위기의 징후에 대해 말하는 자는 아직 희망을 포기하지 않은 자이다. 위해와 희망 사이의 긴장 속에 놓여있는 것이 바로 위기 개념의 호소력이다. 현재의 위기 현상들은 사람들이 교정할 수 있는 잘못된 발전으로 소급되며, 특히 산업 자본주의로 소급된다. 1970년대까지만 해도 그들은 현대 사회의 생태학적 문제가 이윤추구적 자본주의의 현상이며 사회주의적 조건에서는 등장하지 않을 것이라고 보았다. 말하자면 사회의 배후에는 구조들과 그 효과들을 다시 지휘할 수 있는 좋은 사회가 있어야 했다. (……) 하지만 이러한 위기가 사회학적으로 설명되어 감에 따라, 위기 현상을 더 이상 지나가는 것으로만 다룰 수 없고 더 이상 잘못된 의식이나 잘못된 정책으로만 소급할 수 없으며, 오히려 위기 현상을 현대 사회의 구조적 효과로 간주하는 사회이론이 성립한다. 그리고 사회가 자기 자신에 대해 그렇게 실제적으로 대처하는 것에 도달하게 된다면, 그런 다음 이제 비판은 무엇을 뜻할 수 있을까?"(EkS: 147f.).

우리는 바로 앞에서 루만의 글을 매우 상세하기 인용했는데, 이는 이러한 문제제기에 대해 하나의 답변을 찾게 해주는 최소한의 방향을 제시하는 일련의 언급들이 그의 글 속에서 발견된다는 점을 보여주기 위해서이다. 그렇다고 해서 우리가 루만 자신이 이러한 물음을 자신의 이론적 관심의 전면에 내세웠다고 주장하려는 것은 아니다. 위에서 말했던 비판 개념의 세 가지 차원 (잠재적 구조들의 해명, 대안적 가능성들의 전개, 사회의 문제 상황에 대한 계몽) 중 지금까지 그가 쓴 글에서는 첫 번째 차원이 지배적인 비중을 차지한다. 결국 우리에게 관건이 되는 것은 다른 두 가지 차원들도 사회적 체계 이론의 틀에서 수용되고 더 강하게 펼쳐질 수 있다는 것을 보여주는 것이다. 이는 사회적 체계 이론의 많은 내용이 다시 사유되어야 하며 다시 서술되어야 한다는 점을 암시한다. 사회적 체계 이론은 어쨌거나 루만이 언급한 것처럼 "그러한 재서술 시도에 의해 이론에서 무슨 일이 일어나는지 시험해보고자 하며 충분한 끈기, 환상, 자질, 호기심을 갖춘"(SoSy:14) 독자들의 희망을 불러일으킨다.

Baecker, Dirk, 1992: "Die Unterscheidung zwischen Bewußtsein und Kommunikation", in: Wolfgang Krohn und Günther Küppers (Hg.): *Emergenz. Die Entstehung von Ordnung, Organisation und Bedeutung*, Frankfurt/M., S. 217~268.

Baecker, Dirk/Jürgen Markowiz/Rudolf Stichweh/Hartmann Tyrell/Helmut Wilke (Hg.), 1987: *Theorie als Passion. Niklas Luhmann zum 60. Geburtstag*, Frankfurt/M.

Beck, Ulrich, 1986: *Risikogesellschaft. Auf dem Weg in eine andere Moderne*, Frankfurt/M.

Bertalanffy, Ludwig v., 1951: "Zu einer allgemeinen Systemlehre", in: Biologia Generalis. *Archiv für die allgemeinen Fragen der Lebensforschung 19*, S. 114~129.

Bertalanffy, Ludwig v., 1956: "General System Theory", in: *General Systems. Yearbook of the Society for the Advancement of General Systems Theory, Bd. 1*, hg. v. Ludwig v. Bertalanffy und Anatol Rapoport, Ann Arbor/Michigan, S. 1~10.

Dahrendorf, Ralf, 1986: *Pfade aus Utopia. Arbeiten zur Theorie und Methode der Soziologie*, München.

Deleuze, Gilles, 1968: *Différence et répétition*, Paris.

Durkheim, Emile, 1988: *Über soziale Arbeitsteilung. Studie über die Organisation höherer Gesellschaften*, 2.Aufl., Frankfurt.

Esposito, Elena, 1991: "Paradoxien als Unterscheidungen von Unterscheidungen", in: Hans Ulrich Grumbrecht und K. Ludwig Pfeiffer (Hg.): *Paradoxien, Dissonanzen, Zusammenbrüche. Situationen offener Epistemologie*, Frankfurt/M., S. 35~37.

Fichte, Johann Gottlieb, 1988: *Grundlage der gesamten Wissenschaftslehre(1794)*, Hamburg.

Foerster, Heinz v., 1985: *Sicht und Einsicht. Versuche zu einer operativen Erkenntnistheorie*,

Braunschweig/Wiesbaden.

Foerster, Heinz v., 1987: "Erkenntnistheorien und Selbstorganisation", in: Siegfried J. Schmidt (Hg.): *Der Diskurs des Radikalen Konstruktivismus*, Frankfurt/M., S. 133~ 158.

Foucault, Michel, 1988: *Archäologie des Wissens*, Frankfurt/M.

Fuchs, Peter, 1992a: *Die Erreichbarkeit der Gesellschaft. Zur Konstruktion und Imagination gesellschaftlicher Einheit*, Frankfurt/M.

Fuchs, Peter, 1992b: *Niklas Luhmann—beobachtet. Eine Einführung in die Systemtheorie*, Opladen.

Gebauer, Richard, 1993: *Letzte Begründung, Eine Kritik der Diskursethik von Jürgen Habermas*, München.

Giddens, Anthony, 1988: *Die Konstitution der Gesellschaft. Grundzüge einer Theorie der Strukturierung*, Frankfurt/M./New York.

Glanville, Ranulph, 1988: *Objekte*, Berlin.

Günther, Gotthard, 1976: *Beiträge zur Grundlegung einer operationsfähigen Dialektik. Erster Band*, Hamburg.

Günther, Gotthard, 1979: *Beiträge zur Grundlegung einer operationsfähigen Dialektik. Zweiter Band*, Hamburg.

Habermas, Jürgen, 1971: "Theorie der Gesellschaft oder Sozialtechnologie? Eine Auseinandersetzung mit Niklas Luhmann", in: Jürgen Habermas und Niklas Luhmann: *Theorie der Gesellschaft oder Sozialtechnologie—Was leistet die Systemforschung?*, Frankfurt/M., S. 142~ 290.

Habermas, Jürgen, 1981: *Theorie des kommunikativen Handelns*, 2 Bände, Frankfurt/M.

Habermas, Jürgen, 1985: *Der philosophische Diskurs der Moderne. Zwölf Vorlesungen*, Frankfurt/M.

Hahn, Alois, 1987: "Sinn und Sinnlosigkeit", in Hans Haferkamp/Michael Schmid (Hg.): *Sinn, Kommunikation und Soziale Differenzierung. Beitrage zu Luhmanns Theorie sozialer Systeme*, Frankfurt/M., S. 155~ 164.

Hahn, Alois/Willy H. Eirmbter/Rüdiger Jacob, 1992: "AIDS: Risiko oder Gefahr?", in: *Soziale Welt 43*, S. 400~ 421.

Hegel, Georg Wilhelm Friedrich, 1970: *Phänomenologie des Geistes*, Frankfurt/M.

Hejl, Peter M., 1982: *Sozialwissenschaft als Theorie selbstreferentieller Systeme*, Frankfurt /M./New York.

Hejl, Peter M., 1987: "Konstruktion der sozialen Konstruktion. Grundlinien einer konstruktivistischen Sozialtheorie", in: Siegfried J. Schmidt (Hg.): *Der Diskurs des Radikalen Konstruktivismus, Frankfurt/M.*, S. 303~339.

Joas, Hans, 1992: *Die Kreativität des Handelns*, Frankfurt/M.

Jonas, Hans, 1979: *Das Prinzip Verantwortung. Versuch einer Ethik für die technologische Zivilisation*, Frankfurt/M.

Kneer, Georg, 1990: *Die Pathologien der Moderne. Zur Zeitdiagnose in der 'Theorie des kommunikativen Handelns' von Jürgen Habermas*, Opladen.

Kneer, Georg, 1992: "Bestandserhaltung und Reflexion. Zur kritischen Reformulierung gesellschaftlicher Rationalität", in: Werner Krawietz und Michael Welker (Hg.): *Kritik der Theorie sozialer Systeme. Auseinandersetzungen mit Luhmanns Hauptwerk, Frankfurt/M.*, S. 86~112.

Kneer, Georg, 1993: "Selbstreferenz, Ironie und Supervision. Systemtheoretische Betrachtungen des modernen Staates", in: *Sozialwissenschaftliche Literaturrundschau* (in Vorbereitung).

Kneer, Georg/Armin Nassehi, 1991: "Verstehen des Verstehens. Eine systemtheoretische Revision der Hermeneutik", in: *Zeitschrift für Soziologie 20*, S. 341~356.

Knyphausen, Dodo zu, 1992: "Paradixien und Visionen. Visionen einer paradoxen Theorie der Entstehung des Neuen", in: *Konstruktivismus: Geschichte und Anwendung*, Delfin 1992, Frankfurt/M., S. 140~159.

Köck, Wolfram K., 1990: "Autopoiese, Kognition und Kommunikation. Eine kritische Bemerkungen zu Humberto R. Maturanas Bio-Epistemologie und ihren Konsequenzen", in: Volker Riegas und Christian Vetter (Hg.): *Zur Biologie der Kognition. Ein Gespräch mit Humberto R. Maturana und Beiträge zur Diskussion seines Werkes*, Frankfurt/M., S. 159~188.

Krohn, Wolfgang/Günther Küppers/Rainer Paslack, 1987: "Selbstorganisation—Zur Genese und Entwicklung einer wissenschaftlichen Revolution", in: Siegfried J. Schmidt(Hg.): *Der Diskurs des Radikalen Konstruktivismus*, Frankfurt/M., S. 441~465

Kuhn, Thomas S., 1976: *Die Struktur wissenschaftlicher Revolutionen*, Frankfurt/M.

Levy-Bruhl, Lucien, 1959: *Die geistige Welt der Primitiven*, Düsseldorf/Köln.

Luhmann, Niklas, 1978: "Geshichte als Prozeß und die Theorie sozio-kultureller Evolution", in: Karl Georg Faber und Christian Meier (Hg.): *Historische Prozesse, München*, S. 413~440.

Luhmann, Niklas, 1986a: "Die Lebenswelt~nach Rücksprache mit Phänomenologen", in: *Archiv für Rechts- und Sozialphilosophie 72*, S. 176~194.

Luhmann, Niklas, 1986b: "Das Medium der Kunst", in: *Delfin 4, Heft 1*, S. 6~15.

Luhmann, Niklas, 1987: "Tautologie und Paradoxie in den Selbstbeschreibungen der modernen Gesellschaft", in: *Zeitschrift für Soziologie 16*, S. 161~174.

Luhmann, Niklas, 1988: "Neure Entwicklungen in der Systemtheorie", in: *Merkur 42*, S. 292~300.

Luhmann, Niklas, 1990: "Sthenographie", in: Niklas Luhmann/Humberto R. Maturana/Mikio Namiki/Volker Redder/Francisco Varela: *Beobachter. Konvergenz der Erkenntnistheorien?*, München, S. 119~137.

Luhmann, Niklas, 1991a: "Die Form "Person" ", in: *Soziale Welt 42*, S. 166~175.

Luhmann, Niklas, 1991b: "Sthenographie und Euryalistik", in: Hans Ulrich Gumbrecht/K. Ludwig Pfeiffer (Hg.): *Paradoxien, Dissonanzen, Zusammenbrüche, Situationen offener Epistemologie*, Frankfurt/M., S. 58~82.

Luhmann, Niklas, 1991c: *Politik und Moral. Zum Beitrag von Otfried Höffe*, in: Politische Vierteljahreszeitschrift 32, S. 497~500.

Luhmann, Niklas, 1992: "Operationale Geschlossenheit psychischer und sozialer Systeme", in: Hans Rudi Fischer/Arnold Retzer/Jochen Schweitzer (Hg.): *Das Ende der großen Entwürfe*, Frankfurt/M., S. 117~131.

Luhmann, Niklas, 1993: "Die Moral des Risikos und das Risiko der Moral", in: Bechmann, Gotthard (Hg.): *Risiko und Gesellschaft. Grundlagen und Ergebnisse interdisziplinärer Risikoforschung*, Opladen, S. 327~338.

Lyotard, Jean Francois, 1986: *Das postmoderne Wissen. Ein Bericht*, Graz/Wien.

Lyotard, Jean Francois, 1987: *Der Widerstreit*, München.

Maturana, Humberto R., 1982: Erkennen: *Die Organisation und Verkörperung von Wirklichkeit*, Braunschweig/Wiesbaden.

Maturana, Humberto R., 1990: "Gespräch mit Humberto R. Maturana", in: Volker

Riegas/Christian Vetter (Hg.): *Zum Biologie der Kognition. Ein Gespräch mit Humberto R. Maturana und Beiträge zur Diskussion seines Werkes*, Frankfurt/M., S. 11 ~ 90.

Maturana, Humberto R./Francisco Varela, 1982: "Autopoietische Systeme: eine Bestimmung der lebendigen Organisation", in: Humberto R. Maturana: *Erkennen*, Braunschweig/Wiesbaden, S. 170 ~ 235.

Maturana, Humberto R./Francisco Varela, 1987: *Der Baum der Erkenntnis. Die biologischen Wurzeln des menschlichen Erkennens*, Bern/München/Wien.

Merton, Robert K., 1967: "Der Rollen-Set. Probleme der soziologischen Theorie", in: Heinz Hartmann (Hg.): *Moderne amerikanische Soziologie, Neuere Beiträge zur soziologischen Theorie*, Stuttgart, S. 255 ~ 267.

Münch, Richard, 1988: *Theorie des Handelns. Zur Rekonstruktion der Beiträge von Talcott Parsons, Emile Durkheim und Max Weber*, Frankfurt/M.

Münch, Richard, 1991: *Dialektik der Kommunikationsgesellschaft*, Frankfurt/M.

Nassehi, Armin, 1992: "Wie wirklich sind Systeme? Zum ontologischen und epistemologischen Status von Luhmanns Theorie selbstreferentieller Systeme", in: Werner Krawietz und Michael Welker (Hg.): *Kritik der Theorie sozialer Systeme. Auseinandersetzungen mit Luhmanns Hauptwerk*. Frankfurt/M., S. 43 ~ 70.

Nassehi, Armin, 1993a: *Die Zeit der Gesellschaft. Auf dem Weg zu einer soziologischen Theorie der Zeit*, Opladen.

Nassehi, Armin, 1993b: "Gesellschaftstheorie, Kulturphilosophie und Thanatologie. Eine gesellschaftstheoretische Rekonstruktion von Georg Simmels Theorie der Individualität", in: *Sociologia Internationalis* (im Erscheinen).

Parsons, Talcott, 1951: *The Social System*, Glencoe.

Parsons, Talcott, 1968: *The Structure of Social Action*, New York.

Parsons, Talcott, 1976: *Zur Theorie sozialer Systeme*, Opladen.

Parsons, Talcott/Robert F. Bales/Edward A. Shils, 1953: *Working Papers in the Theory of Action*, Glencoe.

Perrow, Charles, 1989: *Nomale Katastrophen. Die unvermeidbaren Risiken der Großtechnik*, Frankfurt/M./New York.

Reese-Schäfer, Walter, 1992: *Luhmann zur Einführung*, Hamburg.

Roth, Gerhard, 1987a: "Erkenntnis und Realität. Das reale Gehirn und seine

Wirklichkeit", in: Siegfried J. Schmidt (Hg.): *Der Diskurs der Radikalen Konstruktivismus*, Frankfurt/M., S. 229~255.

Roth, Gerhard, 1987b: "Autopoiesis und Kognition. Die Theorie H.R. Maturanas und die Notwendigkeit ihrer Weiterentwicklung", in: Siegfried J. Schmidt (Hg.): *Der Diskurs der Radikalen Konstruktivismus*, Frankfurt/M., S. 256~286.

Rousseau, Jean-Jacques, 1963: *Der Gesellschaftsvertrag*, Stuttgart.

Schmidt, Siegfried J., 1987: "Der Radikale Konstruktivismus: Ein neues Paradigma im interdisziplinären Diskurs", in: ders.(Hg): *Der Diskurs der Radikalen Konstruktivismus*, Frankfurt/M., S. 11~88.

Schneider, Wolfgang Ludwig, 1991: *Objektives Verstehen. Rekonstruktion eines Paradigmas: Gadamer-Popper-Toulmin-Luhmann*, Opladen.

Schneider, Wolfgang Ludwig, 1992: "Hermeneutik sozialer Systeme", in: *Zeitschrift für Soziologie 21*, S. 420~439.

Schütz, Alfred, 1971: "Über die mannigfaltigen Wirklichkeiten", in: ders.: *Gesammelte Aursätze, Band 1: Das Problem der sozialen Wirklichkeit, Den Haag*, S. 237~298.

Sigrist, Christian, 1989: "Das gesellschaftliche Milieu der Luhmannschen Theorie", in: *Das Argument 178*, S. 837~862.

Simon, Fritz B., 1988: *Unterschiede, die Unterschiede machen. Klinische Epistemologie: Grundlagen einer systemischen Psychiatrie und Psychosomatik*. Berlin.

Spencer Brown, George, 1971: *Laws of Form*, London.

Srubar, Ilja, 1989: "Vom Milieu zu Autopoiesis. Zum Beitrag der Phänomenologie zur soziologischen Theoriebildung", in: Christoph Jamme und Otto Pöggeler (Hg.): *Phänomenologie im Widerstreit. Zum 50. Todestag Edmund Husserls*, Frankfurt/M., S. 307~331.

Steinbacher, Karl, 1990: "Art. Funktion (sozialwissenschaftlich)/Funktionalismus", in: *Europäische Enzyklopädie zu Philosophie und Wissenschaften*, hg. v. Hans-Jörg Sandkühler, Band 2, Hamburg, S. 205~211.

Stichweh, Rudolf, 1991: *Der frühmoderne Staat und die europäische Universität. Zur Interaktion von Politik und Erziehungssystem im Prozeß ihrer Ausdifferenzierung (16.-18. Jahrhundert)*, Frankfurt/M.

Teubner, Gunther, 1989: *Recht als autopoietisches System*, Frankfurt/M.

Thomas, Günter, 1992: "Welt als relative Einheit oder Letzthorizont? Zur Azentrizität des Weltbegriffs", in: Werner Krawietz und Michael Welker (Hg.): *Kritik der Theorie sozialer Systeme*, Frankfurt/M., S. 327 ~ 354.

Tjaden, K. H., 1971: *Soziale Systeme. Materialen zur Dokumentation und Kritik soziologischer Ideologie*, Neuwied/Berlin.

Weber, Max, 1976: *Wirtschaft und Gesellschaft*, 5.Aufl., Tübingen.

Weizsäcker, Christian v./Ernst Ulrich v. Weizsäcker, 1984: "Fehlerfreundlichkeit", in: Kraus Kornwachs (Hg.): *Offenheit-Zeitlichkeit-Komplexität. Zur Theorie der offenen Systeme*, Frankfurt/M./New York, S. 167 ~ 187.

Wenzel, Harald, 1986: "Einleitung des Herausgebers: Einige Bemerkungen zu Parsons' Programm einer Theorie des Handelns", in: Talcott Parsons: *Aktor, Situation und normative Muster. Ein Essay zur Theorie sozialen Handelns*, Frankfurt /M., S. 7 ~ 58.

Wenzel, Harald, 1991: *Die Ordnung des Handelns. Talcott Parsons' Theorie des allgemeinen Handlungssystems*, Frankfurt/M.

Wiener, Norbert, 1963: *Kybernetik. Regelung der Nachrichtenübertragung im Lebewesen und in der Maschine*, 2., rev. und erg. Aufl., Düsseldorf/Wien.

Willke, Helmut, 1989: *Systemtheorie entwickelter Gesellschaften. Dynamik und Riskanz moderner gesellschaftlicher Selbstorganisation*, Weinheim/München.

Willke, Helmut, 1992: *Ironie des Staates. Grundlinien einer Staatstheorie polyzentrischer Gesellschaft*, Frankfurt/M.

Ausdifferenzierung	독립분화
Autopoiesis	자기생산
Beobachtung zweiter Ordnug	이차 등급 관찰
Co-evolution	공-진화
Eigenwert	고유값
Emergenz	창발
Entparadoxierung	탈역설화
Fremdreferenz	타자지시
Funktion	기능
Gesellschaft	사회
Handlung	행위
Interaktion	상호작용
Kommunikation	소통
Komplexität	복잡성
Kontingenz	우연성
Operation	작동, 연산(수학 관련)
Organisation	조직
Person	인격
Prozeß	과정
psychisches System	심리적 체계
Reduktion	감축, 환원
Redundanz	여분, 중복
Re-entry	재-도입
Selbstbeobachtung	자기관찰
Selbstbeschreibung	자기기술
Selbstorganisation	자기조직
Selbstreferenz	자기지시, 자기준거
Sinn	의미
soziales System	사회적 체계
stuktuelle Kopplung	구조적 접속
Systemdifferenzierung	체계분화
Systemreferenz	체계준거

1927 독일 뤼네부르크 출생, 아버지는 양조장 주인, 어머니는 스위스 호텔 집안
    의 딸.

1944 공군 보조로 군대에 징집.

1945 미군 포로가 되었다가 석방.

1946~1950 법학 공부, 국가시험 합격.

1954~1960 뤼네부르크 고등행정재판소 행정공무원, 니더작센주 교육문화부 주
    의회 담당자.

1960 결혼, 세 자녀를 둠.

1960~1961 미국 하버드 대학에서 탈코트 파슨스 아래서 사회학 공부.

1962~1965 슈파이어 행정학 전문학교 연구원.

1965 도르트문트 사회연구소 분과 책임자.

1966 뮌스터 대학에서 셸스키와 클래센의 지도로 박사학위와 교수자격 취득.

1968 새로 설립된 빌레펠트 대학 사회학 교수로 취임, 독일 사회학 대회에서 하
    버마스와의 논쟁 시작.

1977 부인 사망.

1984 첫 번째 주저작인 『사회적 체계들』 출간.

1989 슈투트가르트 시 헤겔상 수상. 보통 철학자에게 수여되는 상으로 루만의
    수상은 이례적인 일.

1993 빌레펠트 대학 정년퇴직.

1997 두 번째 주저작이자 사회이론의 결산인 『사회의 사회』 출간.

1998 빌레펠트 근교 외어링하우젠에서 사망.

:: 갈무리 신서

14. 포스트모더니즘 이후의 정치와 문화

마이클 라이언 지음 / 나병철·이경훈 옮김

마르크스주의와 해체론의 연계문제를 다양한 현대사상의 문맥에서 보다 확장시키는 한편, 실제의 정치와 문화에 구체적으로 적용시키는 철학적 문화 분석서.

15. 디오니소스의 노동·Ⅰ

안토니오 네그리·마이클 하트 지음 / 이원영 옮김

'시간에 의한 사물들의 형성'이자 '살아 있는 형식부여적 불'로서의 '디오니소스의 노동', 즉 '기쁨의 실천'을 서술한 책.

16. 디오니소스의 노동·Ⅱ

안토니오 네그리·마이클 하트 지음 / 이원영 옮김

이딸리아 아우또노미아 운동의 지도적 이론가였으며 『제국』의 저자인 안토니오 네그리와 그의 제자이자 가장 긴밀한 협력자이면서 듀크대학 교수인 마이클 하트가 공동집필한 정치철학서.

17. 이딸리아 자율주의 정치철학·1

쎄르지오 볼로냐·안또니오 네그리 외 지음 / 이원영 편역

이딸리아 아우또노미아 운동의 이론적 표현물 중의 하나인 자율주의 정치철학이 형성된 역사적 배경과 맑스주의 전통 속에서 자율주의 철학의 독특성 및 그것의 발전적 성과를 집약한 책.

19. 사빠띠스따

해리 클리버 지음 / 이원영·서창현 옮김

미국의 대표적인 자율주의적 맑스주의자이며 사빠띠스따 행동위원회의 활동적 일원인 해리 클리버 교수(미국 텍사스 대학 정치경제학 교수)의 진지하면서도 읽기 쉬운 정치논문 모음집.

20. 신자유주의와 화폐의 정치

워너 본펠드·존 홀러웨이 편저 / 이원영 옮김

사회 관계의 한 형식으로서의, 계급투쟁의 한 형식으로서의 화폐에 대한 탐구, 이 책 전체에 중심적인 것은, 화폐적 불안정성의 이면은 노동의 불복종적 권력이라는 것을 이해하는 것이다.

21. 정보시대의 노동전략 : 슘페터 추종자의 자본전략을 넘어서

이상락 지음

슘페터 추종자들의 자본주의 발전전략을 정치적으로 해석하여 자본의 전략을 좀더 밀도있게 노동의 관점에서 분석하고 또 이로부터 자본주의를 넘어서려는 새로운 노동전략을 추출해 낸다.

22. 미래로 돌아가다

안또니오 네그리·펠릭스 가따리 지음 / 조정환 편역

1968년 이후 등장한 새로운 집단적 주체와 전복적 정치 그리고 연합의 새로운 노선을 제시한 철학? 정치학 입문서.

23. 안토니오 그람시 옥중수고 이전

리처드 벨라미 엮음 / 김현우 · 장석준 옮김

『옥중수고』이전에 씌어진 그람시의 초기저작. 평의회 운동, 파시즘 분석, 인간의 의지와 윤리에 대한 독특한 해석 등을 중심으로 그람시의 정치철학의 숨겨져 온 면모를 보여준다.

24. 리얼리즘과 그 너머 : 디킨즈 소설 연구

정남영 지음

디킨즈의 작품들에 대한 치밀한 분석을 통해 새로운 리얼리즘론의 가능성을 모색한 문학이론서.

31. 풀뿌리는 느리게 질주한다

시민자치정책센터

시민스스로가 공동체의 주체가 되고 공존하는 길을 모색한다.

32. 권력으로 세상을 바꿀 수 있는가

존 홀러웨이 지음 / 조정환 옮김

사빠띠스따 봉기 이후의 다양한 사회적 투쟁들에서, 특히 씨애틀 이후의 지구화에 대항하는 투쟁들에서 등장하고 있는 좌파 정치학의 새로운 경향을 정식화하고자 하는 책.

피닉스 문예

1. 시지프의 신화일기

석제연 지음

오늘날의 한 여성이 역사와 성 차별의 상처로부터 새살을 틔우는 미래적 '신화에세이'!

2. 숭어의 꿈

김하경 지음

미끼를 물지 않는 숭어의 눈, 노동자의 눈으로 바라본 세상! 민주노조운동의 주역들과 87년 세대, 그리고 우리 시대에 사랑과 희망의 꿈을 찾는 모든 이들에게 보내는 인간 존엄의 초대장!

3. 볼프

이 헌 지음

신예 작가 이헌이 1년여에 걸친 자료 수집과 하루 12시간씩 6개월간의 집필기간, 그리고 3개월간의 퇴고 기간을 거쳐 탈고한 '내 안의 히틀러와의 투쟁'을 긴장감 있게 써내려간 첫 장편소설!

4. 길 밖의 길

백무산 지음

1980년대의 '불꽃의 시간'에서 1990년대에 '대지의 시간'으로 나아갔던 백무산 시인이 '바람의 시간'을 통해 그의 시적 발전의 제3기를 보여주는 신작 시집.

Krome···

1. 내 사랑 마창노련 상, 하

김하경 지음

마창노련은 전노협의 선봉으로서 87년 노동자 대투쟁 이후 민주노총이 건설되기까지 지난 10년 동안 민주노동운동의 발전을 이끌어 왔으며 공장의 벽을 뛰어넘은 대중투쟁과 연대투쟁을 가장 모범적으로 펼쳤던 조직이다. 이 기록은 한국 민주노동사 연구의 소중한 모범이자 치열한 보고문학이다.

2. 그대들을 희망의 이름으로 기억하리라

철도노조 KTX열차승무지부 지음 / 노동만화네트워크 그림 / 민족문학작가회의 자유실천위원회 엮음

KTX 승무원 노동자들이 직접 쓴 진솔하고 감동적인 글과 KTX 투쟁에 연대하는 16인의 노동시인·문인들의 글을 한 자리에 모으고, 〈노동만화네트워크〉 만화가들이 그린 수십 컷의 삽화가 승무원들의 글과 조화된 살아있는 감동 에세이!

3. 47, 그들이 온다

철도해고자원직복직투쟁위원회 지음 / 권오석, 최정희, 최정규, 도단이 그림 / 전국철도노동조합 엮음

2003년 6월 28일 정부의 철도 구조조정에 맞서 총파업을 하고 완강히 저항하다 해고된 철도노동자 47명, 그들이 부산에서 서울까지 순회·도보행군에 앞서 펴낸 희망의 에세이!